高等学校“十二五”规划教材

思想政治教育学导论

余明远　编著

西北工業大學出版社

西　安

【内容简介】 本书是思想政治教育专业本科生教材。书中概述了思想政治教育学的学科特征、发展历史、基本理论、主要方法、学科比较、科学研究、师资素质、课外阅读方法、发展趋势等基本内容。既微观地剖析学科构成要素，又宏观地把握学科体系；既体现学术研究共识，又评介学术观点争鸣；既回顾学科历史，又前瞻学科趋势；既梳理理论嬗变，又归纳实践探索；既着眼社会客观需要，又归依学科自身规律；既肯定取得的成绩，又指出存在的不足。

图书在版编目(CIP)数据

思想政治教育学导论/余明远编著. —西安：西北工业大学出版社，2012.5(2019.9 重印)
ISBN 978-7-5612-3346-7

Ⅰ. ①思…　Ⅱ. ①余…　Ⅲ. ①思想政治教育—教育学　Ⅳ. ①D64

中国版本图书馆 CIP 数据核字(2012)第 080550 号

出版发行：西北工业大学出版社
通信地址：西安市友谊西路 127 号　　邮编：710072
电　　话：(029)88493844　88491757
网　　址：www.nwpup.com
印 刷 者：陕西奇彩印务有限责任公司
开　　本：787 mm×960 mm　1/16
印　　张：14.375
字　　数：305 千字
版　　次：2012 年 5 月第 1 版　　2019 年 9 月第 4 次印刷
定　　价：39.00 元

前　言

改革开放以来，思想政治教育学科从无到有，由半独立走向独立，由非重点学科走向重点学科，由低层次走向高层次，经历了一个迅速发展的过程，取得了令人瞩目的成就。特别是随着马克思主义理论研究和建设工程的启动，思想政治教育学科面临着难得的历史发展机遇，呈现出空前繁荣的发展局面。

但思想政治教育学科毕竟是一门新兴学科，目前学术界对思想政治教育的探索尚存在许多弱点和盲区，亟待拓展和深化。如学术风气浮躁、研究成果低水平重复、理论脱离实践现象比较普遍，许多基础理论和基本内涵仍未得到准确的界定和厘清，不能有效应对全局性、战略性、前瞻性的重大社会问题，与思想政治教育学科所承担的时代责任、与党和人民的期望相比较还有很大差距，这些因素成为制约思想政治教育进一步发展的瓶颈。从理论构建和实践探索的双重维度深化学科研究，不仅是思想政治教育学科发展的时代诉求，也是思想政治教育工作者肩负的神圣使命。

长期以来，“思想政治教育学原理”事实上兼任“思想政治教育学导论”的角色。由于“思想政治教育学原理”有自己的特有内涵和研究领域，致使其内容庞杂，不堪重负。而思想政治教育学科因“导论”的缺位，不利于学生对思想政治教育学科形成系统明晰的框架性认识。

《思想政治教育学导论》一书的编写是一次尝试。本书概述了思想政治教育学的学科特征、发展历史、基本理论、主要方法、学科比较、科学研究、师资素质、课外阅读方法、发展趋势等基本内容。本书不同于“概论”，没有拘泥于对思想政治教育学科内容的介绍，而是重在“引导”。既微观地剖析学科构成要素，又宏观地把握学科体系；既体现学术研究共识，又评介学术观点争鸣；既回顾学科历史，又前瞻学科趋势；既梳理理论嬗变，又归纳实践探索；既着眼社会客观需要，又归依学科自身规律；既肯定取得的成绩，又指出存在的不足。

思想政治教育是马克思主义实现其价值目标必不可少的中介，是理论转化为实践的桥梁。只要政治还存在，只要教育还存在，思想政治教育就一定存在。按照马克思主义的学说，政治是阶级斗争和国家的产物，随着阶级的消灭和国家的消亡，政治也会退出历史舞台。然而，从现代人类文明发展的客观趋势来看，经济与政治的高度融合，政治与文化一体化发展，事实上昭示着未来政治将日益以一种价值转换的态势继续存在下去。从这一意义来说，思想政治教育将是人类社会未来很长时间的主题。

当代思想政治教育学科的发展呈现出日益鲜明的主体性、交融性、开放性特点。增强思想政治教育学科内容的科学性，增强思想政治教育学科体系的完整性，增强思想政治教育学科内在逻辑的严谨性，需要研究者具有勇于发现问题的责任心，承认问题的勇气和解决问题的使命感，尤其一些本质性、源发性问题的研究更是任重道远。由此也造成了《思想政治教育学导论》一书的内容和体系，较之其他成熟学科的"导论"，表现出更加突出的探索性、生成性，也必然导致许多存在分歧和有待商榷的地方。这种缺憾是一门新兴学科发展中无法避免的现象，也是我们今后努力克服和完善的方向。

思想政治教育是我们党的传统优势和传家宝，是中国对世界文明的一大贡献。构建新的思想政治教育学科体系，中国学者应该是最有资格、最有责任和最有义务做好的。党和政府的高度重视，改革开放的创新实践思想政治教育工作者的不懈探索，世界文明的丰富营养，必将推动思想政治教育学科理论和方法与时俱进。因此，《思想政治教育学导论》的写作将永远处于进行时。

编　者

2012 年 2 月

目　录

第一章 思想政治教育学的学科特征

思想政治教育学科是在改革开放中建立和发展起来的一门新兴学科。思想政治教育学是以思想政治教育为研究客体的综合性应用科学。本章从思想政治教育的概念入手,探讨思想政治教育学的内涵,分析思想政治教育在马克思主义理论体系中的定位,阐释思想政治教育学的研究领域,论述思想政治教育学的培养目标,介绍思想政治教育学的研究方法。

第一节 思想政治教育的概念

首先,思想政治教育的概念是思想政治教育学科不能回避且必须正面作出回答的元问题。系统梳理、科学辨析"思想政治教育"概念有利于澄清认识误区,是思想政治教育学科发展和科学发展的前提,也是思想政治教育理论与实践关系逻辑演进的本原。其次,对概念的界定和辨析能够促进对思想政治教育理解的不断深入明晰,为思想政治教育理论体系的丰富和完善提供了贯穿整个系统的"红线",有利于加强对思想政治教育客观形态、理论形态和实践形态的研究和运用。最后,对概念的界定和辨析也是关于思想政治教育实践主体、规律、内容、过程、实施、目的等范畴的追问,有利于划分思想政治教育学的学科边界,明晰什么是思想政治教育、如何开展思想政治教育的问题,提升思想政治教育理论对实践的指导和促进思想政治教育实践的有效展开。

一、思想政治教育概念的提出与嬗变

思想政治教育概念不是人们的主观臆造,而是无产阶级实践运动与马克思主义结合发展的产物。回到历史场域和结合现实实践,从思想政治教育产生与发展进程出发,以一种全面的、历史为依据的观照,既能了解和展现其发展过程,又能从中获得其发展规律和内涵知识,因而具有重要的学术价值。

(1)马克思主义经典作家的诠释。19 世纪 40 年代,马克思、恩格斯从事社会主义运动伊始就做了大量政治宣传和政治思想工作,1847 年共产主义同盟的章程就已提出"宣传工作"概念。1894 年恩格斯在《法德农民问题》中又提出"社会主义的宣传"概念。1902 年前后,列宁在创立布尔什维克党时提出了"政治教育"概念。斯大林在苏联共产党(布)十七大报告中提出"思想工作""政治思想工作"等概念。可见,马克思主义经典作家的诠释促生了思想政治教育

概念，虽然当时尚未有系统理论凝结，但是已在实践需要基础上自为地做了大量思想政治教育工作，思想政治教育概念已呼之欲出。

（2）中国共产党的实践熔炼。从历史线索和逻辑上来看，“思想政治教育”这一概念形成的历史沿革可以归结为政治工作—政治思想工作—思想政治工作阶段。[①] 重视政治宣传成为党的重要历史优势。1927 年三湾改编时“支部建在连上”成为党建和思想政治教育的重要经验。1934 年，周恩来提出“政治工作是红军的生命线”论断。新中国成立后，刘少奇在 1951 年全国宣传工作会议上提出“思想政治工作”的概念。1959 年毛泽东提出“政治工作是一切经济工作的生命线”论断。随着广大干部、群众和理论工作者的长期实践和理论探索，思想政治教育既有理论凝结和抽象，又有实践丰富和发展，可以说从一种自在的工作实践状态上升到理论与实践统一的自觉状态。

（3）思想政治教育自身的“破茧蜕变”。在革命和社会主义建设初期，大都采用理论工作、思想工作或政治工作的提法，强调“生命线”作用，后来采用政治工作、思想政治工作概念较多。在 1984 年高校设立思想政治教育专业后，“思想政治教育”提法逐渐多起来，之后陆续建立专科、本科、硕士、博士点四个层次专业体系，思想政治教育学科化不断发展，涌现出大批学者，展开了深入研究，并逐渐趋于学理化、系统化和科学化。

（4）多学科的学理渗透交织。随着交叉学科的兴起，有必要从党建、伦理学、教育学、政治学等多学科视角来考察思想政治教育概念的变化。政治工作在革命和社会主义建设初期，强调政治任务和政治目标，政治性强，其对象是军人、干部、党员和群众，党建色彩浓厚。思想政治工作的目的是调动积极性，培养新人，采取日常思想政治工作和企业文化建设等方式。德育的对象主要是学生，《中国教育改革和发展纲要》强调德育即思想政治和品德教育，属于伦理学科范畴。以政治为核心的思想教育和道德教育对象则是所有人，内含于教育学和政治学范畴。管理行为科学对人的思想精神心理的管理日益重视，企业文化成为思想政治教育的一个重要领域，管理心理学、行为科学应运而生，为思想政治教育概念界定提供了思想借鉴和方法论启示。

二、思想政治教育不同概念的梳理

在思想政治教育实践和理论研究中经常出现诸如“政治工作”“思想工作”“政治思想工作”“思想政治教育”“思想政治工作”“德育”等诸多提法，由于语义相近而经常出现使用混乱，影响人们对思想政治教育的接受和认同，不利于学科发展。因此，对其不同名称的辨别就成为学界研究的重要论题，学理上代表性的观点主要有：第一种是以郑永廷教授为代表，对政治工作、思想政治工作和思想政治教育作了辨析，政治工作是整体，而思想政治教育或政治思想工作则是政治工作的组成部分。思想政治教育和政治思想工作只是侧重点不同，并无本质差别。思想

① 孙其昂.党的思想政治教育的实质是政治教育[J].南京林业大学学报：人文社会科学版，2001(2).

政治教育侧重于思想教育，政治思想工作侧重于政治教育。[①] 思想政治教育比思想工作更突出了思想教育工作的政治性，而政治思想工作又更进一步突出了政治性——指政治方面的思想工作。[②] 第二种是对道德教育、德育和思想政治教育关系进行了辨别，道德教育所涉及的范围最小，主要是对受教育者进行道德认识和情感、意志和行为的培养，包括社会公德、家庭美德、职业道德等。学校德育与思想政治教育内容都包含政治教育、思想教育、道德教育，但是学校德育所研究的对象范围较小，主要是在校的学生群体，而思想政治教育研究的对象范围最大，包括学校思想政治教育（即学校德育）、企业思想政治教育、农村思想政治教育、社区思想政治教育、军队思想政治教育，等等。[③] 第三种是孙其昂教授在系统梳理学界对"政治工作""思想政治教育""思想工作"和"德育"四组概念基础上从它们内容的政治性质、工作涉及的领域和工作对象三个方面进行了比较，指出政治工作、思想政治教育、思想工作在性质规定上是相同的，具有很强的政治性，而没有共同的对象，只是范围大小不同。德育虽以思想道德为主要领域，但也受政治制约。在现实活动中思想政治教育有政治工作模式、思想政治工作模式和思想政治教育模式三种模式，三种模式有共同的起源和传统，又有现实的不同特点，应开展交流和合作，共同推进思想政治教育科学化。[④]

上述观点对政治工作、思想政治教育、思想政治工作和德育之间概念的系统梳理和辨析，有利于我们重新认识和甄别这些相似概念的差异性和共同性，有利于区分这些易混淆概念的内涵和外延，加深对思想政治教育概念的理解。

三、思想政治教育实践形态映现

从不同实践领域来看，思想政治教育可以归结为三种主要实践形态：一是针对党政机关、企业、农村、社团、社区等领域的思想政治教育，其理论更多地来源于对思想政治教育工作实践经验的总结。如企业思想政治教育就是按照一定的目标，遵循人的思想活动规律、思想政治教育规律，采取恰当的方式、方法和手段，对人进行思想政治教育，使企业各类人员的思想向积极的方向转化，最大限度地激发人们的政治热情，调动积极性，推动企业生产经营的发展。[⑤] 二是学校思想政治教育，更多地强调以学生为对象的思想政治教育，以政治思想教育为核心和重点的思想、道德和心理综合教育活动，目的是为了培养社会主义新人，促进人的全面自由发展和社会进步。三是军队思想政治教育，其更多地关注军队和军事院校学员思想政治教育工作，其理论主要来源于军队思想政治教育思想和工作实践经验。狭义的军队思想政治教育是中国共产党在中国人民解放军中所进行的政治工作的重要组成部分，是按照无产阶级的意志，向官

---

① 王乾都.关于"思想政治工作"及相关概念辨析[J].军队政工理论研究，2005(4).

② 胡椿.略谈"思想政治工作"及其原则和方法[J].云南师范大学学报，2001(2).

③ 韦冬雪.对"道德教育""德育"与"思想政治教育"概念之辨析[J].探索，2007(1).

④ 孙其昂.思想政治教育学基本原理[M].南京：河海大学出版社，2004.

⑤ 沈长生.企业思想政治工作新探[M].上海：学林出版社，1991.

兵灌输进步的社会意识，以实现党对军队的绝对领导，增强部队凝聚力，提高部队战斗力的意识形态活动。①

以上三种不同社会实践领域的思想政治教育，共同组成思想政治教育有机统一体，有利于丰富思想政治教育理论与实践，但三种形态的思想政治教育中存在多种概念在同一意义的重复，容易产生混用，其内涵和外延存在的区别与联系并不清晰，会影响思想政治教育实践多形态的发展，影响人们对思想政治教育的接受和认同，因而对思想政治教育概念的厘清显得十分迫切。

四、思想政治教育概念的学理阐释

思想政治教育研究者从不同视角对思想政治教育概念进行表达，其代表性的观点主要有：

邱伟光：培养、塑造一定社会新人思想道德素质的教育实践活动，受社会经济政治文化的制约和影响，包括思想教育、政治教育、道德教育。

王礼湛：社会有组织地定向引导人们形成符合特定社会和时代以及人类自身发展要求的思想政治观点和行为品格的教育工程。

陆庆壬：一定的阶级或政治集团，为实现一定的政治目标，有目的地对人们施加意识形态的影响，以期转变人们的思想，进而指导人们行动的社会行为。

袁礼周：用无产阶级的政治思想、政治理论、政治观点教育人民群众，解决人们的政治思想、政治观点和政治行为问题，提高人们认识世界和改造世界的能力，为当前和长远的目标而奋斗的社会实践活动。

陈秉公：一定阶级或政治集团，为了实现其政治目标和任务而进行的，以政治思想教育为核心和重点的思想、道德和心理综合教育实践。

张耀灿：一定的阶级、政党、社会群体用一定的思想观念、政治观点、道德规范，对其成员施加有目的、有计划、有组织的影响，使他们形成符合一定社会、一定阶级所需要的思想品德的社会实践活动。

孙其昂：一定政党或集团组织开展的，对所属成员进行以政治为核心的思想教育，培育新人，动员大家为当前和长远目标而奋斗的社会实践活动。

王勤：一定的阶级或政治集团，为实现一定的政治目的，有目的地对人们施加意识形态的影响，以期转变人们的思想，塑造人们的品德，进而指导人们行为的社会实践活动。

秦在东：一定的社会政治集团或政治组织机构，为实现其特定的政治目标，通过一定的精神方式和相应的物质载体，对所辖区域内的民众施加有计划和有组织的意识形态影响，使之具备较高思想政治素质的社会教育活动。

学者们从多角度展开论述：一是从功能角度论述，陆庆壬、王勤从“实现目标，转变思想，指

① 马永富，廖达炎. 军队思想政治教育学原理[M]. 长沙：国防科技大学出版社，2002.

导行为”进行定义；二是从内容角度来论述思想政治教育应包含思想教育、政治教育、道德教育和心理教育等内容，以陈秉公、邱伟光等为代表，利于把思想政治教育内容拓展更宽一些；三是从目的角度论述，如袁礼周从“解决问题，提高能力，为当前和长远目标而奋斗”的角度进行论述；四是从主客体价值关系来论述，如张耀灿从主客体需要的满足关系的价值角度来进行论述；五是从目的和内容结合角度论述，如孙其昂“进行思想品德教育，培育新人，动员大家为当前和长远目标而奋斗的社会实践活动”。

上述概念都强调社会需要和阶级需要，强调教育目的，对于正确理解思想政治教育有重大启示和借鉴。但它们都过于强调阶级性，对人的发展关注不够，加之对思想政治教育属性、过程也没有指明，仅凭“转化”“引导”显然无法解释思想政治教育内涵。如何在复杂多变的历史场域与现实维度中消除迷雾把握科学内涵，如何在系统性思维方式中借鉴吸收前人合理内核进行重新认识成为理解思想政治教育内涵的应然逻辑。因此，要在继承传统概念的合理性基础上，继续开展理论探讨、逻辑求证和内涵解读工作，立足于时代主题转换和现实发展的要求不断拓展，使其研究内容由阶级性走向科学性，理论由零碎走向系统性，方法由单一走向多样，范式由无走向有。

五、思想政治教育概念新认识

首先，对思想政治教育内涵进行重新认识，仍然有必要理解“思想”“政治”“教育”三个概念。“思想”是思想政治教育的直接对象，它不仅可以理解为人们的思想认识、活动过程和成果，即感性和理性认识，而且可以归结为人们的思想意识和观念，即人们的世界观、人生观和价值观；“政治”可以理解为思想政治教育的价值规定，思想政治教育不能脱离政治，而要帮助人们形成政治认识、政治观点和政治立场等，因而不能脱离其政治性本质；“教育”是思想政治教育的手段和方法，是通过传授知识与技能，培养思想品德与情操，发展智力和体力的实践活动，如思想政治理论课不仅是对大学生传递政治知识，培养政治信仰，还注意培养大学生的政治参与意识以及注重提高大学生的政治参与能力。[①] 教育是对公民进行政治教育培训的过程。

其次，还必须把握政治思想工作、思想政治教育与思想政治工作概念的区分。政治思想工作核心是政治观教育，阶级斗争、意识形态斗争、政权建设、党的思想和组织建设等属于政治思想工作的范畴问题。对于思想政治工作和思想政治教育两个概念，人们常约定俗成地将其作为同一概念使用，实际上这是一种不科学的习惯。两者概念在本质特征、功能价值上有同一性，但差异性也较大。学理意义上的思想政治教育概念来自于 1984 年作为高校的一个专业开设，而思想政治工作实践早已存在，其外延更加广泛，还包括管理、组织、企业、社区等全社会进行的思想政治教育活动，通常指称为思想理论教育和日常思想政治工作两个基本方面，其外延更为宽泛。

---

① 颜素珍，顾晖．论思想政治理论课对大学生政治社会化的作用[J]．河海大学学报：哲社版，2009(4)．

重新认识思想政治教育内涵，是在借鉴吸收前人内涵理解合理内核的基础上回答“思想政治教育是什么”的元问题，揭示思想政治教育的本质属性。根据逻辑学定义原理，思想政治教育是教育者按照社会发展要求和人的思想行为活动规律进行的以政治为核心的思想，通过内化外化过程来引导人改造主客观世界，促进人的全面发展的社会实践活动。可从以下五个方面来理解：一是在内容性质方面，强调政治性是思想政治教育的本质，这决定了思想政治教育的主要任务和功能是促进人的政治社会化，其主要内容是以政治为核心的思想理论和道德教育；二是强调既要按照社会发展要求，又要遵循人的思想行为活动规律，促进人的素质提升和自由全面发展，有利于打破以往思想政治教育主客体一分弊端，消除主客体二元争论，促进思想政治教育的人学转向和主体间性转向，这对于现代语境中主体性确证的人本论时代，无疑是一种思想观念上的超越；三是指明了思想政治教育的任务和功能是思想动员、思想理论教育和思想信息管理，根本任务是培育社会主义新人，特别是强调促进人的素质提升和自由全面发展，这些是思想政治教育的价值期待和实践诉求的表征；四是强调广义上的思想政治教育主体，学校、企业、党政机关、团体、社区、农村、军队和个人等都应是思想政治教育主体，对于拓展思想政治教育外延和阵地场域具有重要理论生成作用；五是揭示了思想政治教育的实施、内化外化、目的等范畴，强调思想政治教育实施过程要通过人的内化外化活动改造主客观世界，调动积极性为社会主义服务的教育实践活动，实际地为社会发展和人的全面自由发展服务。

总之，在认识思想政治教育内涵时，既要防止泛化思想政治教育概念边界，又要拒绝窄化思想政治教育范围，通过对思想政治教育概念的重新认识，以期消除由于因多种语义概念相近而出现的使用混乱现象，进而促进思想政治教育学科范式、思想政治教育理论和实践不断向前发展。

第二节　思想政治教育学的内涵和特点

思想政治教育学是运用马克思主义理论与方法，专门研究人类社会中思想政治教育及其规律的学科，它有自己特殊的内涵和特点。

一、思想政治教育学的内涵

思想政治教育学以人类社会中广泛存在和发展变化的思想政治教育现象为研究对象，着力揭示思想政治教育的本质和规律。思想政治教育的本质取决于思想政治教育活动在人类活动体系中的特殊性，集中体现为阶级社会中的意识形态灌输。思想政治教育主要有三个方面的规律：一是人们的思想政治素质形成发展的规律，二是对人们进行思想政治教育的规律，三是思想政治教育产生发展的规律。其中，前两个是微观的规律，主要属于思想政治教育活动过程中思想政治教育的对象和主体各自的规律，而后一个规律是宏观的规律，是思想政治教育作为一个整体在形成发展过程中呈现出的规律。由于思想政治教育学科具有应用学科的性质，它的主要目的在于把马克思主义的科学理论和无产阶级政党的路线方针政策传递于人民群众中，为人民群众所掌握，因而在这三个规律中第二个规律具有最核心和最重要的意义。

思想政治教育学中的“教育”是一个广义的概念，它不是特指学校教育或一定社会的教育部门所主管的教育事业，而是泛指能对人们起到思想影响的现象，更多地指的是党和国家的意识形态工作及其所产生的影响。因而，思想政治教育学科与教育学中的德育学科尽管有密切联系，甚至有某些对象和内容上的重合，但是两者毕竟有着比较明显的差别。一方面，思想政治教育学科尽管也带有教育学的特点，但更多地是带有政治理论学科的特点，而德育学科则更多地体现的是教育学自身的特点，运用的是教育学的理论与方法。另一方面，尽管思想政治教育学科也研究道德教育的规律，但它同时还研究政治教育、法制教育、思想教育、心理教育等的规律，研究这些不同类型的教育活动的共同特征和共同规律。政治教育是标志思想政治教育的鲜明特征和核心。而教育学所属的德育学，则集中研究道德教育的规律。当然，德育可以有广义狭义之分，广义的德育也包括政治教育等其他教育。但就教育界比较普遍的看法来说，狭义的德育概念更为常用，认为德育学主要研究道德教育。

思想政治教育学科包括马克思主义理论教育。以前，马克思主义理论教育和思想政治教育分别是两个独立的学科，后来两者合在一起，共同构成一个二级学科。现在，思想政治教育又分化出来，成为马克思主义理论一级学科下的独立学科。由于它在马克思主义学科中的定位，它的内容比过去有所扩展，也就是说它把马克思主义理论教育也包含在自身之内了。从学科界限的角度说，马克思主义理论教育虽然与马克思主义基本原理学科密切相关，但它并不属于马克思主义基本原理学科。因为马克思主义基本原理学科并不研究马克思主义理论教育的过程和规律，而只研究马克思主义的内容本身。只有思想政治教育学科才把马克思主义理论教育过程当作研究对象，去揭示理论教育的规律。而且，从逻辑上讲，马克思主义理论和党的路线方针政策等，都是思想政治教育的主要内容。不包括马克思主义理论教育在内的所谓马克思主义思想政治教育是不能成立的。当然，理论教育与思想教育、道德教育、法制教育以及心理健康教育等相比有自己的特殊性，它有更高的思维层次，但这并不影响它作为思想政治教育基本内容的身份，并正因为如此它才成为思想政治教育的基础内容。

准确地理解这一点，必须区分马克思主义理论与马克思主义理论教育。马克思主义理论或基本原理对思想政治教育有指导作用，是思想政治教育的指导思想，但不能说马克思主义理论教育是思想政治教育的指导思想。在这里，马克思主义理论教育只是思想政治教育中的一个内容。马克思主义理论教育的重要地位并不是体现在它能够指导思想政治教育的进行，而是表现于它比其他的思想政治教育内容有更高的理论层次。正像马克思主义理论对思想政治教育有指导意义一样，马克思主义理论也对马克思主义理论教育有指导意义。

二、思想政治教育学的特点

思想政治教育学科具有政治性、科学性、综合性、继承性和应用性的特点。

1. 政治性

政治性是思想政治教育学的突出的特征，失去了政治性它就不再是思想政治教育。思想政治教育学科的政治性取决于思想政治教育活动本身的政治性，两者有着密切的联系，它们的政治性都是社会主义的政治性，是无产阶级的党性和阶级性。当然，思想政治教育学科的政治性与思想政治教育活动本身的政治性在某些方面的表现上也应有所不同。思想政治教育活动本身的政治性往往是直接的，表现为一种政治性活动，直接服务于党和国家的某种政治任务。而思想政治教育学科的政治性是在学科建设中体现出来的一种间接的政治性，是一种与科学性结合在一起的政治性，它更多地是表现学术研究中的政治理论立场，以及马克思主义世界观和方法论的指导。

2. 科学性

思想政治教育学是一门新兴学科，它有自己特定的研究对象，有自己特定的研究方法，有自己的学者队伍，也有自己领域的学术成果，以及对这些成果的享用和评价方式。科学性是这门学科的生命线，它能否自立于学科和学术之林，最根本的是看它是否具备充分的科学品格。首先，它应以完整准确的马克思主义科学体系为自己坚实的理论基础；其次，它有自己独有的研究对象，即人的思想品德形成发展的规律和对人们进行思想政治教育的规律；再次，现代思想政治教育学作为一个严密的科学体系，深刻地揭示了思想政治教育学研究领域中各种现象的普遍本质及规律。思想政治教育学学科的政治性应通过它的科学性体现出来，越具有科学性就越充分地体现出了政治性。

应努力探索这门具有很强政治性的学科的科学性实现和体现方式，把学术研究与政治宣传在层次上加以区别。思想政治教育学的创立是社会发展的必然要求，离不开党和政府的引导和支持，但是，要让这种上层设定的专业成为学术界自觉认同的科学，需要学科自身的学术魅力和学术品格。否则，它将成为自动边缘化或者被边缘化的“名义”学术。因此，加强学科自身建设是提高学术形象、发挥学科社会功能的重要途径。应该参照那些成熟学科，立足思想政治教育学科和实践本身，发挥其在社会发展中的作用和功效，提高人们由此对它的学术品格的认同程度和重视程度，最终使思想政治教育学科在品性或质量上获得其他成熟的社会科学知识相同的学术地位。

3. 综合性

思想政治教育学涉及的领域很广泛：一是就思想政治教育的学科性质看，它是在综合运用多门学科的理论和方法、博采众长的基础上形成和发展起来的学科；二是就思想政治教育内容而言，包括思想、政治、道德、心理等方面的内容，极其丰富；三是就思想政治教育对象而言，人的思想观念和精神生活具有多样性、层次性特征；四是就思想政治教育过程而言，涉及认知、情感、信念、意志、行为、内化、外化、反馈等环节，由观念到行为转变的不可度量性等。思想政治教育学科的综合性特征在为思想政治教育研究提供广阔舞台的同时，也提出了严峻的挑战和要求。思想政治教育学在本质上更应当成为一门交叉学科、综合学科，应当更加自觉地遵循跨学科的研究和建设路径。

只有自觉保持开放性和高度的理论自觉，才能主动反省自身，整合体系内外理论知识，实现不断发展和超越，做到与时俱进，避免僵化和教条主义。应在明确学科边界的基础上注重学科依托、寻求理论支撑，在依托人文社会科学领域的众多相关学科中求发展。思想政治教育既要牢固坚持马克思主义的指导地位不动摇，注重依托思想政治教育学科建设，自觉从思想政治教育学科发展所取得的知识成果中汲取智慧营养，又要注重开展跨学科研究，善于主动汲纳和借鉴其他相关学科领域的知识成果为己所用。例如，社会学领域的人的社会化理论、人的现代化理论、社会控制理论，管理学领域的行为科学理论、企业文化理论，心理学领域的认知发展理论，精神分析理论，需要层次理论，政治学领域的政治社会化理论，以及法学、伦理学、人才学、传播学和系统科学等相关学科的有关理论，拓展了思想政治教育的研究视野，推动了思想政治教育的实践发展。但必须防止用其他学科代替思想政治教育学科，防止用其他学科的研究代替思想政治教育学科的研究，不能因此抹杀它的独立性和特殊性，不能因此而使它成为没有学科个性的东西。思想政治教育作为独立的学科，它的研究对象、研究方式和术语都是相对稳定的，这些应该是它的立身之本。它不应该在吸取其他学科有益因素的过程中迷失自己，失去自己的学科个性。

4. 借鉴性

思想政治教育学科的发展创新研究，离不开对中国优秀传统文化、传统美德和优良革命传统的继承弘扬，也少不了对国外先进经验和有益文化的吸收和借鉴。思想政治教育理论与实践的指导思想是马克思主义，这就从根本上决定了我们所要建设的思想政治教育学科体系的特色、风格和气派，赋予了思想政治教育学科体系的“中国特色”“中国风格”“中国气派”以丰富而深刻的内涵。既要挖掘优秀传统文化中的丰富资源，古为今用，又要借鉴国外有益文化和先进经验，洋为中用；既坚持解放思想、博采众长，又坚持以我为主、为我所用。不能简单照搬，而应在借鉴中善于总结我们自己的先进经验，这样才能推动理论的升华和创新、实现传统文化的现代转换和外国有益文化的本土化。总之，要充分占有资料，不仅占有理论资料，而且要占有实践资料，从纵向上反映学科研究领域和课题发生、发展的趋势，从横向上比较不同流派和不同观点，反映理论和实践的前沿状况，提倡学术争鸣，只有各种观点的充分表达和争论，才能推动学科的成熟和繁荣。通过长期积累，自成体系，才能建设好中国特色社会主义思想政治教育学科理论体系。

5. 应用性

思想政治教育从来都是马克思主义实现其价值目标必不可少的中介、理论转化为实践的桥梁。相对于马克思主义理论的其他学科来说，思想政治教育学科的应用性更为明显。向人民群众进行马克思主义的宣传教育，是马克思主义科学真理向实践转化的中间环节，它直接地导向实践，因而必然具有一定的应用性。思想政治教育不仅具有使受教育者形成社会所期望的思想道德的适应性功能，更具有为受教育者的全面发展和终身发展的服务性功能。它把人的如何存在作为中心问题来研究，将人看作是一种通过实践活动不断地否定和生成自身的超越性存在。思想政治教育是人之生成和人的全面发展的重要环节。从一定意义来说，思想政治教育的本质在于提升教育对象的主体性，在于促进对象的自我教育。它不再从社会出发说明人，而是从人的现实需要出发来研究现实的、具体的人。思想政治教育的规律是适应超越规律，思想政治教育把人的发展作为实践活动的终极目标，实质上是一种超越性的社会实践活动，其培养的是面向未来，具有超越性的人，也就是实现人的主体性的发展。思想政治教育不仅是人类社会道德文化传承与创新的重要途径，更是人求得自身更好生存、发展的重要方式。因此，应当把指导和服务于实践的成效作为衡量思想政治教育学学科建设的标准和尺度。要把思想理论教育教学和宣传中的重点、难点、热点问题作为学科理论研究的重点课题；要经常注意调查了解群众、学生的思想状况，针对他们在形成正确的世界观、人生观和价值观过程中遇到的问题，探讨提高思想政治教育有效性的规律；要关注种种社会思潮对人们的思想影响，研究用社会主义核心价值体系引领社会思潮的着力点。

第三节　思想政治教育学在马克思主义理论体系中的地位

任何一个一级学科的形成既有其历史的必然性，同时也有多个二级学科作为构成要素并形成其内在逻辑体系。国务院学位委员会、教育部于 2005 年 12 月 23 日下发的《关于调整增设马克思主义理论一级学科及所属二级学科的通知》(64 号文件)中附件二《马克思主义理论一级学科及所属二级学科简介》，对构成马克思主义理论一级学科的五个二级学科做了说明。这就是：“‘马克思主义理论’就是一门从整体上研究马克思主义基本原理和科学体系的学科。它研究马克思主义基本原理及其形成和发展的历史，研究它在世界上的传播与发展，特别是研究马克思主义中国化的理论与实践，同时把马克思主义研究成果运用于马克思主义理论教育、思想政治教育和思想政治工作。它包括五个二级学科：马克思主义基本原理、马克思主义发展史、马克思主义中国化研究、国外马克思主义研究、思想政治教育。”该文件为我们研究构成马克思主义理论一级学科的五个二级学科之间的逻辑关系奠定了基础，提供了研究的理论空间。

马克思主义基本原理、马克思主义发展史、马克思主义中国化研究、国外马克思主义研究、思想政治教育五个二级学科的研究领域是有差别的。马克思主义基本原理学科对马克思主义科学内涵、精神实质和内在逻辑联系进行综合性研究，它是基础性的学科，是贯穿于其他几个学科的一根红线，是纲领和核心；马克思主义发展史学科实际上是马克思主义原理的展开，是对马克思主义产生、发展的历史过程及规律进行研究；马克思主义中国化或中国化的马克思主义，是马克思主义在中国的传播、发展和创造性的运用，是马克思主义在中国的发展和理论成果，也就是通常所说的“发展了的马克思主义”，中国特色社会主义及其理论体系是马克思主义科学内涵和精神实质既一脉相承又与时俱进的新的理论成果；国外马克思主义研究学科对当代国外马克思主义相关的理论、思潮、流派的发生、演进及其基本思想进行研究;思想政治教育学科是马克思主义理论学科中的一个应用学科,它是运用马克思主义的立场、观点和方法,研究人们思想品德的形成和发展,以及思想政治教育规律,培养人们正确的世界观、人生观、价值观。五个二级学科各自的研究内涵清楚地说明了它们在研究范围、研究方向上是既有区别、又相互联系的整体。

马克思主义基本原理、马克思主义发展史、马克思主义中国化研究、国外马克思主义研究、思想政治教育五个二级学科作为马克思主义理论一级学科的构成要素,以其研究范围、研究方向的差别与相互联系形成了马克思主义理论一级学科的内在逻辑体系。这种内在逻辑体系概括地说,主要表现在两个方面:第一,在马克思主义理论一级学科所属的五个二级学科中,马克思主义基本原理学科以其基础理论的地位,为其他四个二级学科马克思主义理论与现实的结合奠定了理论基础;而马克思主义发展史、马克思主义中国化研究、国外马克思主义研究、思想政治教育这四个二级学科,也为马克思主义基本原理学科提供了研究和建设的目标趋向。第二,在马克思主义理论一级学科所属的五个二级学科中,前四个二级学科以其理论及理论与现实结合的研究,构成了一级学科中马克思主义理论的研究整体,而思想政治教育尽管它在名称上没有直接出现"马克思主义"字样,但实际上具有马克思主义的性质,是马克思主义思想政治教育学。思想政治教育在马克思主义一级学科中具有自身的特点,不同于其他四个二级学科。这个特点主要是它的应用性或教育性。它是围绕"教育"来展开学科内涵的,可以说注重教育是它与其他相关学科的主要区别。思想政治教育学科作为对马克思主义理论研究的一种实际应用,构成了一级学科中马克思主义理论在人的思想品德和政治教育上的研究取向。

第四节　思想政治教育学的研究领域

思想政治教育在实现马克思主义理论的价值目标中承担着生命线、中心环节、中介、桥梁的地位作用和职责使命。

思想政治教育学科的研究领域十分广泛,大体说来主要包括思想政治教育学基础理论研究、思想政治教育应用研究、思想政治教育历史研究、思想政治教育比较研究、思想政治教育现实追踪研究等。

思想政治教育学科虽然与马克思主义理论一级学科内的其他几个二级学科相比,具有应用性的特点,但是它本身作为一个独立的二级学科也有自己的基础理论研究。如果没有自己相应的基础理论研究,它作为独立学科就立不住。基础理论研究注重于对思想政治教育原理层面有关问题的研究,致力于研究解决思想政治教育中的一些元问题和基本理论问题,从而为这个学科提供学理支撑。思想政治教育学科从 20 世纪 80 年代中期在我国产生以来,经历了基础理论从无到有逐步建构的艰难时期。经过十几年的研究,进入新世纪之后,思想政治教育学科的基础理论研究走出依托教科书的阶段,进入以学术论著推进的新阶段。

思想政治教育的应用研究，是在基础理论研究的基础上，面向现实生活中的实际问题而进行的研究。它着力运用思想政治教育的基本理论，来解释和解决现实生活中的思想政治问题。在应用性研究中，思想政治教育方法的研究占有很大比例，实际上具有某种核心地位。当然，这里对思想政治教育方法的研究，不是从理论层面上去解说方法的依据，或去建构方法论的体系，而在于探索适用于某个特定领域和特定问题的有效方法，探索这些方法在特定情况下的有效运用。因此，应用研究中的方法研究与基础研究中的方法研究有所不同。在思想政治教育原理中，通常也包括方法的部分，也对方法、途径、载体等作出论述，但这里是从原理的角度来研究方法，主要是确定方法的理论依据，并建构思想政治教育的方法论体系。应用理论层面对思想政治教育方法的研究，应该结合当代国内外实际，向着更为具体的方向前进。比如，可以通过对思想政治教育案例的系统搜集和整理，建设规范的思想政治教育案例库，并由此使思想政治教育方法的研究走向具体化。再比如，可以通过借鉴西方一些管理科学方面的具体理论与方法，深化思想政治教育的应用研究。管理学是当代的显学，它已经积累了极为丰富的经验材料，并形成众多的管理学分支。这个学科中的若干理论、方法和案例有许多很实际的内容，值得我们吸收和借鉴。

思想政治教育的历史研究是对思想政治教育进行历史的考察，主要研究思想政治教育产生发展的过程和规律，包括总结思想政治教育的基本经验和教训。其中，对中国共产党思想政治教育史的研究具有最为重要的意义。这是因为，一方面中国共产党长期开展思想政治教育，积累了极为丰富的历史经验，具有某种典型的意义；另一方面，我们又是在当代中国的条件下，在党的领导下进行思想政治教育学科研究的，因而我们当然首先要把中国共产党的思想政治教育历史研究透。事实上，思想政治教育学科的建立，主要是依托了中国共产党的思想政治教育历史经验。“思想政治教育”这样的概念本身也是来源于中国共产党人的文献。国内这方面的研究成果很多，对中国共产党思想政治教育的历史做了系统的梳理，也有很多是史论结合，表现出相当的深度。当然，这些研究在总体性关照方面，在总结思想政治教育的基本经验和一般规律方面，还有不足。这也将是进一步研究中应重点注意的问题。思想政治教育的历史研究当然不只限于中国共产党人的思想政治教育史，还应包括中外不同国家和不同时期的思想政治教育史。关于中国古代的思想政治教育史，现在有了一些研究。其他方面的历史性研究相对少，以后应该加强这方面的研究，特别是加强国外思想政治教育史的系统研究。

思想政治教育的比较研究，是对不同国家或地区的思想政治教育进行比较研究，主要是对中国与外国思想政治教育的比较研究。这些研究是建立在对国外思想政治教育相关情况的介绍基础上的。近年来，随着我们对于外国情况的进一步了解，我们掌握了国外特别是一些发达国家思想政治教育方面的大量材料，一些学者经过数年的研究也取得了不少成果，出现了不同国别的当代世界的思想政治教育专著。在此基础上，中外思想政治教育的比较正在兴起，并在一些点上获得突破，比如在中外政治社会化方面，在中外学校德育方面，在中外爱国主义教育方面等。当然，距离学术研究的成熟，比较研究还有很长的路要走。对中外比较研究构成障碍的主要是对于外国思想政治教育状况缺少全面系统的了解。由于国外没有我们这样的概念和学科，也由于我们研究条件和时间的限制，我们对国外相关情况的了解还很不够，还缺少对特定国家思想政治教育状况的专门系统的研究。我们应该吸收一些外语好的青年学者投身其中，并争取在外国有较长时间的研究。同时注重加强与国外同行学者的交流，逐步探寻与外国学者对话交流的平台和途径。

思想政治教育的现实研究，主要是跟踪现实生活，随时观察和研究中外现实生活中出现的思想政治教育现象，也包括对最近一定时期的思想政治教育进行比较系统的研究。在这方面，要求有思想政治教育的专业眼光，要善于对现实生活中思想政治教育现象进行观察，揭示其思想政治教育的内涵。这方面的材料是极为丰富的。仅就中国社会来讲，现实生活中出现的思想政治教育现象就非常多。要特别注意一些思想政治教育方面的热点现象和问题，并进行重点的观察和分析。思想政治教育的现实研究应该运用社会调查等实证的方法，尽可能掌握第一手资料。可以运用社会学的社会调查理论和方法于思想政治及其教育的调查中，并总结长期以来思想政治教育领域中进行的社会调查研究的成功经验，从中提炼出思想政治教育学科进行社会调查研究的特定方式和方法。

附：

思想政治教育学科理论体系框架表

思想政治教育学科理论体系	主干学科	思想政治教育学原理	分支学科	思想政治教育本质论
				思想政治教育目的论
				思想政治教育价值论
				思想政治教育主导论
				思想政治教育主体论
				思想政治教育接受论
				思想政治教育中介论
				思想政治教育过程论
				思想政治教育资源论
				思想政治教育载体论
				思想政治教育环境论
				思想政治教育机制论
				思想政治教育管理论

续 表

思想政治教育学科理论体系	主干学科	思想政治教育方法	分支学科	思想政治教育信息搜集方法
				思想政治教育预测方法
				思想政治教育决策方法
				思想政治教育实施方法
				思想政治教育评价方法
				思想政治教育者修养方法
		思想政治教育史	分支学科	中国古代思想政治教育史
				中国近代思想政治教育史
				中国共产党思想政治教育史（包括新中国成立以来马克思主义理论教育发展史）
		比较思想政治教育学	分支学科	按国别比较或综合比较

第五节　思想政治教育学的培养目标

在马克思主义理论一级学科中，从人才培养的层次来讲，唯有思想政治教育学科通贯了人才培养的各个层次，同时担负着本科生、硕士生、博士生等不同层次人才培养的任务。思想政治教育学不同层次人才既有不同重点的培养目标，同时又有共同的培养指向，应基于思想政治教育的学科特点确定思想政治教育学科人才的培养方法。

一、思想政治教育学不同层次人才的培养目标

思想政治教育学科本科生的培养目标可概括为“通才”，注重于打基础。硕士生培养的目标可概括为“专业化的通才”，是在进一步打基础的同时，培养他们不同侧重点与主攻方向的研究能力。博士生培养的目标可概括为“通才基础上的高级专门人才”，力争使他们在某一方面的研究上站到学术的前沿。

本科生培养的具体目标应该是树立建设中国特色社会主义的共同理想；掌握马克思主义的基本知识，掌握中国化马克思主义理论；掌握思想政治教育的理论与方法；掌握人的思想政治素质形成发展规律和思想政治教育规律；具有从事思想政治教育的基本素养与能力；能胜任党政、群团、学生教育管理等工作。

硕士生培养的具体目标应该是具有坚定的马克思主义信念，树立建设中国特色社会主义

的共同理想；比较系统地掌握马克思主义基本原理和中国化马克思主义理论；全面掌握思想政治教育的理论与方法，熟悉人的思想政治素质形成发展的规律和有效进行思想政治教育的规律；具有一定的科学研究能力；较为熟练地掌握一门外国语并能够阅读本专业的外文资料；了解本学科的最新动态；能胜任一门学科相关的教学、科研和党政、群团、学生教育管理等工作。

博士生培养的具体目标应该是具有坚定的马克思主义信仰和社会主义信念，树立建设中国特色社会主义的共同理想；系统掌握马克思主义的基本原理和中国化马克思主义理论；全面掌握思想政治教育的理论、方法，把握人的思想政治素质形成发展的规律和有效开展思想政治教育的规律；掌握思想政治教育在人类社会中形成发展和演化的规律；善于运用马克思主义的立场、观点和方法开展思想政治教育的高水平研究，具有较强分析、解决人们思想问题与实际问题的能力；具有学科信息处理、学术交流能力与较强的文字、口头表达能力；掌握一门外国语并能够熟练地阅读本专业的外文资料和进行本学科的学术交流；掌握本学科的前沿研究动态与最新成果；能胜任与本学科相关的教学、科研和党政、群团、学生教育管理等工作。

硕士研究生的五个研究方向：思想政治教育理论与实践，思想政治教育历史发展，思想政治教育比较研究，当代思想政治教育发展研究，大学生思想政治教育。博士研究生的四个研究方向：思想政治教育理论与方法研究，思想政治教育历史发展研究，思想政治教育比较研究，当代思想政治教育发展研究。这些研究方向既涵盖了思想政治教育研究的基本领域，又反映了思想政治教育研究的现状和进一步研究的重点方向。

二、思想政治教育学人才培养的共同目标

国务院学位办颁布的《马克思主义理论一级学科及所属二级学科简介》将“马克思主义理论”学科界定为“从整体上研究马克思主义基本原理和科学体系的学科”，并将马克思主义理论学科建设的任务表述为“研究马克思主义基本原理及其形成和发展的历史，研究它在世界上的传播与发展，特别是研究马克思主义中国化的理论与实践，同时把马克思主义研究成果运用于马克思主义理论教育、思想政治教育和思想政治工作”。马克思主义理论学科中的五个二级学科，虽培养目标各有侧重，但共同服务于一种目标。马克思主义理论学科人才培养规格的整体性与培养目标的统一性，决定了思想政治教育必须同马克思主义理论一级学科中的其他二级学科相互依托、相互支撑、共同服务于一级学科建设。思想政治教育学科具体的人才培养规格如下。

1. 专业宽

这是思想政治教育学科培养人才的首要特点。思想政治教育学科培养的人才不仅要有马克思主义理论的宽厚的基础知识，而且还应有多学科、多方面的理论与实际知识，能把马克思主义理论与其相关的各种背景材料、前沿学科知识和交叉学科知识等融为一体，真正使人文精

神与社会科学素养、马克思主义理论素养的统一成为大学生的基本素质。

2. 基础厚

思想政治教育学科人才应有坚实的马克思主义理论基础知识、厚实的马克思主义理论功底。因此，必须认真读原著，精通专业知识，了解马克思主义发展的历史，分析和评论现代的无产阶级学者、资产阶级学者的学术观点，提高自身的马克思主义理论素养，研究马克思主义中国化的理论成果，领略马克思主义与时俱进的理论品质，掌握马克思主义理论的真理性和科学性，加强马克思主义理论的坚定性。

3. 能力强

思想政治教育学科人才必须具有能够运用马克思主义基本原理分析新的实践的能力、从新的实践中阐发理论的能力、进行理论创新的能力，以及能够在社会舞台上宣传并实践马克思主义理论的能力。这就要求能把马克思主义的科学性与实践性统一起来，使马克思主义理论能根据现实发展的状况不断发展自身，能随着历史条件的变化不断进行理论创新；能把科学性与意识形态性统一起来，使马克思主义理论的阐发既能体现现代社会经济、科技的发展出现的各类知识的综合化、一体化、人文化和信息化的趋势，又能真正成为指导中国特色社会主义发展的思想。

三、思想政治教育学科人才培养方法

1. 专业教育与通识教育相结合

思想政治教育成为一门学科，实际上就意味着它成为一种专业教育。专业教育并不排斥通识教育。现代思想政治教育学是多门学科既综合又分化的结果，是在多门学科的结合部、交界处产生的一门独立的新兴学科。它的源头活水，存在于时代进步和社会发展之中。现代思想政治教育学应顺应这种学科横向发展的趋势，坚持“以我为主，博采众长，融合提炼，自成一家”的原则，吸收和借鉴相关学科理论的科学成分，促进理论的不断创新。通识教育不仅是马克思主义理论的教育、社会科学的教育，而且也涉及人文科学的教育。通过相关学科的相交融合，可以达到理解和把握马克思主义理论的目的。通识教育是马克思主义理论专业教育的补充，在专业教育的基础上进行通识教育和渗透，又可以使专业教育进一步得到深化，帮助学生整体地接受和深刻理解马克思主义理论。

2. 灌输教育与启发教育相结合

灌输教育分为强制性灌输教育和非强制性灌输教育。强制性灌输教育就是“一言堂”“注入式”，想灌什么就灌什么，想怎么灌就怎么灌，我灌什么你就听什么，我怎么灌你就怎么听。非强制性灌输教育是一种“对话式”的灌输，是教育者和受教育者处于平等地位的教育，是“教”与“学”都为教育主体的教育，它实际上就是灌输教育和启发教育相结合的一种方式。灌输教育和启发教育的结合，既可以达到教育的目的，也给学生以思维发展的空间；既有理论上的导向，也给学生思想以自主发展空间。

4. 真善美教育相结合

思想政治教育的个体价值主要表现在个体政治方向的引导、精神动力的激发、个体人格的塑造、个体思想和行为的规范等几个方面。所谓引导政治方向，就是运用启发、动员、教育、监督、批评等方式，把人们的思想和行为引导到符合社会发展要求的正确方向上来。这表明它合规律性，因而是真的。所谓激发精神动力，就是运用多种手段，充分调动人们的积极性和创造性，从而实现个体价值，为社会主义现代化建设提供强大的精神动力。所谓规范调控行为，就是对人们的思想、行为的规范性，它肯定符合思想政治教育方向、目标的思想、行为的正确性，它界定偏离思想政治教育方向、目标的思想、行为的不合理性。这些都表明它合目的性，因而是善的。思想政治教育的重要任务，就是塑造个体健全的人格，使社会成员形成崇高丰富的精神境界，健康良好的心理品质。这展现了一种人格美，因而它是美的。因此，思想政治教育个体价值实现的过程，也是真善美的和谐统一过程。

5. 学术创新教育与学术规范教育相结合

思想政治教育学科的教育，其根本任务就是培养高素质的劳动者，培养创新型人才。马克思主义与时俱进的理论品质，要求我们根据时代的发展、社会实践的变化，注重对大学生创新素质的教育和培养，使他们能够发展马克思主义理论；弥补思想政治教育专业学生普遍存在的知识面狭窄、思维方式单调、思维不灵活、视野不开阔等缺陷。与此同时，还必须对教育对象进行学术规范教育，杜绝思想政治教育学术研究中的不正之风，如专注文本，回避现实；内容雷同，缺乏创新；空洞阐发，没有实效等现象。把科学性、实践性、创新性与意识形态性紧密结合，才能切实发挥思想政治教育学科的功能。

第六节　思想政治教育学的研究方法

思想政治教育学的研究方法既包括本学科特有的研究方法，也包括借鉴其他学科的研究方法；既包括传统的研究方法，也包括现代研究方法。只有这样，才能促进思想政治教育学科的持续健康发展，才能满足时代的需要。

1. 调查法

调查法是科学研究中最常用的方法之一。它是有目的、有计划、有系统地搜集有关研究对象现实状况或历史状况的材料的方法。调查方法是科学研究中常用的基本研究方法，它综合运用历史法、观察法等方法以及谈话、问卷、个案研究、测验等科学方式，对教育现象进行有计划的、周密的和系统的了解，并对调查搜集到的大量资料进行分析、综合、比较、归纳，从而为人们提供规律性的知识。

调查法中最常用的是问卷调查法，它是以书面提出问题的方式搜集资料的一种研究方法，即调查者就调查项目编制成表格，分发或邮寄给有关人员，由被调查者填写答案，然后回收整理、进行统计和研究。

2. 观察法

观察法是指研究者根据一定的研究目的、研究提纲或观察表，用自己的感官和辅助工具去直接观察被研究对象，从而获得资料的一种方法。科学的观察具有目的性和计划性、系统性和可重复性。通过观察法可扩大人们的感性认识，启发人们的思维，催生新的发现。

3. 文献研究法

文献研究法是根据一定的研究目的或课题，通过调查文献来获得资料，从而全面、正确地了解掌握所要研究问题的一种方法。借助文献研究法能了解有关问题的历史和现状，帮助确定研究课题；能形成关于研究对象的一般印象，有助于观察和访问；能得到现实资料的比较资料；有助于了解事物的全貌。

4. 实证研究法

实证研究法是科学实践研究的一种特殊形式。其依据现有的科学理论和实践的需要，提出设计，利用科学仪器和设备，在自然条件下，通过有目的有步骤的操纵，根据观察、记录、测定与此相伴随的现象的变化来确定条件与现象之间的因果关系的活动。主要目的在于说明各种自变量与某一个因变量的关系。

5. 定性分析法

定性分析法就是对研究对象进行“质”的方面的分析。具体地说是运用归纳和演绎、分析与综合以及抽象与概括等方法，对获得的各种材料进行思维加工，从而去粗取精、去伪存真、由此及彼、由表及里，认识事物本质、揭示内在规律。

6. 跨学科研究法

跨学科研究法是运用多学科的理论、方法和成果从整体上对某一课题进行综合研究的方法，也称“交叉研究法”。科学发展运动的规律表明，科学在高度分化中又高度综合，形成一个统一的整体。现在世界上有 2 000 多种学科，学科分化的趋势还在加剧，但同时各学科间的联系愈来愈紧密，在语言、方法和某些概念方面，有日益统一化的趋势。

7. 个案研究法

个案研究法是认定研究对象中的某一特定对象，加以调查分析，弄清其特点及其形成过程的一种研究方法。个案研究有三种基本类型：个人调查，即对组织中的某一个人进行调查研究；团体调查，即对某个组织或团体进行调查研究；问题调查，即对某个现象或问题进行调查研究。

8. 功能分析法

功能分析法是社会科学用来分析社会现象的一种方法，是社会调查常用的分析方法之一。

它通过说明社会现象怎样满足一个社会系统的需要(即具有怎样的功能)来解释社会现象。

9. 数量研究法

数量研究法也称“统计分析法”和“定量分析法”,指通过对研究对象的规模、速度、范围、程度等数量关系的分析研究,认识和揭示事物间的相互关系、变化规律和发展趋势,借以达到对事物的正确解释和预测的一种研究方法。

10. 信息研究方法

信息研究方法是利用信息来研究系统功能的一种科学研究方法。当前,人们正处在“信息革命”的新时代,有大量的信息资源可以开发利用。信息方法就是根据信息论、系统论、控制论的原理,通过对信息的收集、传递、加工和整理获得知识,并应用于实践,以实现新的目标。信息方法是一种新的科研方法,它以信息来研究系统功能,揭示事物的更深一层次的规律,帮助人们提高和掌握运用规律的能力。

11. 经验总结法

经验总结法是通过对实践活动中的具体情况,进行归纳与分析,使之系统化、理论化,上升为经验的一种方法。总结推广先进经验是人类历史上长期运用的较为行之有效的领导方法之一。

12. 描述性研究法

描述性研究法是一种简单的研究方法,它将已有的现象、规律和理论通过自己的理解和验证,给予叙述并解释出来。它是对各种理论的一般叙述,更多的是解释别人的论证,但在科学研究中是必不可少的。它能定向地提出问题、揭示弊端、描述现象、介绍经验,利于普及工作。它的实例很多,有带揭示性的多种情况的调查,有对实际问题的说明,也有对某些现状的看法等。

13. 思维方法

思维方法是人们正确进行思维和准确表达思想的重要工具,在科学研究中最常用的科学思维方法包括归纳演绎、类比推理、抽象概括、思辩想象、分析综合等,它对于一切科学研究都具有普遍的指导意义。

14. 系统科学方法

20 世纪,系统论、控制论、信息论等横向科学的迅猛发展,为发展综合思维方式提供了有力的手段,使科学研究方法不断地完善。而以系统论方法、控制论方法和信息论方法为代表的系统科学方法,又为人类的科学认识提供了强有力的主观手段。它不仅突破了传统方法的局限性,而且深刻地改变了科学方法论的体系。这些新的方法,既可以作为经验方法,作为获得感性材料的方法来使用,也可以作为理论方法,作为分析感性材料上升到理性认识的方法来使用,而且作为后者的作用比前者更加明显。它们适用于科学认识的各个阶段,因此,称其为系统科学方法。

第七节　思想政治教育学科建构存在的问题

思想政治教育学科理论体系已经基本形成，也取得了丰硕的研究成果，但毕竟处于初建阶段。思想政治教育学科涉及的许多重要问题刚刚开始在学科层面上展开，思想政治教育学科定位尚未完全明确，研究对象、学科性质还在讨论，学科建设的许多核心问题都需要进一步的思考和研究。学科体系尚存在许多不成熟、不完善的地方，与形势发展的要求和科学化的标准还存在差距，主要问题如下。

1. 学术概念欠精准

在学科话语系统建构过程中，基本范畴和概念系统占据重要地位。它是一个学科之所以成其为一个学科的基本支撑体。但整体上的研究仍然还很薄弱，存在的主要问题是：

(1)基本概念有待界定和厘清。思想政治教育学科成熟度重要标志之一是基本概念研究。目前，思想政治教育学科一些重要学科概念带有较大的含混性，缺少严格的、科学的阐释和界定。现在的思想政治教育学所运用的概念基本上是从教育学、政治学、伦理学、心理学、行为科学、人才学、管理学等学科中借鉴过来的，几乎没有自己学科的概念，即本学科的特有概念。概念建构并不意味着排斥其他学科的概念或理论，而是要求思想政治教育学必须结合自身的逻辑，谨慎地分析这些概念或理论的适用性，并做出必要的修正，从而真正体现思想政治教育学与其他学科的双向互动、相互贡献。最终使思想政治教育研究者在对思想政治教育现象或问题进行直接研究的基础上，独立发展出具有说服力的概念或理论。

思想政治教育学科诞生以来，在理论发展中逐渐形成了一批具有学科特色的学术话语，如思想和行为、内化与外化、言传和身教、疏通与引导、物质鼓励与精神鼓励等，这些基本的学术话语已经逐渐为学界内外所使用、所认同，但基本概念的严谨度仍然欠缺。如思想政治教育学中的“思想”与“思想”概念的外延不完全相符合。在思想政治教育学中，“思想”是用的最多的标志学科本质特征的概念之一。“思想”的概念，按《辞海》解释，亦称观念，它涵盖了人脑对所有客观事物反映所形成的理性认识。思想政治教育学中所谈到的“思想”是有特定含义的，指人们的世界观、人生观、价值观等，它不包括人的一切“思想”，与一般意义上的“思想”概念的外延是不一致的。在一些重要的教科书和研究专著中，一些基本范畴的使用随意，因而不同的研究者虽然使用相同的概念，但是对这些基本概念涵义的理解却不尽一致，用法也不完全统一。思想政治教育学科术语的随意使用、随意替换和混用倾向，正在危害着学术的严谨性和严肃性。迫切需要在甄别辨析基础上，深化研究，开展学术争鸣，尽快达成研究的深化和共识。

(2)现有概念相互之间的生成关系不明显。任何一门学科的概念，都是从一个概念开始逐步衍生出其他概念的，一门成熟学科的概念之间的生成关系脉络应是很清晰的。而现有的思想政治教育学的概念之间的生成关系不明显，体系元素间的逻辑关联性不强。

(3)现在的思想政治教育学所运用的概念，没有形成概念体系，没有形成概念群。因为用来反映一门学科研究对象的本质联系的绝不是仅仅一个或几个概念，而是需要通过相互联系又相互区别的诸多概念才能全面反映的。一门真正立起来的学科，应当有自己的概念体系，有自己的概念群。思想政治教育学的基本概念，要么是别的学科的基本概念，如教育者与受教育者是教育学的概念，个人与社会是社会学的基本概念，教育与管理是管理学的概念，理论与实际是哲学中的概念；要么是诸多概念不是从某一个概念发展而来的，内在联系不是很强，体系性不明显。本学科独有的“概念群”“范畴群”“原理群”并没有真正形成或构筑起来。

2. 学科边界不明晰

每门学科都应有自己相对独立、相对稳定的研究领域。研究边界清晰、研究领域相对明确是学科之间区分的关键环节，也是学科深化发展的必然要求。思想政治教育学科建设的问题中最重要、最基础的在于学科定位问题，其他问题都是由这个问题派生的。思想政治教育学科定位模糊，表现在学科社会定位不明确、学科属性定位不明确、学科特色定位不明确三方面。由于学科定位不明确，使其在建设中出现了不少问题，主要表现为学科建设中不同范围、不同程度地存在“杂”(研究对象不明确，内涵模糊，外延过宽)、“散”(研究队伍整合不够)、“疑”(对学科持怀疑态度，信仰不坚定)、“平”(缺乏标志性研究成果)、“虚”(学科研究成果、学科地位不“实”)等问题。① 具体表现为两种情况：一是学科向外开拓研究领域迅猛，导致思想政治教育研究疆域过宽，思想政治教育学科疆域内的学术性“自在物”还不是很多，移植的、借用的甚或预制的材料明显要多于自在的、本原的材料。当然，作为社会科学，一种学科借用其他相关学科的知识材料来搭建自己的学科建筑，也是无可厚非的。但是，如果移植的、预制的材料过多，学科的规范化就必然会弱化。从学科理论上讲，一个学科没有自己独有的学术限域，也就还没有真正地从学科群中获得“独立”。这些现象的存在既消解了思想政治教育学科独立地位的合法性，同时也使思想政治教育学科难以处理与其他诸多学科的关系。

学科边界模糊，盲目的论域扩张，看似学科发展迅猛，实则存在着较大隐患。如一些高校思想政治教育学科方向设置多种多样，与其他学科重叠现象严重，实质上是“借窝生蛋”，利用思想政治教育学科发展其他人文社会科学和专业，其结果很可能导致思想政治教育学科和专业的“空壳”现象，造成学科建设的虚假繁荣。

3. 学科的知识系统未形成

就思想政治教育学研究对象的高度综合性、复杂性与整体性而言，这一学科在本质上更应当成为一种交叉学科、综合学科。但思想政治教育学在吸纳相关学科知识时，尚未形成本学科

① 骆郁廷，佘双好，沈壮海. 关于马克思主义理论与思想政治教育学科建设的思考[J]. 学校党建与思想教育，2003(9).

的知识系统。一是思想政治教育学科的各知识系统的核心知识要素还没有成为“结构要素”。各要素间的交叉、渗透与融合不够，带有明显的人为规定性，相互之间缺乏内在的必然联系，导致主干学科发展受到制约，尚未发挥学科群优势。二是现有的知识链条缺乏实际的“链的功能”。就是说，从某个知识点整体关照该知识系统的客观效果还没有完全显现出来。要增强思想政治教育学科独立品性，形成有机的知识系统，必须倡导在鲜明的学科主体意识主导下，自主回应本领域独特的理论和实践问题，克服当下思想政治教育学科建设中存在的盲目的论域扩张、理论依附、简单移植等边界不清、独立品性不足的问题。①

4. 学科的一般属性不强

(1)人类社会思想政治教育一般属性还不够强。思想政治教育学，作为思想政治教育的一般理论形态，着力关注的是思想政治教育原理，重点回答思想政治教育最一般最基本的问题，为其分支学科、交叉学科提供理论基础。而现有的思想政治教育学，缺乏人类社会思想政治教育一般性的高度。主要表现在：思想政治教育学的时空跨度，没有跨越人类社会的各个历史阶段的思想政治教育，没有覆盖人类社会不同社会形态的思想政治教育；思想政治教育学没有从人类社会的整个历史长河中抽象出思想政治教育最一般性的东西；思想政治教育学没有立足于人类社会思想政治教育最一般性问题的研究和解决，从各社会形态的思想政治教育特殊性中抽象出一般性。

(2)各阶级思想政治教育一般属性还不够强。从历史或现实来说，不同的阶级有各自的思想政治教育，思想政治教育学有很强的阶级性。但是思想政治教育学，应当是阶级性与科学性的统一。所谓科学性，很重要的就是对不同阶级的思想政治教育现象都能作出科学的说明和预见。但是从现有的思想政治教育学来看，阶级性明显，科学性尚待加强。主要表现在：现有的思想政治教育学对历史上各个阶级思想政治教育的历史经验总结不够，对现实中的各阶级思想政治教育的现实经验总结不够，对其他阶级思想政治教育的经验借鉴不够，对各阶级思想政治教育的共性的基本问题研究不够，对从各个阶级思想政治教育特殊性中抽象出一般性东西不够。形成这一问题的原因，是人们没有把包含思想政治教育在内的思想政治工作的研究，放到人类历史的长河中来考察，放到整个社会系统中来研究。

5. 学科体系建设缺乏战略规划

(1)学科分类标准不明确。任何学科的建设和发展，都必须遵循学科发展的一般规律。学科发展总是既高度分化，又高度整合，任何一门新兴学科，都是在综合运用多门学科的理论和方法、博采众长的基础上形成和发展起来的横向学科。思想政治教育学科也不例外。这就要求我们既要探讨学科体系的科学分类，又要根据实际需要区分轻重缓急，逐步推进思想政治教育学科建设。思想政治教育学学科理论体系建构尚未完全克服盲目性。因此，分支学科发展

① 沈壮海. 论思想政治教育理论研究的独立品性[J]. 国家教育行政学院学报，2005(2).

不够丰富、不够系统，学科建设缺乏战略规划。

(2)主干学科建设较系统，分支学科建设较零散。思想政治教育学原理的专著、教材、学术论文最为丰硕，研究基础系统扎实；思想政治教育方法论、思想政治教育史、思想政治教育比较研究开始受到重视，成果逐步增加，发展势头较好。但分支学科发展较慢，研究成果零散，特别是思想政治教育哲学、思想政治教育文化学、思想政治教育社会学等重要分支学科尚未出现系统、深入研究的专著，影响了思想政治教育学学科结构体系的合理性，也降低了思想政治教育学理论的丰富度。

(3)基础学科研究较强，应用学科研究较弱。由于思想政治教育学学科点专业建设的急需，基础研究建设力度较大、成果较多，发展成熟较快。而应用、实证研究薄弱，虽然也开展了一些调查研究，但是，充分利用调查资料开展揭示规律的深入研究相对不够，更缺乏长期的实验研究。大多的研究尚处于继续、反复垦植本学科创建之初所提出、确立的的基本概念和范畴的层面，学术研究也表现出一定的局限性，回应生动的社会实践提出的重大理论和现实问题的意识和能力相对不足，未能有效拓展思想政治教育学的学术空间应用研究，长期处于低水平徘徊的局面。导致原创性成果不多，影响了认识新特点、揭示新规律、开辟新途径、创造新方法，影响到基础研究水平的提升。

(4)认知性学科较多，情意性学科偏少。思想政治教育要培养人们知行统一的优良品德，认知性教育是基础，但情意性的学习、教育又是不可或缺的。缺少情意教育和非智力因素的开发，人们的心理素质得不到均衡发展，道德知识便难以转化为道德行为和习惯，就容易出现说的多、做的少等知行脱节、言行不一的弊病，就难以培养出优良的道德品质。发达国家在情意教育方面形成了学习学、创造学、智慧学、成功学、心理咨询、职业生涯设计规划、人际关系学等学科，注意“情商”对成才的巨大作用。我国过去对非智力因素开发长期重视不够，隐性思想政治教育课程建设较弱，显性思想政治教育课程与隐性思想政治教育课程未能全面、协调发展，弱化了思想政治教育的实效。

6.专业及人才培养不规范

专业及人才培养层面存在的问题主要有专业方向设置、课程开设、人才培养、整体发展等方面。其中，专业方向体现学科特色和内涵，课程是学科建设与人才培养的中介和桥梁，人才培养最终体现学科价值与意义。思想政治教育专业的研究方向设置可谓是五花八门，不够规范，思想政治教育专业培养存在课程低水平重复开设，培养方案不够科学成熟等问题。在基础研究、教材编著、课程设置、人才培养、师资队伍建设等方面的配套工程跟不上。[①] 不少学校存在本不属于本专业研究领域的专业方向到本专业来“停靠”，把本专业作为“临时码头”的现象。一些硕士点和博士点上的导师并不真正从事思想政治教育的研究，也并不真正培养这方面的

① 黄钊.思想政治教育专业的发展必须坚持以科学发展观为指导[J].学校党建与思想教育，2005(2).

人才，但却在这一学位点上“借窝生蛋”，招生并指导学生。导师的研究方向和学生的论文题目与思想政治教育关系不大，甚至是相去甚远。①

7. 学科研究飘忽宽泛

由于思想政治教育学科建立时间较短，面对快速多变的社会和人们思想的日趋独立性、多变性、差异性，研究领域遍地开花，研究问题随意而为，没有向学科建设的核心问题集中，许多涉及学科建构的实质性、前瞻性理论问题未及充分争鸣讨论。由于缺乏自身特有的限域和范式，思想政治教育学科也就未真正获得应有的独立性。思想政治教育学科凭借特殊地位获得的高势位，过多地依赖于党和政府的强力推动运行，缺乏与时俱进的学理支撑，面对鲜活生动的社会变革和人们的殷切期待，呈现出明显的“滞后感”和“无奈感”，不仅造成思想政治教育学科的发展难以获得专业精深的实质性进展，也严重影响了思想政治教育工作者的学科自信意识和职业自豪感。建设切合中国现实的、为中国大众乐于接受的思想政治教育学科体系，不仅是思想政治教育学科建设的迫切需要，也是思想政治教育学科社会价值得以彰显的保证。

8. 学科自主发展不足

一门学科真正获得独立地位的标志之一，是取得其发展动力上一定程度的独立性。无论是学科发展的一般规律，还是思想政治教育学科建设的历史进程都证明，党和政府的推动只是思想政治教育学科建设的外部条件，学科建设和发展不能仅仅依靠这一外部推动力，而必须经由自主发展的动力，实现内源性发展。然而，思想政治教育学科目前似乎尚未摆脱以外源性动力作为主要发展动力、内源性发展动力不足的现实困境。这一方面源于学科本身的政治特性以及由此产生的对党和政府的制度、资源的依赖性，另一方面，则是由于学科共同体的自主意识缺乏。对外源性力量的依赖性已经发展为对学科管理、行政资源的依赖性，并蜕变为一种惯性、惰性。这导致思想政治教育学科建设严重滞后，需要体现全局，明确重点，着眼未来，科学规划学科体系建设；需要进一步凝炼学科方向、集聚学者队伍、构筑学术高地；需要重点建设一批能够增强原始创新能力、探索客观规律和理论发展的基础学科，一批与社会发展密切相关、对解决国民思想道德素质水平进步有重大影响的应用学科，一批与学科发展趋势相适应，具有前瞻性和影响力的新兴、交叉学科；需要有组织、有计划地重点建设一批基础理论课程和专业主干课程教材，逐步形成以重点教材为核心、各类教材支撑的体系，全面体现马克思主义理论和思想政治教育在当代中国发展的新成果。

第八节　思想政治教育学科建设代表性观点举要

加强学科建设，提升学科学术水平是思想政治教育学界的普遍共识。但对于如何推进思

① 张麦兰，刘建军. 关于思想政治教育学科定位的思考[J]. 思想理论教育，2006(9).

想政治教育学科建设，学者们提出了不同的意见，代表性的主要有五种观点：建设主干分支学科体系论、再系统化论、深化理论研究论、依托发展论、科学发展观指导论。几种观点之间既有相通的一面，也有不同的一面。

1. 建设主干分支学科体系论

该观点主要包括以下方面内容：任何学科的建设和发展，都必须遵循学科发展的一般规律。学科发展总是既高度分化，又高度整合，任何一门新兴学科，都是在综合运用多门学科的理论和方法、博采众长的基础上形成和发展起来的横向学科。思想政治教育学科也不例外。这就要求我们既要探讨学科体系的科学分类，又要根据实际需要区分轻重缓急，逐步推进思想政治教育学科建设。思想政治教育学科体系可以分为基础理论研究和应用理论研究两大类，一方面，学科建设既要按主干学科划分，深化思想政治教育学的基础理论建设，也要按所运用的学科及其方法划分，建设分支学科。主干学科主要包括思想政治教育学原理、思想政治教育方法论、思想政治教育史。分支学科按所运用的学科划分，可建设思想政治教育哲学、思想政治教育经济学、思想政治教育社会学、思想政治教育文化学、思想政治教育心理学、思想政治教育管理学等；按所运用的学科方法划分，可建设思想政治教育史学、比较思想政治教育学、思想政治教育评价学等；以思想政治教育理论为研究对象，可划分若干分支学科，如思想政治教育学、思想政治教育理论发展史等。另一方面，学科建设也要加强应用理论研究，应用理论研究按教育内容划分，可建设政治观教育、唯物史观教育、人生观教育、道德观教育；按教育对象划分，可分别建设军队、职工、干部、农民、非公经济、学生思想政治教育等；按非智力因素划分，可建设心理健康教育与心理咨询、人际关系学、爱情婚姻道德教育、学习学、创造学、职业生涯规划与设计、网络思想政治教育等分支学科。强调今后一个时期思想政治教育要在抓好主干学科建设的同时，将非智力因素开发纳入视野，推动思想政治教育分支学科建设。

2. 深化理论研究论

该观点主要包括以下方面内容：思想政治教育学的发展应在深化理论研究上下功夫，首先要注重完善和深化本学科基础理论，如学科体系建构的研究、思想政治教育规律的研究、思想政治教育内容与方法的研究，以及思想政治教育学科的理论依据问题、范畴问题、基本矛盾问题、综合结构问题、发展过程问题、内化外化问题等；其次要重视学科发展史的研究，认真发掘人类以往关于思想政治教育的可贵遗产，汲取历史的经验；再次要用理论回答实践的呼唤，使思想政治教育学科理论深深植根于现实实践，充分吸取当代实践的营养。

3. 再系统化论

该观点主要包括以下方面内容：思想政治教育学科自建立以来，学科理论已实现了初步系统化，但以严格的学科建设标准衡量思想政治教育学科的基础理论，不难发现思想政治教育学科的基本理论与学科的实践基础不够一致、思想政治教育学科基本理论与学科的理论基础有一定程度的脱节、思想政治教育学科基本理论与学科理论研究的规范性要求存在距离，迫切要求实现学科基本理论的再系统化。思想政治教育学科基本理论再系统化的任务在于实现四个同一性，一是实现学科基本理论与学科实践基础的同一性，即达到学科研究对象及其实践基础范围清晰，并且学科理论反映或基本反映学科的实践基础；二是实现学科基本理论与学科理论基础的同一性，即学科基本理论的理论基础科学有效且运用了学科理论基础的最新成果；三是实现学科基本理论与学科理论研究规范的同一性，做到学科基本理论逻辑的展开性、现实的广延性与历史的涵容性的“三性统一”；四是实现学科基本理论与相关学科学术理论前沿的同一性，充分吸取相关其他学科学术理论的最新研究成果，保持理论鲜活的生命力。实现思想政治教育学科基本理论的再系统化，要通过研究和解决思想政治教育理论的具体课题来实现，具体而言要推进科学界定思想政治教育的核心概念——“思想政治教育”，科学揭示和阐释思想政治教育的目标和内容体系、研究对象、过程结构、机制规律、教育对象、原则方法、工作队伍等课题的研究。

4. 依托发展论

该观点主要包括以下方面内容：由于学科内涵不明、边界不清是当前思想政治教育学科建设中的缺憾与问题，而明确学科内涵和学科边界，明确思想政治教育的研究范围，真正以本学科的概念、范畴与研究方式开展科学研究，本身又是推进学科建设的基础与前提，因此，思想政治教育学科建设首先要明确学科内涵与边界。但明确学科内涵和学科边界，不是要在学科建设中搞“闭关自守”和“自闭性”研究，相反，是要在明确学科内涵和学科边界，切准学科定位的基础上，推进学科建设的“依托发展”。所谓“依托发展”，是指将本学科的发展建立在相关学科发展创造的资源、奠定的基础、形成的高度之上，以相关学科的建设与发展为支撑、为动力、为资源，谋求本学科的长足发展。在研究层面，将相关学科的研究方法、研究思路、研究成果引入本学科学术领域；在队伍建设层面，吸收相关学科的研究和教学人员进入本学科的研究和教学领域；在人才培养层面，将相关学科的知识体系纳入本学科人才培养的知识体系之中等，都是依托发展的重要表现。思想政治教育学科依托发展，强调的是思想政治教育学科对马克思主义理论学科中其他各二级学科的依托，对人文社会科学相关领域相关学科的依托。思想政治教育依托发展，是思想政治教育学科避免简单“技术化”的客观要求，是思想政治教育学科破除“自闭性”的现实需要，也是遵循学科发展的通例与通则。实现思想政治教育学科依托发展，要正确处理主体学科与依托学科的关系，积极拓展本学科的研究领域，科学设计本学科的人才培养方案。

5. 科学发展观指导论

该观点主要包括以下方面内容：科学发展观是指导发展的世界观和方法论的具体体现，是当代中国的马克思主义发展观。思想政治教育学科建设应以科学发展观为指导，谋求科学发展。对于如何以科学发展观为指导，什么样的发展才是科学发展等问题则有不同的理解。有学者提出，思想政治教育既要以科学发展观为指导，推进自身的改革与发展，又要引导和帮助人们结合实际学习、运用科学发展观，为各项工作改革和人的发展提供正确的思想指导。以科学发展观指导思想政治教育学科建设，根本是要在学科建设中贯彻以人为本，全面、协调、可持续的原则要求。坚持以人为本，就是要确立人本发展观，反对只重书本、不重人本身的发展观，改革教育脱离社会和人们实际需求的倾向，真正使教育成为人们的发展需要；坚持全面的发展观，就是思想政治教育要保证和促进人的全面发展，反对片面发展；坚持协调的发展观，就是要求思想政治教育要引导人们处理好人与社会、人与自然、人自身发展的协调关系，避免对立发展观。人自身的协调发展，即人的可持续发展，是指人实现眼前发展与长远发展的结合，并坚持对自身不断超越的状态。① 也有学者提出，科学发展观强调发展的目的性、全面性、协调性以及可持续性。思想政治教育专业在发展中还有不少方面不符合科学发展观的要求，比如学科点布局及发展的不均衡、不协调等。以科学发展观指导思想政治教育专业发展，就必须坚持以人为本，实现全面、协调、可持续的发展。② 还有学者认为，科学发展观这一关于经济社会发展的方法论及其所反映的经济社会发展规律，对于我们把握思想政治教育发展的规律与方法论具有重要的启示意义，但它本身并不就是思想政治教育发展的规律和方法论。因此，树立思想政治教育的科学发展观，要求我们透彻地把握科学发展观的精神实质，以此为观照，思考思想政治教育的发展，为思想政治教育的发展植入科学发展的思想，而不是在词句比附、概念套用层面上，简单地为思想政治教育粘贴“科学发展”的标签；要以求真务实的精神，探讨、把握、遵循思想政治教育及其发展的客观规律，探寻指引思想政治教育发展的科学方法论，回应思想政治教育及其发展面临的理论和实践课题，推动思想政治教育的科学运行与科学发展，而不是将科学发展观人为地抽象为包括思想政治教育在内的所有社会现象发展的规律与方法论，简单地以此来“框定”并“谋求”思想政治教育的科学发展。思想政治教育既是党的一项事业，也是一种实践活动，还是一门学科，三个层面的思想政治教育各有自己的发展规律，各有自己的建设方法论，无法互相替代，不可一言而蔽之。树立思想政治教育的科学发展观，要求我们深入探讨作为事业、作为活动、作为学科的思想政治教育各自独特的发展规律和建设方法论，在此基础上提炼并确立各自的科学发展观。③

思考题

1. 什么是思想政治教育？

---

① 郑永廷. 以科学发展观为指导推进思想政治教育的改革与发展[J]. 思想理论教育，2004(4).

② 黄钊. 思想政治教育专业的发展必须坚持以科学发展观为指导[J]. 学校党建与思想教育，2005(2).

③ 沈壮海. 实现思想政治教育学科的科学发展[J]. 思想理论教育，2004(7).

2. 思想政治教育学的特点有哪些?

3. 分析思想政治教育在马克思主义理论体系中的定位。

4. 阐释思想政治教育学的研究领域。

5. 论述思想政治教育学的培养目标。

6. 介绍思想政治教育学的研究方法。

第二章 思想政治教育学发展历史

中国深厚的伦理文化和悠久的德治传统，留下了许多超越时空局限的优秀传统美德。马克思、恩格斯等革命导师以其丰富的理论为思想政治教育奠定了基础，并以坚持不懈的教育实践为无产阶级思想政治教育事业做出了开拓性贡献。审视中国共产党思想政治教育实践中积累的丰富的经验和苏联解体留给思想政治教育的惨痛而深刻的教训，有利于增强思想政治教育的科学性和有效性。自改革开放以来，我国思想政治教育学科迎来了前所未有的发展机遇，思想政治工作进入了学科化建设新阶段。

第一节 中国传统社会思想政治教育的批判和继承

中国深厚的伦理文化和悠久的德治传统，留下了许多超越时空局限的优秀传统美德。我们必须采取批判继承的态度，去其糟粕，取其精华，以丰富当代中国特色思想政治教育的理论与实践。

一、中国传统社会思想政治教育的发展

在我国古代，随着奴隶社会的形成，思想政治教育就开始出现。“夏曰校，殷曰庠，学则三代共之，皆所以明人伦也。”[①]这说明早在夏商时代就出现了伦理方面的教育。到了西周时代，西周统治者为了加强对奴隶的统治，强化了以等级观和天命观为核心内容的思想政治教育。在道德上强调“明人伦”，把父子、君臣、夫妇、兄弟、朋友等五伦作为社会伦理的基本元素，以此确定上下尊卑的等级差别，教导人们安分守己，切勿犯上作乱；在政治思想上提出“以德配天”，把“天命、敬德、保民”三者结合起来，极力宣扬“天命论”和“王权神授”，以维护君主至高无上的权力地位。

2 000多年的中国封建社会，以道德中心主义为基本特征，是一个有着深厚的伦理文化和悠久的德治传统的社会。传统社会漫长的历史发展不仅留下了许多超越时空局限的优秀传统美德，而且也给我们留下了许多超越时域局限的关于如何推进道德教化的理论思维成果。

---

① 万丽华，蓝旭，译注. 孟子·滕文公上[M]. 北京：中华书局，2006：112.

中华传统道德是一个复合系统，就道德的基本结构而言，呈现出儒、道、释三足鼎立，并以儒家伦理道德思想为主体，同时兼收了墨、道、法以及佛教等各家的有关思想，经过几千年的扩展、充实、更新和演变，逐渐形成了一整套比较完备的伦理道德思想体系，其内容涉及价值观念、道德精神、情感信念、行为方式等各个方面。其中伦理道德是儒学最核心、最重要、最具代表性的内容。儒学大致可分为以礼为基础的伦理规范和以仁为基础的德性原则两个层面。在儒学体系中，伦理之礼与道德之仁是两个不同的维度，礼是具有外在戒律性的社会规范，仁则为涵蕴内在目的性的生活意义和行为品性。孔子曾经把“恭、宽、信、敏、惠”视为仁的具体内容，后来孟子又提出“四德”即“仁、义、礼、智”。封建社会的共同道德或国民公德，集中体现为孔子讲的仁、智、勇“三达德”，管仲讲的礼、义、廉、耻“四维”，董仲舒集先秦儒家之大成而提出的仁、义、礼、智、信“五常德”。《大学》一开篇就提出了“大学之道，在明德，在亲民，在止于至善”。朱熹在注释中把这三者称为“大学之纲领也”。所谓“三纲领”就是“明德”“亲民”“止于至善”。“三纲领”之间存在着一种递进的逻辑关系。这一关系表明了道德主体从“明德”出发，经过“亲民”的发展，最终达到“止于至善”的理想境界。“八条目”中，格物、致知、诚意、正心是修身功夫，修身、齐家、治国、平天下是修身的基本宗旨。“八条目”的内容是一个由内而外、相互关联、不可分割的有机整体，是一个穷尽内圣外王之道的思想理论体系。宋代提出了“八德”即“孝、悌、忠、信、礼、义、廉、耻”。

到了近现代，我国社会的内部性质和外部环境处于大的变革之中，思想政治教育也具有很强的过渡性质。一些有识之士借鉴西方的先进文化，对思想道德教育进行了积极探索。如康有为主张德育为先，以德育为重，并将其贯穿于教育全过程。梁启超认为中国之所以贫弱不振，关键是因为民力、民智、民德太差；要使中国走向富强，最根本的是“新民”，而至关重要的是“新民德”。蔡元培提出“注重道德教育，以实利教育、军国民教育辅之，更以美德教育完成其道德”①，孙中山、蔡元培等提出了“忠、孝、仁、爱、信、义、和、平”新“八德”，当时的国民政府在“八德”的基础上，加上了“礼、义、廉、耻”这“四维”，统称为“四维八德”。

二、对中国传统社会思想政治教育的批判和继承

对中国传统的思想政治教育资源，必须采取批判继承的态度，去其糟粕，取其精华，以丰富当代中国特色思想政治教育的理论与实践。

1. 继承和弘扬中华传统道德中所蕴含着真善美合理因素的优秀传统道德思想

其中包括：维护祖国统一、反对民族分裂，抵御外侵、反抗外侮，为国分忧、心系祖国的爱国主义光荣传统和崇高品德；人际和谐、厚德载物，扶危济困、助人为乐的团结协作精神；刚健有为、自强不息、革故鼎新、变法图强，不畏艰难、乐观有为的进取精神；探求事物的本来面目，揭示客观世界内在规律的求真求实精神；向往理想人格、强调修身养性，追求高尚道德情操、倡导

① 顾明远．中国教育大系·历代教育制度考(下)[M]．武汉：湖北教育出版社，2004：2151．

淳厚朴实民风的优良道德传统。

这些对我们今天的思想政治教育理论建构都具有很大的启迪意义,值得我们深入发掘。当今,有的学者主张用“忠、孝、诚、信、礼、义、廉、耻”作为学校德育体系,其中“忠”是尽己报国的责任,“孝”是生生不息的爱心,“诚”是求真务实的品质,“信”是立身兴业的基点,“礼”是人际文明的规范,“义”是人间正道的向导,“廉”是清白正气的根基,“耻”是人之为人的底线。①

2. 批判和扬弃中国传统思想政治教育中由于受历史条件制约,阶级的局限性甚至错误的内容

(1)灌输式教育方式占主导地位,采用训导、压制的办法强制受教育者接受,忽视解惑与疏导,更缺少对多种方法的灵活应用。这就使得受教育者往往对教育内容机械式接受,没有进行必要的省察和反思,难以真正地内化和吸收。

(2)公私德部分倾向突出。传统思想政治教育公私德不分,或者说重私德而轻公德。过分地诉求于个人私德,而对社会公德规范建设不足。它把社会的一切寄托于个人得到的品质修养上,不重视社会体制、环境、制度的作用。一方面导致对个人品德和行为预设单一,干预过多而束缚其个性发展;另一方面,往往将某些个人的思想品质所产生的原因,简单地归结于个人修养,忽视社会环境对人思想品德形成的影响,致使思想政治教育难以形成有效合力,效果弱化。

(3)重共性,轻个性。在教育内容和方法上,比较多的是单纯向人们灌输各种社会道德规范,如伦理规范、政治规范、婚姻规范、礼仪规范等,教育内容千篇一律,评价标准整齐划一,限制人们道德选择的权利,忽视了人格的差别性和多样性,导致麻木、迂腐、奴化、虚假的道德人格大量出现,难以培养健全的道德人格。

3. 充分发挥中华民族优秀传统道德的时代意义

中华民族优秀传统道德作为中华民族优秀文化的集中表现,具有特殊的时代意义。

首先,它对于增强民族自信心和自豪感,具有强烈的激励作用。弘扬优秀的民族传统道德,能够孕育人们强烈的自尊、自爱、自信和自豪感的文化心态。一个民族如果形成了强烈的自信心和自豪感的文化心态,就能够在民族昌盛的时候,再接再励,不断进取,争取更大的胜利;而一旦民族遇到挫折的时候,就能够坚韧不拔地奋斗,变失败为成功,视挑战为机遇,以坦诚乐观的态度面对困境,用艰苦奋斗的精神开辟新局面,为民族的兴亡和国家的昌盛而浴血奋战。

其次,它对于全民族价值观的形成,具有积极的疏导作用。民族优秀传统道德无论是在理论研究层面,还是在行为实践层面,无论是在社会心理层面,还是在社会意识层面,都对全民族的价值观取向起着积极的疏导作用,这是其他物质因素所无法代替的。例如,爱国主义作为一种传统道德,它所造就的诸如屈原、岳飞等一大批民族英雄,在中国历史上曾经在培养人们的

① 王殿卿.传统美德教育之我见[N].人民日报,2005-06-09.

爱国情怀方面产生了巨大作用。近代中国人民不屈不挠地反抗帝国主义压迫的斗争历程，正是与爱国主义的优良传统紧密相联系的。

第三，它对于全民族的团结协作，具有极大的凝聚作用。民族优秀传统道德可以超越地域、阶级、政党、派别、种族、血缘、宗教等的界限，将民族传统道德灌输到每个民族成员的脑海中、心田里，使全体民族形成牢不可破的坚强堡垒，同心同德地为民族的利益和前途而奋斗终身。由于形成巨大的民族凝聚力，因而当出现外敌入侵之时，中华民族能够上下一致、万众一心地抵抗外侮；而当出现内乱时，人们往往能够在民族认同的基础上，摒弃前嫌，变分为合，化乱为治。

第四，它对于民族文化的认同，具有积极的推动作用。民族优秀传统道德是民族文化中健康向上力量的突出表现，是维系全民族共同心理、共同价值追求的思想纽带，是感召人们为民族的统一和社会的发展而鞠躬尽瘁的力量源泉，是形成牢不可破的民族凝聚力的精神动力，是国民品性的理性锤炼。它具有地域和种族上的广泛性和普遍性，反映了民族奋发有为的共同心声，因而客观上对民族文化的认同，起着积极的推动作用。中华民族优秀传统道德具有很强的推动力、凝聚力和渗透力，它对我们国家的兴衰成败影响极大。因此，大力弘扬优秀的民族传统道德，已成为我们当前精神文明建设中的一件大事。我们当前思想战线上的一项重要任务，就是摒弃腐朽没落的文化糟粕和精神垃圾的影响，增强广大人民群众对腐朽没落的精神毒素的免疫力。而要完成这项任务的一个重要环节，就是要在广大的青少年中大力弘扬中华民族优秀传统道德，使广大青少年真正懂得，中华民族之所以能够自立于世界民族之林数千年而不败，就在于它在数千年的历史发展中形成了独特的民族传统道德；中华民族在历史上之所以能够在多次沦于异族统治之下而复兴，关键在于中华民族传统道德从未灭亡。民族传统道德不灭，民族就有复兴的希望；一旦民族传统道德灭亡了，我们的民族也就真正地灭亡了。

第二节　革命导师对思想政治教育的贡献

马克思、恩格斯等革命导师不仅是国际共产主义运动的创始人，而且也是无产阶级思想政治教育的开拓者。他们以其丰富的理论为思想政治教育奠定了基础，并以坚持不懈的教育实践为无产阶级思想政治教育事业做出了极其宝贵的贡献。

一、马克思、恩格斯创立的科学社会主义理论，为思想政治教育提供了根本的指导思想和理论基础

马克思主义关于社会存在决定社会意识、社会意识对社会存在具有反作用的原理，从根本上揭示了人的思想对社会存在的依赖关系，充分肯定了思想政治教育在社会生活中的重要地位和作用，为加强无产阶级思想政治教育提供了科学的理论依据。马克思主义关于政治与经济的辩证关系原理启发我们，在无产阶级夺取政权之前，思想革命先于政治革命，思想政治教

育要为无产阶级夺取政权打造革命舆论，准备精神条件；在无产阶级夺取政权后思想政治教育要为经济建设服务，不断推进社会生产力的发展，这就为思想政治教育指明了方向。马克思主义关于人的本质和人的全面发展的学说，从根本上规定了思想政治教育的目的和任务。他要求我们要从人们所处的社会关系总和中，从社会关系的发展变化中去分析和把握人的本质特征；思想政治教育的根本目的和任务是要全面提高人的素质，提高人们认识和改造世界的能力，培养全面发展的社会主义新人。马克思主义关于人民群众是创造历史的决定力量的观点，教育者必先受教育的观点，说明人民群众是推动思想政治教育发展的主体。思想政治教育的本质内容就是使人民群众认识自己的根本利益，使人民群众团结起来，学会自己教育自己，自己解放自己。总之，马克思主义的基本原理及其立场、观点和方法，是无产阶级思想政治教育坚实的理论基础，为思想政治教育提供了科学的指导思想。

二、革命导师关于青年教育的一系列论述，对青年思想政治教育具有长远的指导意义

在马克思主义经典作家的论述中，有关青年思想政治教育的论述非常丰富。

一是将培养社会主义新人作为思想政治教育的根本任务。恩格斯在《致国际社会主义者大学生代表大会》一文中指出："希望你们的努力将成功地使大学生们意识到，正是应该从他们的行列里产生出这样一种脑力劳动无产阶级，他们负有使命同自己从事体力劳动的工人阶级兄弟在一个队伍里肩并肩地在即将来临的革命中发挥重要作用。"①其中就强调了要对大学生加强共产主义教育。列宁在《青年团的任务》的演讲中，明确地提出要对青年进行共产主义教育，培养一代承担社会主义建设重任的新人。二是强调针对青年的特点开展思想政治教育。三是引导知识青年尤其是大学生与工农相结合，摆正自己在社会中的地位。恩格斯提出的大学生负有使命同自己从事体力劳动的工人兄弟在一个队伍里肩并肩地战斗，就包含了大学生要同工农相结合的含义。列宁指出："只有你在与工农的的共同劳动中，才能成为真正的共产主义者。"②四是强调引导青年理论联系实际，在实践中锻炼成长，把理论和实践结合起来。列宁指出："资本主义社会留给我们的最大祸害之一，就是书本与生活事件完全脱节。"他认为学习共产主义决不仅仅只限于领会共产主义著作、书本、小册子里的东西，如果是这样，很容易造就出一些"共产主义的书呆子或吹牛家""离开工作，离开斗争，那么从共产主义小册子和著作中得来的关于共产主义的书本知识，可以说是一文不值"。③ 五是强调引导青年用人类创造的一切知识武装自己的头脑。恩格斯对青年学生寄予殷切的期望。他指出：工人阶级的解放，除了需要政治家之外，"还需要医生、工程师、化学家、农艺师及其他专门人才，因为问题在于不仅要掌管政治机器，而且要掌管全部社会生产，而在这里需要的绝不是响亮的词句，而是扎实的

① 马克思恩格斯选集：第 4 卷[M].北京：人民出版社，1995：435.
② 列宁选集：第 4 卷[M].北京：人民出版社，1995：295.
③ 列宁选集：第 4 卷[M].北京：人民出版社，1995：283.

知识。”[①]列宁也非常重视青年学生的学习，他强调：“只有了解人类创造的一切财富以丰富自己的头脑，才能成为共产主义者。”[②]这些论述，为加强对青年学生的思想政治教育提供了重要的思想指导。

三、革命导师关于社会主义时期思想政治教育的论述，对当前我国思想政治教育具有很强的现实指导意义

列宁提出并论证的马克思主义灌输原理，有关政治与经济辩证关系的论述，是思想政治教育重要的理论依据。俄国十月社会主义革命后，列宁及时提出了思想政治教育必须适应党的工作重心转移的思想。他强调在无产阶级夺取政权后，“整个宣传工作应该建立在经济建设的政治经验之上”“在实践中说明应该如何建设社会主义”。[③]

应当根据工作“重点逐渐转向经济方面的政治”的需要，“来安排整个鼓动工作和宣传工作”。[④] 在这一指导思想下，列宁对社会主义建设时期的思想政治教育的目的、任务、内容、方法等进行了多方面阐述。他强调思想政治教育要为党的路线和纲领服务，要培养一代又一代为实现共产主义而奋斗的新人。他主张坚持用马克思主义理论教育人民，重视对青年一代的共产主义教育；强调要适应党的工作重心的转移，掌握新条件下思想政治教育的方法，通过说服教育、比较等方法对人民进行思想政治教育；在进行教育时，教育者要善于用简单明了、通俗易懂的语言讲话，要从自身做起，身教重于言教。列宁的这些论述，对于我国社会主义市场经济条件下的思想政治教育具有现实指导意义。

斯大林在领导苏联社会主义建设的过程中也非常注重党员干部的思想政治教育。他号召“全党加强思想政治上的工作”。斯大林还专门论述了用马克思列宁主义教育党员干部的问题，他指出：“在党和国家的任何一个工作部门中，工作人员的政治水平和马克思列宁主义觉悟程度愈高，工作本身的效率也愈高，工作也就愈有成效；反过来说，工作人员的政治水平和马克思列宁主义觉悟程度愈低，就愈可能在工作中遭受挫折和失败，就愈可能使工作人员本身庸俗化和堕落成为鼠目寸光的事务主义者，愈可能使他们蜕化变质——这要算是一个定理。”[⑤]因此，他要求所有的党员、干部除了学习自己所从事的专业知识外，还必须学习马克思列宁主义。

四、革命导师还对思想政治教育概念进行了探讨

马克思、恩格斯并未使用“思想政治教育”这一词，他们所使用的是与这一概念相近的“宣传”“宣传工作”的概念。列宁除沿用“宣传工作”等概念外，提出了“政治工作”“政治教育”“政

① 马克思恩格斯选集：第4卷[M].北京：人民出版社，1995:435.

② 列宁选集：第4卷[M].北京：人民出版社，1995:285.

③ 列宁选集：第4卷[M].北京：人民出版社，1995:308.

④ 列宁选集：第4卷[M].北京：人民出版社，1995:308.

⑤ 斯大林选集：下卷[M].北京：人民出版社，1979:461-462.

治教育工作”等概念。斯大林则提出了“政治思想工作”“思想工作”等概念。上述概念的表述虽然不同,但其实质内容是一致的,那就是用科学社会主义理论武装工人阶级和广大群众,引导他们自我认识,为实现共产主义努力奋斗。今天我们所使用的“思想政治教育”这一概念就是由这些概念演变而来的。

第三节　中国共产党思想政治教育的基本经验

思想政治教育的发展与中国共产党的成长相依相伴。中国共产党在 90 多年的思想政治教育实践中积累了丰富的经验,形成了优良的传统,同时也经历了一些严重的挫折。对党的思想政治教育进行历史审视对于我们总结经验,吸取教训,掌握思想政治教育发展的规律,进一步增强思想政治教育的效果具有重要的理论意义和现实意义。

一、中国共产党 90 多年思想政治教育基本经验的研究现状

思想政治教育专业(学科)设置以来,出版了不少名为“中国共产党思想政治教育史”的教材、著作,其中有的在章、节或在结语中论述党的思想政治教育的历史经验和优良传统。以下按出版时间顺序简要列举有代表性的著作和观点。

《党的思想政治教育史》(龚海泉主编,高等教育出版社 1993 年版)认为党的思想政治工作的优良传统有:坚持用马克思列宁主义、毛泽东思想和党的路线、方针、政策武装群众的传统;紧紧围绕党的中心任务开展思想政治工作的传统;一切从实际出发,实事求是的传统;耐心说明,平等待人的传统;尊重群众,依靠群众,为群众办实事的群众路线传统;干部以身作则,率先垂范,言传身教的传统;坚持自我教育,认真开展批评与自我批评的传统;全党动手,人人做思想政治工作的传统。

《永恒的生命线——中国共产党 80 年思想政治工作的回眸与前瞻》(刘仕清、沈其新著,湖南大学出版社 2001 年版)认为,中国共产党 80 年思想政治工作的基本经验主要有:党的思想政治工作是我们党和国家的重要政治优势,党的思想政治工作是经济工作和其他一切工作的“生命线”,党的思想政治工作是团结全党和全国各族人民实现党和国家各项任务的中心环节,思想政治工作必须坚持实事求是的原则,思想政治工作必须坚持“以人为本”的原则。

《中国共产党思想政治教育史纲　1919—1949》(王树荫著,党建读物出版社 2002 年版)认为新民主主义革命时期思想政治教育的经验主要有摆正位置恰当估计地位作用,坚持党性原则目标任务明确,遵循唯物与辩证的教育原则,形式方法丰富多样生动活泼,机构健全以身作则言传身教。

《中国共产党思想政治教育史论》(张耀灿主编,高等教育出版社 2006 年版)认为:学术界“结合新形势深化对党的思想政治教育优良传统的认识仍然显得不够,这方面的研究亟待加强”。该书强调,要继承和发扬党的思想政治教育的优良传统,认为思想政治教育优良传统的

主要内容包括“用马克思主义和党的路线、方针、政策武装人们头脑的传统；紧紧围绕党的中心任务开展思想政治教育的传统；实事求是、一切从实际出发、理论联系实际、坚持在实践中检验真理和发展真理的传统；尊重人民是历史创造的主体，坚持群众路线的传统；党员和干部以身作则、身教重于言教的传统；全党动手，齐抓共管，形成合力的传统”。该书还就思想政治教育优良传统的与时俱进提出了自己的看法。

《中国共产党思想政治教育史纲　1949—2009》(王树荫、王炎著，人民出版社 2010 年版)认为新中国思想政治教育的基本经验主要有正确把握基本国情，理解思想政治教育的复杂性、艰巨性；统揽社会主义现代化事业全局，认识思想政治教育的战略性、能动性；探索思想政治教育规律，注重思想政治教育的科学性、创新性；立足人的思想行为活动规律，增强思想政治教育的针对性、实效性。

上述著作从不同的角度对党的思想政治教育工作的经验进行了提炼，总结起来主要有以下几个方面：思想政治教育工作不仅是经济工作的生命线，而且是一切工作的生命线；思想政治教育必须以马克思列宁主义毛泽东思想为指导；思想政治教育必须紧紧围绕党在各个时期的中心任务来开展工作；把思想政治教育与科学文化教育结合起来，弘扬爱国主义、集体主义、社会主义思想，教育人民正确处理国家、集体和个人三者的关系；坚持从实际出发，增强针对性和实效性；思想政治教育一定要与物质利益相结合，坚持解决思想问题同解决实际问题相结合；坚持以正面教育为主，注重说服教育，以理服人，以情感人；实事求是、平等待人、以身作则，坚持群众路线，正确开展批评与自我批评；坚持继承优良传统与改革创新相统一；大胆借鉴西方思想教育和管理经验，学会运用心理学、管理学、行为学等科学知识做思想政治教育工作。

这些思想政治教育历史经验和优良传统都是党根据中国革命和战争的现实需要，结合中国的具体情况探索出来的成功做法，是在革命和战争年代形成，进而在社会主义建设中得到发展的对革命和建设中思想政治教育实践的科学总结。其对各个时期的思想政治教育具有普遍指导意义，是新时期思想政治教育进一步发展的重要基础。

但目前学术界关于思想政治教育历史经验和优良传统的研究还缺乏整体性、统一性和特殊性，仍停留在叙述层面，没有深入挖掘形成基本经验和优良传统的特殊背景和深层原因，因而科学性不强，说服力不够。思想政治教育基本经验和优良传统的具体内容有哪些？怎样概括和表述更为科学与符合实际，容易为大家所接受，也利于借鉴、继承与发扬光大？思想政治教育基本经验和优良传统关系如何？中国共产党 90 多年思想政治教育基本经验和优良传统形成的社会历史背景和主客观原因是什么？这些问题都有待我们继续深入研究。

二、中国共产党 90 多年思想政治教育基本经验的研究思路

总结中国共产党思想政治教育历史经验，研究对象是中国共产党思想政治教育史，不是中国共产党党史；中国共产党思想政治教育历史经验是中国共产党历史经验的一部分，应该体现出自身特色。如马克思主义指导、实事求是、群众路线等是中国共产党党史、毛泽东思想和中

国特色社会主义理论体系中的一般原则，体现在中国共产党党史、毛泽东思想和中国特色社会主义理论体系的方方面面，无疑是中国共产党思想政治教育史和中国共产党思想政治教育历史经验的核心和灵魂。但研究中国共产党90多年思想政治教育基本经验，要以思想政治教育理论为分析框架，不能脱离思想政治教育主线；要以党的思想政治教育历史进程为实践基础，不能离开思想政治教育历史进行概括提炼；要以新时期思想政治教育为价值取向，总结历史经验、服务现实需要。当然，根据中国共产党的历史发展、思想政治教育的本质属性以及中国共产党思想政治教育史自身的发展规律和内在特点，总结中国共产党90多年思想政治教育历史经验，可以也应该有多个维度。

从革命党和执政党的角度，中国共产党思想政治教育的性质分别属于新民主主义思想政治教育和社会主义思想政治教育，研究中国共产党思想政治教育基本经验可以分为两个时期展开，即新民主主义革命时期党的思想政治教育基本经验和社会主义革命、建设和改革时期党的思想政治教育基本经验，或新中国思想政治教育基本经验。

以中国共产党的奋斗目标和历史任务为视角，中国共产党90多年奋斗历程分为革命、建设和改革三个时期，思想政治教育基本经验可以分别论述新民主主义革命时期思想政治教育基本经验（1921—1949年）、社会主义革命和建设时期思想政治教育基本经验（1949—1978年）、改革开放和社会主义现代化建设新时期思想政治教育基本经验（1978年至今）。中国共产党90多年三个历史时期因为具体任务和中心工作不同，可以分成许多阶段。要把党的思想政治教育基本经验研究引向深入，体现阶段化、具体化、专题化，分别总结党的创立时期、大革命时期、土地革命战争时期、抗日战争时期、解放战争时期、过渡时期、社会主义建设时期、改革开放初期、社会主义市场经济条件下和新世纪新阶段思想政治教育的基本经验。

以思想政治教育主要对象、重大事件为线索，也可以总结诸多经验，如中国共产党教育工人、农民、革命军人、知识分子、大学生、未成年人等的经验，中国共产党党内教育的经验；红军长征中的思想政治教育经验、延安整风运动的经验、抗美援朝思想政治教育的经验、全面建设小康社会思想政治教育的经验等。如果把思想政治教育对象、重大事件与中国共产党的历史时期、发展阶段综合起来思考，则会产生更多切入点和研究角度。

尽管各种观点由于划分标准和角度不同，因而具体历史分段不同，但是都能反映出党的思想政治教育发展的基本规律：党的思想政治教育经历了创立—成熟—发展—曲折前进—新发展几个重要的阶段；在不同的阶段，党的思想政治教育与党和国家的中心任务结合得好，就能促进党和国家的事业阔步前进，一旦偏离了党和国家的中心任务，便会阻碍甚至破坏党的建设事业；思想政治教育是一个内化外化辩证统一的教化过程，人的思想可以支配行为，行为也会影响思想，思想政治教育要达到社会预期目的，促进人与社会的融洽共存，就必须遵循内化外化规律，努力帮助和引异教育对象自觉实现内化和外化的有机结合和辩证统一。“思想政治教育不是一种可有可无、无关痛痒的应急之策，而是一种特殊的客观存在的社会活动，除了利用、展开它的引导、保证和服务的工具价值之外，更要发掘和树立思想政治教育的社会本体价值，确立思想政治教育的实践性、客观性”。①

中国共产党90多年思想政治教育经验及其对现实的借鉴作用，可以分为四种情况：一是历史上的成功经验也适合于现实需要；二是当时正确但已经不适用于今天的实际情况；三是虽不符合当时实际但确有先见之明，可为今日之用；四是历史证明是错误的东西在今天也必须引以为鉴。所谓经验，应该包括正反两个方面，即经验与教训。但长期以来，总结经验往往与取得成功和胜利联系在一起，指出教训总是与失败和挫折分不开。历史研究的可取之处往往在于：汲取失败时的某些经验和成功时的某些教训，或者说，成功时的教训和失败时的经验常常更能给人以启迪。必须切实贯彻历史唯物主义基本原理，将唯物辩证法运用于总结中国共产党思想政治教育历史经验之中。就目前学术研究的情况而言，总结中国共产党思想政治教育成功过程中的教训和失败过程中的经验是需要引起高度重视和重点加强的一项工作。研究中国共产党90多年思想政治教育正反两方面的经验，目的和意义在于分析与总结上述两个方面的四种情况，为加强和改进新世纪新阶段思想政治教育工作、提高思想政治教育的实效性和有效性提供借鉴。

中国共产党思想政治教育的历史与传统，成绩是伟大的，思想政治教育工作者是有重要贡献的，当然也存在缺点与不足。应当采取分析的态度，简单地肯定与否定都是片面的。如新民主主义革命时期就曾经出现过两种错误倾向：一是“认为我们政治工作的一切传统都是好的，都是优良传统，因而对于过去的传统作风，缺乏批判的态度”；二是“对政治工作历史上曾经积累起来的许多真正好的经验，真正好的传统，却又被忽视，被抹煞”。② 因此，总结思想政治教育历史经验需要与党的政治路线相联系，研究政治路线与思想政治教育的关系，从史与论的角度作出正确回答。政治路线是国家、政党为实现一定历史时期内的政治目标而制定的基本方针和总政策，它集中代表一定阶级的利益和要求。中国共产党的政治路线是马克思主义与中国革命、建设和改革实践相结合的产物，集中代表无产阶级和最广大人民群众的根本利益。实践证明，政治路线正确与否，决定着党的事业的兴衰成败。思想政治教育是党的工作的重要组成部分，是为实现党的政治路线服务的。从总体上讲，党的政治路线决定思想政治教育，思想政治教育服从、服务于党的政治路线。但就具体情况而言，政治路线与思想政治教育不能简单地划等号。不应当简单地肯定政治路线正确时期的思想政治教育、否定政治路线错误时期的思想政治教育。涉及思想政治教育的方针、原则、内容、方法等更是如此。党的政治路线正确时，思想政治教育方针、原则、内容、方法不一定都正确；党的政治路线错误时，思想政治教育方针、原则、内容、方法也不一定都错误，需要具体问题具体分析。在评价某个历史时期思想政治教育的功过是非时，既要联系该时期党的政治路线，又不能采用简单的对应关系，一对百对，一错百错。如土地革命战争中王明“左”倾路线占统治地位时期，思想政治教育就有许多成功经

① 孙其昂. 思想政治教育学基本原理[M]. 南京：河海大学出版社，2004：78－93.

② 中共中央文件选集：第12册[M]. 北京：中共中央党校出版社，1986：455.

验，也存在诸多教训。历史唯物主义的基本观点是将历史事实放到当时的历史背景中去考察。我们不能全盘地肯定党的政治路线正确的历史时期的思想政治教育，只去挖掘成功的经验；也不能全盘地否定党的政治路线失误的历史时期的思想政治教育，仅仅找寻失败的教训。否则，我们就很难得出符合历史真实的经验教训。

三、中国共产党 90 多年思想政治教育的基本经验

中国共产党 90 多年思想政治教育实践，积累了丰富经验，形成了优良传统。所谓思想政治教育的优良传统，是经过长期思想政治教育实践形成的正确经验的结晶。思想政治教育基本经验就是思想政治教育优良传统。它反映思想政治教育本质特点，体现思想政治教育客观规律，符合马克思主义基本原则，是思想政治教育理论体系和实践进程中富有生命力的内容。中国共产党 90 多年思想政治教育的基本经验和优良传统主要体现在以下五个方面。

1. 认清基本国情和教育对象，发挥思想政治教育的能动作用

毛泽东在新民主主义革命时期指出："认清中国的国情，乃是认清一切革命问题的基本的依据。"①高度重视思想政治教育的能动作用，确立思想政治教育"生命线"地位，符合马克思主义基本原理，也是中国共产党人对中国基本国情和思想政治教育对象深刻认识的必然结果。

中国经历了两千多年的封建社会，中国近现代社会的主要矛盾是帝国主义和中华民族的矛盾、人民大众和封建主义的矛盾，新民主主义革命的主要任务是反帝反封建，实现民族独立、人民解放的目标。新民主主义革命长期处在敌强我弱的境况，帝国主义、封建主义和官僚资本主义的力量大大超过党和革命的力量。中国共产党要领导人民民主革命取得成功，必须组成广泛的统一战线，极大地调动工人阶级、农民阶级、小资产阶级和民族资产阶级的革命积极性，发展壮大人民力量，特别是人民武装力量。从一般意义上讲，农民比工人离马克思主义更远；从社会历史发展进程而言，封建主义比资本主义离社会主义更远。因此，灌输马克思主义，开展思想政治教育，在中国革命过程中具有十分重要的意义，也更为迫切和困难。中国民主革命的特点与优点之一是武装的革命反对武装的反革命，而武装斗争的主要组织形式是军队。因此思想政治教育的重要地位首先在红军中体现出来。政治工作"是红军的生命线"②最早见于 1932 年 7 月 23 日《中央给苏区中央局及苏区闽赣两省委信》中，1934 年红军第一次全国政治工作会议系统阐述了"生命线"理论。抗日战争时期，标志思想政治教育理论成熟的《关于军队政治工作问题》报告再次强调，"共产党领导的革命的政治工作是革命军队的生命线"。中国共产党党内的主要矛盾是无产阶级思想同各种非无产阶级思想，特别是农民小资产阶级思想的矛盾。因此，加强思想建设，把思想教育放在首位历来是党的建设和党内教育的传统。毛泽东更把思想教育放在政治局五大业务之首，认为"掌握思想教育，是团结全党进行伟大政治斗争

---

① 毛泽东选集：第 2 卷 [M]. 北京：人民出版社，1991：633.

② 中共中央文件选集：第 8 册[M]. 北京：中共中央党校出版社，1985：269.

的中心环节。如果这个任务不解决，党的一切政治任务是不能完成的。”[①]

新中国成立后，社会主义革命和建设是在一穷二白、一张白纸上开始的，与新中国成立初期经济、政治发展状况相联系，新中国意识形态领域各种思想多元并存，思想文化战线革命与反动、先进与落后、进步与保守、科学与谬误的较量与斗争不可避免，对人民群众进行社会主义思想政治教育成为当务之急。1955 年毛泽东指出：“政治工作是一切经济工作的生命线。在社会经济制度发生根本变革的时期，尤其是这样。”[②]社会主义改造完成后，我国进入的是社会主义初级阶段。中国共产党反复强调，要调动一切积极因素为建设社会主义服务。改革开放和社会主义市场经济建设，促进了社会生产力的快速发展，带来了社会生活各个领域的深刻变化，也出现了多样化的经济成分和经济利益、多样化的社会生活方式、多样化的社会组织形式、多样化的就业岗位和就业形式；人们的思想活动出现了独立性、选择性、多变性、差异性等新特点。1981 年 6 月，《关于建国以来党的若干历史问题的决议》重申“思想政治工作是经济工作和其他一切工作的生命线”。[③] 党中央在新时期作出了一系列加强和改进各条战线和各个领域思想政治教育工作的重要决定和重大举措。党的十六大以来，我国进入全面建设小康社会，构建社会主义和谐社会的新阶段。以胡锦涛为总书记的党中央，面对新世纪新阶段世情、国情、党情发展变化的新要求，人们思想认识、价值观念多样化的新变化，把思想政治教育工作放在更重要的位置上，强调进一步加强和改进思想政治教育工作，提出了“培养什么人，如何培养人”等一系列带有全局性的重大命题和重要论断。

中国共产党 90 多年思想政治教育实践充分证明，思想政治教育属于政治上层建筑和意识形态的范畴，要恰当估计其地位作用。黄埔军校政治总教官恽代英 1926 年就指出：“政治工作是重要，但是绝对不是唯一的重要”。[④]《关于军队政治工作问题》报告认为：思想政治工作在党和军队的各项工作中，“都应有其适当的地位，都应适当地强调它的作用”“对于政治工作地位的过分强调是不对的，但是没有必要的强调，没有必要的地位，也是不对的。”[⑤]因此，忽视思想政治教育的重要地位，否认能动作用，或人为地拔高、夸大思想政治教育的重要性，将反作用误认为决定作用，理论上都是错误的，实践中都是有害的。

2. 坚持以人为本和围绕中心，体现思想政治教育自身价值

思想政治教育的功能与价值在于达成思想政治教育目标、完成思想政治教育任务，具体体现在社会和个体两个方面，即满足社会进步和个体发展的需要。思想政治教育既有根本目标与任务，又有具体目标与任务；既有长远目标与任务，又有近期目标与任务。内容包括紧密联系、有所侧重的两个方面：一是服从服务于全党工作大局和中心工作，围绕各个时期党的中心

① 毛泽东选集：第 3 卷[M]. 北京：人民出版社，1991：1094.

② 建国以来毛泽东文稿：第 5 册[M]. 北京：中央文献出版社，1991：497.

③ 关于建国以来党的若干历史问题的决议：注释本[M]. 北京：人民出版社，1983：53.

④ 军队政治工作历史资料：第 1 册[M]. 北京：中国人民解放军战士出版社，1982：108.

⑤ 军队政治工作历史资料：第 1 册[M]. 北京：中国人民解放军战士出版社，1982：458.

任务开展思想政治教育，保证党在各个历史时期和各项路线方针政策的贯彻执行；二是以人为本，为中国革命、建设和改革培养所需人才、为人的全面发展服务。目前学术界所谓的“工具论”之说存在偏颇之处，从历史发展进程的角度来说，原因在于未能运用唯物史观的原理和方法，也不熟悉党的思想政治教育的历史和实践。历史研究要把历史事实放在特定的、既定的背景中去考察，要用联系的、发展的、辩证的视野看待问题。在人民群众身受三座大山压迫、在人民群众没有解决温饱问题时，说人的全面发展是不合时宜的。事实上，党在新民主主义革命时期、社会主义革命和建设时期，强调思想政治教育的服从、服务功能，并没有完全忽视人，放松甚至放弃对人的教育培养；改革开放新时期，思想政治教育越来越强调以人为本，培养全面发展的“四有新人”，并没有否认为党和国家的中心工作服务，而是一再强调思想政治教育的服从、服务作用。中国共产党思想政治教育是工具价值与目的价值的高度统一，其社会价值和人本价值体现在90多年思想政治教育实践中。

思想政治教育工作内容必须切合实际，围绕、服从、服务于党的基本任务与中心工作，贯彻、落实党的路线、方针、政策。这并不是所谓的“工具论”，而是思想政治教育的“天经地义”，也是中国革命、建设、改革事业取得成功的有力保证。土地革命战争时期党确立了“一切政治工作为着前线的胜利，为着实现整个作战计划”的重要原则。抗战时期提出了“整个军队的方向就是政治工作的方向”的著名论断。新中国成立后第一次全国宣传工作会议批评了把宣传思想工作和党的实际工作相分离的观点，指出“我们的宣传工作是不能离开当前的中心工作的，并且是为了保证各项中心工作的完成的”“离开了党的中心工作，宣传工作就会失败”。[①]社会主义改造过程中，强调思想政治教育“要结合着经济工作一道去做”“不能孤立地去做”。进入新时期以后，党制定了思想政治教育工作“必须坚定地贯彻执行为实现党的总任务、总目标服务，密切结合经济建设和经济体制改革的实际来进行的指导方针”，[②]强调思想政治工作要和经济工作结合起来，不要搞“两张皮”；要“把注意力集中到团结人民、充分发挥人民的社会主义积极性和创造精神上来，集中到满足人民的文化和精神需要上来，集中到加强思想道德建设和教育科学文化建设上来，归根到底，集中到促进社会生产力的发展上来。”[③]要“为改革开放和社会主义现代化建设提供强有力的精神动力和思想保证”。[④] 党的十六大以来，党中央从深入贯彻落实科学发展观的根本要求出发，更加明确地提出思想政治教育工作要为经济建设、政治建设、社会建设提供思想保证、精神动力、文化环境和智力支持；要“服从服务于改革发展稳定的大局不动摇，着力引导干部群众增强抓住机遇、加快发展的紧迫感、责任感和使命感，增强投身改革开放和现代化建设的积极性、主动性和创造性，增强稳定压倒一切、维护安定团结

① 刘少奇选集：下[M]. 北京：人民出版社，1986：86.

② 十二大以来重要文献选编：中[M]. 北京：人民出版社，1986：585.

③ 十二大以来重要文献选编：下[M]. 北京：人民出版社，1986：1244.

④ 十五大以来重要文献选编：中[M]. 北京：人民出版社，2001：1039.

的思想意识。”[①]可见，思想政治教育的服务目标是以党对未来理想社会的追求和各个历史时期的中心工作为根本指向的，它直接体现了思想政治教育工作为实现党的政治目的的重要手段所具有的基本职能。当然这一目标的最终实现必须通过思想政治教育对象的主观能动性的发挥来落实。

思想政治教育的根本目的，就是以马克思主义教育广大干部和人民群众，教育人们自觉地改造主观世界和提高思想觉悟，帮助人们提高认识世界和改造世界的能力。思想政治教育坚持以人为本，为人的健康成长和全面发展服务，是中国共产党思想政治教育的优良传统和重要经验。在民主革命时期，党的思想政治教育工作目标是教育动员广大人民群众积极投身反帝反封建的民族民主革命，党的思想政治教育为培养适应革命斗争需要的革命者服务。如土地革命战争时期制定的苏维埃文化教育总方针“在于以共产主义的精神来教育广大的劳苦民众，在于使文化教育为革命战争与阶级斗争服务”。[②] 抗战时期毛泽东为陕北公学的题词提出培养“革命的先锋分子”，目的就是把广大革命青年培养成为先进的革命者。新中国成立后，党提出思想政治教育目标是培养无产阶级革命事业的接班人。“我们的教育方针，应该使受教育者在德育、智育、体育几方面都得到发展，成为有社会主义觉悟的有文化的劳动者。”[③]培养和造就大批“又红又专”的无产阶级革命事业接班人，成为这个时代党对于广大青少年思想政治教育的目标要求。“又红又专”体现了正确的思想政治观点和为人民服务的专业知识、专业技能的统一。进入改革开放新时期，培养“有理想、有道德、有文化、有纪律”的社会主义新人成为思想政治教育的主要目标，提出并确认了“思想政治工作最根本的目的和任务，就是提高人们对世界的认识和改造的能力”[④]“就是用人类历史上最先进、最科学的世界观、方法论去教育人、启发人，解决人的立场和思想问题，使人们从各种谬误和偏见中解放出来，不断提高认识和改造世界的能力。”[⑤]党的十二届六中全会指出：“社会主义精神文明建设的根本任务，是适应社会主义现代化建设的需要，培育有理想、有道德、有文化、有纪律的社会主义公民，提高整个中华民族的思想道德素质和科学文化素质。”[⑥]1999 年 9 月《中共中央关于加强和改进思想政治工作的若干意见》进一步提出思想政治教育工作的任务是“以科学的理论武装人，以正确的舆论引导人，以高尚的精神塑造人，以优秀的作品鼓舞人，培育有理想、有道德、有文化、有纪律的公民。”[⑦]江泽民在庆祝中国共产党成立 80 周年大会上的讲话中，第一次明确把促进人的全面发展作为党的各项事业所追求的目标，提出促进人的全面发展是马克思主义关于建设社会主

① 十六大以来重要文献选编：上[M]. 北京：中央文献出版社，2005：525.
② 毛泽东同志论教育工作[M]. 北京：人民教育出版社，1958：15.
③ 毛泽东著作选读：下册[M]. 北京：人民出版社，1986：780－781.
④ 胡耀邦. 关于思想政治工作问题[J]. 红旗，1983(1).
⑤ 十二大以来重要文献选编：中[M]. 北京：人民出版社，1991：1063.
⑥ 十二大以来重要文献选编：下[M]. 北京：人民出版社，1986：1243.
⑦ 十五大以来重要文献选编：中[M]. 北京：人民出版社，2001：1038.

义新社会的本质要求，“我们进行的一切工作，既要着眼于人民现实的物质文化生活需要，同时又要着眼于促进人民素质的提高，也就是要努力促进人的全面发展。”[①]党的十七大把促进和实现人的全面发展提到党的指导思想的核心地位，并确认了以此作为经济社会发展的最终目标。人的全面发展这一根本目标集中体现了社会发展对于人的思想道德素质提出的最高要求，明确了人作为社会发展根本目的的奋斗目标和价值理念，从而实现了党的根本奋斗目标与思想政治教育根本目标的有机统一。为此，党中央强调要“从思想政治工作最基本和最本质的问题入手，深入系统地研究人的思想认识特点及其规律”；要求在思想政治教育中“坚持以人为本，服务群众，把人民群众的利益和要求作为宣传思想工作的根本出发点和立足点”[②]“尊重人民群众的主体地位和首创精神，充分体现人文关怀，既教育人、引导人、鼓舞人，又尊重人、理解人、关心人，切实保障人民群众的政治、经济和文化权益，不断提高人民群众的思想道德素质和科学文化素质，努力促进人的全面发展”。[③]

3. 健全组织机构和规章制度，完善思想政治教育保障机制

“政治工作是党的工作，政治机关是党的工作机关”，[④]坚持党的领导，建立健全相应的组织机构和职能部门，制定与完善各项规章制度，党政工团齐抓共管，专业队伍与群众队伍紧密配合，形成思想政治教育合力，这是思想政治教育顺利开展和取得成效的重要保证。党在思想政治教育实践进程中，认识到“思想政治工作，各个部门都要负责任。共产党应该管，共青团应该管，政府主管部门应该管，学校的校长教师更应该管。”[⑤]思想政治教育的“一切组织形式与工作制度，大体都有基本的与临时的两种。带基本性质的，应当使之固定起来；带临时性质的，则不应当固定，而应当依据具体工作的性质去选择，依据环境与任务的变更而变更。”[⑥]“不论采取何种领导体制和组织形式，必要的职工思想政治工作机构只能加强，不能削弱，更不能取消。”[⑦]

党在民主革命时期，通过制定各种党内和军队规章，逐步建立了党和人民军队的思想政治教育制度。党的成立奠定了思想政治教育的领导基础与组织基础。当时党中央组织机构尚不健全，既设立了组织与宣传部门，宣传教育职能部门从此确立，而后又成立中国劳动组合书记部，负责领导对工人的宣传组织工作；成立人民出版社，出版马克思主义和革命书籍。党在黄埔军校设立中共黄埔特别支部，群众性组织火星社和中国青年军人联合会，“在军队和广大人

① 江泽民文选：第3卷[M]. 北京：人民出版社，2006：294.

② 十六大以来重要文献选编：上[M]. 北京：中央文献出版社，2005：525.

③ 李长春. 以改革创新精神加强改进思想政治工作为推动党和国家事业发展提供有力的思想保证和精神力量[N]. 人民日报，2009-12-17(2).

④ 邓小平文选：第2卷[M]. 北京：人民出版社，1994：124.

⑤ 毛泽东著作选读：下册[M]. 北京：人民出版社，1986：780.

⑥ 中共中央文件选集：第12册[M]. 北京：中共中央党校出版社，1986：471-472.

⑦ 十二大重要文献选编：上[M]. 北京：人民出版社，1986：401.

民群众中，作政治的文化的教育的工作。”[①]黄埔军校首次设立党代表、政治部、宣传队、指导员和专职政工人员，形成了较为健全的组织机构。政治部对全校官佐员生士兵夫工，负有政治指导之责，对外负宣传组织及政治指导之责。“那时军队设立了党代表和政治部，这种制度是中国历史上没有的，靠了这种制度使军队一新其面目”。[②] 大革命时期党为了发动农民投身革命，举办农民运动讲习所，培养农运骨干，在湖南、湖北、广东、广西、江西、河南等省普遍建立了农会组织，“政治宣传的普及乡村，全是共产党和农民协会的功绩”。[③] 工农红军继承和发展了思想政治工作传统，建立党的组织和政治工作机构，建立了以党委制、政治委员制和政治机关制为核心的政治工作制度，特别是自从三湾改编起，党支部建在连上成为共识，奠定了人民军队的基础。古田会议决议阐明了红军政治系统与军事系统的关系，规定“红军的政治机关与军事机关，在前委的指导之下，平行地执行工作”。[④] 1930 年 3 月中央军事委员会首次设立政治部，各级政治工作组织系统逐步健全，从上到下形成了结构严谨的工作网络。抗战时期对连队政治工作的组织形式与工作制度作出了十六项重大改革决定，思想政治教育组织机构趋于完备。

新中国成立后，中国共产党制定发布了一系列规章，确立了思想政治教育领导管理体制和运行实施机制，进一步健全完善了各级宣传职能部门，在全国范围确立了由中央统一领导，以党的各级组织为基础，各级宣传职能部门负责实施、动员社会各方面力量共同参与的思想政治教育领导体制和运行机制，着手在工厂、农村、机关、学校、街道普遍建立了宣传思想政治工作制度，为思想政治教育的社会化奠定了坚实基础。1951 年初，中共中央《关于加强与调整各级党委宣传部的工作机构的指示》《关于加强理论教育的决定》从群众宣传、理论教育、学校教育、文化艺术、新闻出版等方面具体规定了思想政治工作的职责范围，初步形成了包括思想政治教育内容、机构、队伍、考核检查、工作方式在内的思想政治工作运行操作机制。20 世纪 60 年代调整时期，中央关于农业、工业、科研、教育等方面一系列工作条例中，专门对各部门思想政治工作的方针、原则、目标、要求、任务等内容作出明确详细的规定，在思想政治工作制度化探索上迈出重要一步。进入改革开放新时期，曾经出现借政治体制改革、精简机构人员之名，合并甚至取消思想政治工作机构、减少甚至取消思想政治工作人员的现象。党及时制定了《关于党内政治生活的若干准则》《国营企业职工思想政治工作纲要》《关于加强农村思想政治工作的通知》《关于新时期军队政治工作的决定》《关于改进和加强高等学校思想政治工作的决定》《关于改革和加强中小学德育工作的通知》等一系列文件及有关思想政治教育实施细则，形成了全国范围的思想政治教育工作制度化、规范化、网络化的体系，健全完善了思想政治教育工作制度。

① 军队政治工作历史资料：第 1 册[M]. 北京：中国人民解放军战士出版社，1982：14.

② 毛泽东选集：第 2 卷[M]. 北京：人民出版社，1991：380.

③ 毛泽东选集：第 1 卷[M]. 北京：人民出版社，1991：35.

④ 中共中央文件选集：第 5 册[M]. 北京：中共中央党校出版社，1989：833.

世纪之交，随着党和国家依法治国和以德治国基本方略的确立，思想政治教育工作法制化在建设社会主义法治国家中的关键性地位和作用再次得到确认，极大推动和促进了思想政治教育工作专门性法规建设。中共中央 1999 年 9 月制定颁发了《关于加强和改进思想政治工作的若干意见》，这是新中国成立后以中共中央名义下发的第一个集中系统阐述思想政治教育重大方针政策的主体性法规，是一部迄今为止具有思想政治教育基本法性质的党内法规。党的十六大以来，思想政治教育实施细则性质的规章制度逐步健全，思想政治教育在实施过程中有了具体的、可操作的目标依据。如：为加强和改进大学生思想政治教育，2004 年中共中央、国务院颁发《关于进一步加强和改进大学生思想政治教育的意见》；2005 年设置马克思主义理论一级学科及 6 个二级学科，各高校相继成立独立的马克思主义学院；2006 年教育部出台了《普通高等学校辅导员队伍建设规定》和《2006—2010 年普通高等学校辅导员培训计划》，决定设置辅导员培训与研修基地，要求每 200 名大学生配备一名专职辅导员，使得大学生思想政治教育工作呈现良好发展态势，大学生思想政治面貌发生可喜变化。

4. 创新教育内容和方式方法，增强思想政治教育实际效果

中国共产党在 90 多年思想政治教育实践中，不断认识和处理形式、内容与效果的辩证关系，逐步掌握和运用思想政治教育内容、形式创新的基本规律，做到不同教育对象安排不同的教育内容，采取相应的教育方法，不断增强思想政治教育实际效果。

思想政治教育内容，既有一以贯之、必须始终坚持的，又有变化发展、需要不断创新的。思想政治教育内容创新必须做到时代性、目的性和对象性的有机统一。一是要用马克思列宁主义和马克思主义中国化的理论成果，毛泽东思想、邓小平理论、“三个代表”重要思想和科学发展观等重大战略思想教育武装全党、教育人民，并结合各个历史时期、发展阶段中人民群众的思想实际，开展有针对性的思想政治教育，解决党员干部和人民群众的思想问题。如新世纪以来存在和解决的“四个如何认识”“六个为什么”“四个重大是非界限”等重大问题。二是要用党在革命、建设和改革时期以及各个历史阶段的路线、方针、政策统一党员干部和人民群众的思想。中国共产党在不同的历史时期中心工作和中心任务是不同的。思想政治教育内容必须随着党的中心工作和中心任务的变化而变化。三是确定思想政治教育内容还必须注意到教育对象的差异性，做到有的放矢，有针对性地安排教育内容；根据不同群体、不同层次的教育对象的不同特点和不同要求，坚持先进性与广泛性的原则，区分教育内容的层次性。2000 年江泽民在中央思想政治工作会议上指出：“开展思想政治工作，要注意因地制宜，因人制宜，因事制宜，因时制宜。不同地区、不同部门、不同领域的干部群众，所处的环境、承担的任务、面临的问题不同，其思想活动的特点和要求也会有不同。工人、农民、知识分子、干部、军人、离退休人员等都有自己的特点，千篇一律地做工作，是不会取得好效果的。做工作一定要把握这些特点和要求，有针对性地进行。①

① 江泽民文选：第 3 卷[M]. 北京：人民出版社，2006：90.

内容决定形式，形式对内容具有反作用。丰富多样的教育载体，寓教于乐的教育形式，是取得良好教育效果的重要条件。思想政治教育目标、内容确定后，还得实施科学的方法。活泼生动的方式方法，艺术高超的教育技巧，有助于完成思想政治教育任务。中国共产党 90 多年思想政治教育实践，积累形成了极为丰富的思想政治教育方式方法。如正面引导为主，妥善处理思想理论领域的问题；把解决思想问题同解决实际问题结合起来；典型引路，把先进性要求和广泛性要求紧密结合起来；把开展丰富多彩的文化活动与思想教育结合起来；坚持教育与管理相结合，把耐心细致的思想教育同科学规范的严格管理结合起来；充分调动群众在思想政治教育中的主动精神，把说理教育和形象化教育、有意识和无意识教育、灌输教育和自我教育有机结合起来等。进入新世纪后，人们思想活动的独立性、选择性、多变性、差异性不断增强，社会思想日趋多元、多样、多变，这些都对不断创新改进思想政治教育方式方法提出了更新、更高的要求。党在坚持过去行之有效的好方法的同时，不断探索新的手段和方法，善于把现代社会的新知识、高科技手段，如网络、新闻媒体、影视音像、管理工程、心理咨询等，与思想政治教育紧密结合起来，增强了思想政治教育的吸引力与实效性。

5. 坚持以身作则和言传身教，实现思想政治教育育人功能

思想政治教育工作者的表率作用和人格魅力是深刻影响受教育者思想认识、行为方式的关键因素，是做好思想政治工作的重要条件。思想政治教育具有极强的实践性，要求政治工作人员身体力行，用自己的模范行动来引导和影响受教育者。身教重于言教，喊破嗓子，不如做出样子。群众对教育者既要听其言，更要观其行。革命战争年代，思想政治教育之所以有威力，很重要的原因就在于政治工作人员能以身作则。如果教育者言行不一，思想政治工作就缺乏说服力。周恩来在抗战时期指出：军队“政治工作人员本身必须在思想上政治上行动上能够做全体官兵的模范，忠实于革命主义，以百折不挠的意志、艰苦耐劳的作风，去影响全体官兵；以谦逊和睦的态度、耐心说服的精神，去团结全体官兵。只有这样，才能提高政治工作的威信，推动政治工作的前进，发展政治工作的效果。”①新中国建立后，以毛泽东、周恩来为代表的各级领导干部率先垂范的高度自律精神在全党和全国人民中产生了深远影响，“成为我党我军优良传统和作风的化身”。② 建立在良好的党群干群关系基础上的党的崇高威信“是 60 年代初期我们党能经受严重困难考验的最重要的原因之一”。③ 在改革开放和发展社会主义市场经济条件下，各级“领导干部，特别是高级干部以身作则非常重要。群众对干部总是要听其言、观其行的”“政治干部更要强调以身作则”“不能说的是一套，做的又是一套”。④ “台上讲反腐败，台下搞不正之风，群众怎么会信任你呢？”⑤只有“要求群众做到的自己首先做到，要求群众不

① 周恩来选集：上卷[M]. 北京：人民出版社，1980：97.

② 邓小平文选：第 2 卷[M]. 北京：人民出版社，1994：125.

③ 薄一波. 若干重大决策与事件的回顾：下[M]. 北京：中共党史出版社，2008：906.

④ 邓小平文选：第 2 卷[M]. 北京：人民出版社，1994：124 - 125.

⑤ 十四大以来重要文献选编：中[M]. 北京：人民出版社，1997：1197.

做的自己坚决不做，以实际行动为群众做出表率”，[①]才能把真理的力量和人格的力量统一起来，使思想政治教育更具信服力和感召力。“我们的困难在这里，我们的希望也在这里。”[②]党的十六大以来，以胡锦涛为总书记的党中央，以身作则，身体力行，生活实践中的平民意识、深入基层中的亲民作风、集体学习中的榜样作用、党政工作中的勤政廉政、重大事件中的沉着机智，给党和人民树立了良好形象，全党和全国人民的凝聚力、向心力大大增强。

如何做到以身作则，怎样才能言传身教？中国共产党90多年思想政治教育的实践经验是坚持高素质和高要求。高素质是以身作则的内在基础和基本前提。如果只有良好的愿望，没有水平能力和专业知识，思想政治教育工作仍会落空。政治工作干部的素质修养包括政治思想与理论素养、道德品质、文化知识、人格魅力、实际工作能力和专业素养等。民主革命时期党历来要求干部和政治工作人员德才兼备，以德为主，采取各种形式，培养思想政治教育骨干队伍，提高他们的思想政治理论水平和实际工作能力。党中央一再强调，党政干部必须兼备学有专长、精通业务和高瞻远瞩、通达政治两种品质。“干部的标准，概括起来有二：政治，能力。两者不能缺一，以政治为主。”[③]高素质应该包括所在部门和行业的业务知识，外行领导内行总是不行的。民主革命时期军队政治工作干部都要学习军事，都会指挥打仗。新中国成立后，许多政治工作人员越来越脱离所在单位和部门的业务，而只追求单纯的思想政治教育业务、党建知识和管理理论。这是造成思想政治工作脱离实际、出现“两张皮”现象的内在因素，也是思想政治工作低效、甚至无效的重要原因。

高要求是以身作则的外在条件和客观保证。必须对政治工作人员提出严格的要求，用严密的规章制度规范其行动。总体而言，民主革命时期党对政治工作人员的要求严格和具体。黄埔军校制定了政治工作人员《平时惩戒条例》《战时惩戒条例》《政治部服务细则》等一整套规章制度，要求政治工作人员必须特别遵守纪律、特别努力于实际工作、态度应和平诚恳、起居饮食服装及日常用品，应于各部队中所有者一致，并力求俭朴。古田会议决议首次对发展新党员规定了明确具体的五个条件，即政治观念没有错误（包括阶级觉悟）、忠实、有牺牲精神、能积极工作、没有发洋财的观念、不吃鸦片、不赌博。《中国工农红军政治工作暂行条例草案》《政治委员工作须知》《连队指导员工作须知》《士兵委员会章程》等一系列文件则对政治工作人员的言行作了规定。如连政治指导员“必须非常了解中国共产党、苏维埃政权及工农红军的组织、任务和目的，在军事方面应有相当的军事知识，并须时常学习军事知识”“不论在执行自己的职务上和个人行动上，均须做全体军人的模范，并且要在言论和事实上来表现”。[④] 新的历史时期，党对思想政治教育队伍提出了政治强、业务精、纪律严、作风正的标准，要求打造一支数量相对

---

① 十五大以来重要文献选编：中[M]. 北京：人民出版社，2001：1048-1049.

② 十二大以来重要文献选编：中[M]. 北京：人民出版社，1991：1090.

③ 陈云文选（一九一六——九四九年）[M]. 北京：人民出版社，1984：146.

④ 军队政治工作历史资料：第2册[M]. 北京：中国人民解放军战士出版社，1982：580.

稳定、学历水平逐步提高、年龄构成日趋合理、知识结构和专业特长互促互补，思想理论好、综合素质高、具有丰富党务工作和群众工作经验的复合型政治工作干部队伍；强调思想政治教育工作者只有以自身实际行动为群众作出表率，才能把真理的力量和人格的力量统一起来，使思想政治教育更具信服力和感召力。

四、中国共产党90多年思想政治教育的教训

1.对思想政治教育的定位缺乏制度性保障，存在摇摆不定的倾向

由于对思想政治教育缺乏客观的认识和分析，党在历史上犯过片面夸大和忽视否定思想政治教育作用的错误。片面夸大思想政治教育的作用主要表现为在“文革”十年中，“四人帮”反革命集团搞“以阶级斗争为纲”的“突出政治”，鼓吹“政治可以冲击一切”，把思想政治凌驾于经济工作、业务工作之上；思想政治教育出现“假、大、空”的状况，形式主义的东西越来越多，搞垮了党的思想政治教育工作队伍，败坏了思想政治教育的声誉，造成了十分恶劣的影响。①

另一种错误倾向是否定、贬低和忽视思想政治教育工作。改革开放以来，社会上存在着对思想政治教育误读现象，对思想政治教育的态度从“文革”时期走向了反面，部分领导干部只埋头经济工作，迷信利益驱动，而忽视了思想政治教育工作。结果导致相当一部分干部群众对政治不关心，相当一部分地区、单位和部门忽视和轻视思想政治教育工作，有的基层党组织软弱涣散，对社会造成了严重的消极影响。

2.过于强调社会需要，不重视人的主体价值

在以往的思想政治教育实践中往往强调人的整体性，忽视人的丰富多彩的个性；强调人的精神性，忽视人的自然性；强调人的可塑性，忽视人的主体性；强调人的工具性，忽视人的目的性等。这种脱离人的发展实际和忽视人的主体地位的做法是影响思想政治教育效果的根本原因。市场经济的发展给人的主体性发展提供了条件和要求，思想政治教育在培养人的思想道德素质的时候，主体性的渗透不仅不可避免，而且愈来愈趋向强化。思想政治教育尊重和体现个人的主体地位，是培养作为主体的人的思想道德素质的重要保证。需要是人活动的原始动力，要实现思想政治教育育人的功效，就要以人的需要为出发点，把人的需要与社会对人的要求统一起来，客观看待个人需要和社会需要的差异性，坚持社会要求的主导性和个体需要的多样性的统一。

3.理论研究滞后，思想政治教育缺乏应有的科学性和说服力

思想政治教育不仅是一项实践性非常强的工作而且应具有理论科学性，仅仅靠经验是不够的，还必须建设和发展思想政治教育这门科学。当前，面对千变万化的社会现实，思想政治教育学更多地呈现为一种滞后性，对传统的继承和对外借鉴未能与实际有机契合，只停留在一种范式的挖掘和保存上，未能有效地把他们与实践问题相结合进行分析，缺乏现实意义上的创

---

① 王礼湛.思想政治教育学[M].杭州:浙江大学出版社,1989:375.

新。学科研究和发展的滞后造成的直接后果是与同时期国外思想政治教育相比我国思想政治教育的差距甚远，思想政治教育的许多方面与现实脱节，缺乏说服力和吸引力。这种情况已不能很好地满足人们精神文化的需要。

五、中国共产党90多年思想政治教育的现代启示

1.合理定位思想政治教育的地位和作用

党的思想政治教育的历史表明，忽视思想政治教育的重要地位，否认其能动的反作用，或人为地拔高、夸大思想政治教育的重要性，将反作用误认为决定作用，理论上都是错误的，实践中都是有害的。21世纪，国内国际环境发生了急剧变化。从国际来看，社会主义运动正处于低潮，西方国家加紧向世界推行和平演变战略；从国内来看，改革实践正处于攻坚阶段，社会意识形态领域的斗争呈现出前所未有的复杂状况，社会经济成分、物质利益、就业方式的“多样化”，对群众产生了全方位的、深刻的、长期的影响。为了使党员、干部和群众能够经受住各种严峻考验，必须进一步加强思想政治教育工作。

同时我们也要认识到，思想政治教育工作也不是万能的，思想政治教育只能解决思想政治领域的矛盾。要解决当前社会的主要矛盾即人民群众日益增长的物质文化需要和落后的社会生产力之间的矛盾还必须坚持以经济工作为中心。

2.加强思想政治教育学科建设，夯实思想政治教育的理论基础

思想政治教育工作经验提供了无法用其他方法可以获得的知识，但仅依靠经验获得的知识必然十分有限，思想政治教育的进步还必须有赖于思想政治教育学的发展和理论的完善。目前思想政治教育学的研究取得了不少成果，但是，作为一门学科仍然存在着一些亟待解决的问题：研究水平需进一步提高，基础理论研究仍较薄弱，创新意识有待加强等。加强思想政治教育学科建设，就必须加强思想政治教育基本概念、范畴、规律的研究，在实践的基础上建构思想政治教育自身严密的逻辑体系，反映思想政治教育的客观事实；正确处理好思想政治教育与其他学科如教育学、政治学、伦理学、心理学、行为科学、管理学、文化人类学等学科的关系，积极吸收和借鉴其他学科的知识、理论、研究方法，形成思想政治教育的特有方法和知识理论体系，丰富思想政治教育的内容；把思想政治教育学同具体的生产生活实践结合起来，思想政治教育理论要以回答和解决现实社会问题和政治问题为自己的使命，把思想政治教育工作与经济、政治和文化工作结合起来，统一起来，在整个社会工作的大系统中开展思想政治教育实践，完善思想政治教育的管理机制、保障机制、评价机制以发展思想政治教育基本理论。

3.积极探索思想政治教育的新方法，增强思想政治教育的吸引力

思想政治教育有效方法的确立，必须与思想政治教育对象的内在要求相适应，与他们的生活环境相适应，把思想政治教育的内容渗透到人们生产生活的各个环节，使内因和外因共同起作用。具体从以下几个方面入手：注重渗透，注重协同，注重主体性培养，注重现代化手段运用，等等。

第四节　苏联时期思想政治教育的教训

苏联是社会主义思想政治教育的开拓者，其思想政治教育模式经历了70多年的形成和发展过程，是人类历史上思想道德教育发展的里程碑。思想政治教育为苏联培养了几代数以千万计的社会主义爱国者、建设者和保卫者，他们为建设、发展和捍卫苏联社会主义作出了积极贡献，使苏联对世界的发展产生过巨大影响。在苏联存在的70多年中，思想政治教育作为一项重要的社会主义实践，贯穿了其从兴盛到解体的始终。然而，如此传统悠久、成效卓著的思想政治教育，在苏联解体的危机时刻，反而成了促使其加速解体的催化剂，其中的教训是惨痛而深刻的。中国作为一个社会主义国家，在思想政治教育的诸多方面也受到了苏联的深刻影响，深入分析研究苏联的思想政治教育，借鉴其经验，反思其失误，对于改进我国新时期的思想政治教育，有着十分重大的现实意义。

1. 放弃了马克思列宁主义指导地位，动摇了思想政治教育的理论基础

社会主义国家执政党的指导思想所体现出的马克思主义普遍原理与本国实践相结合是否沿着一条正确的道路，将直接决定思想政治教育的方向正确与否及效果的成功与否。苏维埃政权成立伊始，列宁就牢固确立了马克思主义的指导思想地位，并注重把马克思主义与本国的实践相结合，开启了一条坚持与发展马克思主义的正确道路。然而，到了20世纪80年代中期，以戈尔巴乔夫为首的执政党上层领导宣扬、鼓吹“改革新思维”，背离了马克思列宁主义的基本原则，实行指导思想上的“政治多元化”和“经济私有化”，推行“民主化”“公开性”，把“人道的、民主的社会主义”作为党的行动纲领。同时，否定马克思列宁主义的基本原则，致使人们的共产主义、社会主义信念丧失和共产党组织的先锋队地位作用下降。在20世纪80年代后期又实行学校教育非党派化、非政治化、非意识形态化，否认了社会主义学校思想政治教育的阶级性，使学校思想政治教育逐渐脱离了正确的社会主义政治方向而发生了质的变化。

2. 忽视执政党自身建设，难以有效承担思想政治教育的领导使命

党是思想政治教育的领导核心，不断加强、改进执政党的自身建设是使党有效担负起思想政治教育领导使命的重要保证。苏联后期，苏联共产党在思想建设、组织建设和制度建设上均存在严重错误，日益背离了为人民服务的高尚初衷，其先进性丧失殆尽。思想建设的失误，源自理论建设的“左”倾教条主义，使理论失去了对广大党员的吸引力，使党的队伍的思想政治素质整体下降。组织建设中，干部选拔制度上的委任制和实际上的终身制，使大量趋炎附势、善于钻营的干部长期占据党的各级组织的重要领导岗位，使党的机体逐渐失去生机。在制度建设上，总书记的个人专权及监督机构同党组织的隶属关系，使民主制度与监督制度形同虚设。总之，由于忽视了党的自身建设，苏联共产党逐渐失去了自身的先进性，没有能力再以工人阶级先锋队的身份有效承担起对思想政治教育的领导使命。

3. 思想政治教育教条主义、形式主义严重,动摇了人们的共产主义信念

以马克思主义基本原理为核心的基本思想在统一思想、战胜外敌、建设国家等方面起到了重要的作用。随着时间的推移,苏联共产党领导教条主义倾向日益严重,本本主义盛行。由于马克思主义宣传僵化教条,内容空洞,难以深入人心,思想政治教育方法中的形式主义泛滥也愈演愈烈,特别是到 20 世纪 70 年代末、80 年代初,苏联共产党思想理论界的空洞化和教条主义达到极点。思想政治教育方法的教条主义、形式主义,违背了人的思想转化规律,非但无助于问题的解决,反而进一步加深了人们的思想矛盾,使人们对社会主义疑虑丛生,动摇了人们的共产主义信念。前苏共党员、知识分子、普通老百姓都已不再相信那些不切实际的说教和宣传,当时的大学生有的甚至将马克思列宁主义课看作是最没用的课程。

第五节　思想政治教育学科建设

改革开放以来,我国思想政治教育学科建设得以开展并不断取得新突破,有着深刻的历史根源和必然性。思想政治教育是与改革开放实践和马克思主义在中国的新发展同步跟进的。

一、思想政治教育学科建设的历史背景

在革命战争年代,由于环境所限,当时尚不具备把思想政治教育的学问作为一门学科来建设的条件,但它是一门潜学科,已具有深厚的根基。正如毛泽东同志所说的那样,我们对"政治工作的研究有第一等的成绩,其经验之丰富,新创设之多而且好,全世界除了苏联就要算我们了,但缺点在于综合性和系统性的不足",因此,加紧研究"不可或缓"。[①]

新中国成立后,我们开始正规化培养政治理论教员,但较长时期里都未正规化培养思想政治工作者,也未把思想政治教育的学问作为一门学科来建设。而在 1957 年后,我们的工作出现"左"的失误,教条主义盛行,形而上学猖獗,"文化大革命"中达到了顶点,这些都严重损害了思想政治教育的声望和形象。

党的十一届三中全会是伟大的历史转折点。我们党重新恢复和确立了正确的思想路线、政治路线、组织路线。邓小平同志在领导和支持真理标准大讨论中,针砭时弊,鲜明地提出了"完整准确地理解毛泽东思想"的问题,号召"世世代代地用准确的完整的毛泽东思想来指导我们全党、全军和全国人民"。[②] 邓小平同志指出,过去我们的经验教训很多,最根本的一条是没有完全搞清楚什么是马克思主义。在对"什么是马克思主义"的追问中,邓小平同志从多方面反复强调"实事求是"是马克思列宁主义、毛泽东思想的精髓。党的十一届六中全会通过了由邓小平同志亲自主持起草的《中共中央关于建国以来党的若干历史问题的决议》(以下简称《决

---

① 毛泽东选集:第 2 卷[M]. 北京:人民出版社,1991:554.
② 邓小平文选:第 2 卷[M]. 北京:人民出版社,1994:39.

议》),正确地评价了毛泽东思想和毛泽东同志的历史地位,对毛泽东思想的科学体系、基本内容与活的灵魂作出了全面、准确的概括,对走适合我国国情的社会主义建设道路的历史经验也作出了初步的归纳,并重申了“思想政治工作是经济工作和其他一切工作的生命线”。《决议》的通过标志着党的指导思想拨乱反正的基本完成,它有力地指导着各条战线的拨乱反正,推动了我国改革开放的开启和社会主义现代化建设的健康发展。这些都为思想政治工作领域的拨乱反正指明了方向。

“思想政治工作科学化”命题和任务的提出及讨论的开展正是在上述背景下出现的。这一讨论及其成果既是改革开放初期拨乱反正的一个重要组成部分,又是把思想政治教育的学问作为一门学科来建设的前奏、前提和基础。它表明,把思想政治工作的学问作为一门科学来开展学科建设不仅必要和迫切,而且已具备了良好的条件和环境。

二、思想政治教育学科建设的阶段

回顾思想政治教育学科建设 30 多年的历程,可以将其划分为以下三个阶段来认识。

1. 第一阶段,开展思想政治工作科学化讨论,确定学科和专业的名称(1978—1983 年)

“文化大革命”结束后,在批判“四人帮”的“帮八股”的恶劣学风和肃清其消极影响中,努力恢复马克思主义优良学风。1978 年 5 月 29 日,叶剑英在全军政治工作会议上明确指出:“毛主席关于革命军队政治工作的学说,是无产阶级军事科学的一个重要组成部分,是马克思主义军事学说的重大发展。它是前无古人,举世无双的。我们一定要完整准确地学习毛主席关于政治工作的理论和指示,全面系统地把它继承下来,并在新的历史条件下加以运用和发展。”①

1980 年 4 月 18 至 30 日,全军政治工作会议在北京召开。中共中央政治局委员,人民解放军总政治部主任韦国清在讲到政治干部又红又专的问题时说:“政治工作也是一门科学,有其专门的知识。”“每个政治干部都要朝着政治工作专门家这个目标,奋发努力。”②1980 年 4 月 14 日,《解放军报》评论员文章说:“革命的政治工作同样是一种专业知识,一门科学。”一场关于思想政治工作科学化和建立一门社会主义的思想政治工作新学科的讨论很快波及到全国的各行各业。

1980 年 5 月 27 日至 6 月 6 日,原第一机械工业部和全国机械工会联合召开了思想政治工作座谈会。原第一机械部副部长孙友余以《把在社会主义企业中发挥人的积极性的工作建成为一门现代科学》为题,做了长篇发言。他说:“我曾提议,把社会主义制度下研究发挥人的积极性的这门科学叫做思想政治工作学。”他还强调,建立思想政治工作学“要以我为主,认真总结我们固有的成功经验,使之系统化、理论化,吸收国外科学的、具有普遍规律性的东西,形成带有我们自己社会和民族特点的做人的思想工作的新学科”。孙友余在讲话中,第一次提出

① 叶剑英.政治工作是我军的生命线[N].人民日报,1978-06-05(1).

② 韦国清.听取总政治部领导汇报工作时的谈话要点[N].人民日报,1980-05-09.

了建立思想政治工作学的学科名称的设想。这次座谈会形成了《第一机械工业部全国机械工会思想政治工作座谈会纪要》(以下简称《纪要》),《纪要》再次强调了思想政治工作要科学化的问题。《纪要》指出:“我们必须坚持用马克思主义的世界观、方法论,以及心理学、社会学等科学知识,在总结我们过去经验的基础上,研究掌握人们思想活动的规律,使思想政治工作系统化、理论化,成为一门科学。”《纪要》提出:“为了使企业中调动人的积极性的工作成为现代管理的重要组成部分,把思想政治工作形成为一门系统的科学,政工干部要解放思想,大胆实践,勇于创新,积极做出贡献。”①1980 年 8 月 11 日,《光明日报》发表了严求实的文章《思想政治工作是一门科学》。该文作者从四个方面论证了思想政治工作为什么是一门科学。作者认为:“无产阶级思想政治工作作为一门科学,它的研究对象是人们的思想政治状况及其形成变化规律。”“无产阶级思想政治工作作为一门科学,有它的独立的研究领域。它是关于人的科学,又与其他有关人的学科有不同的分工。它所研究的是对现实社会的人进行思想政治教育的手段及其规律。”“无产阶级思想政治工作作为一门科学,它的理论基础是马克思主义的辩证唯物论和历史唯物论,以及马克思主义的政治经济学、心理学、社会学、教育学等。”“无产阶级思想政治工作作为一门科学,有它自身固有的规律。”②这篇论文对于思想政治教育学学科理论体系的形成产生非常重要的影响。谭滔 1980 年 8 月 14 日在《光明日报》发表的《值得重视的探索》一文提出了“思想政治工作要科学化”的根据。该文讲:“我们赞成思想政治工作要科学化,首先是因为经过学习、教育,提高人的思想觉悟,是可行的;人的思想活动,是有规律可循的;事实上,以往我们在长期实践中,已经积累了掌握这种规律的大量经验,为使思想政治工作科学化奠定了坚实的基础。”③《人民日报》《解放军报》《工人日报》《文汇报》等报刊也发表了大量的文章讨论思想政治工作科学化的问题。著名科学家钱学森非常关心这一讨论,他在《文汇报》1980 年 9 月 29 日发表的《从社会科学到社会技术》一文指出:“思想政治工作的科学可以称为马克思主义德育学。它是以马克思主义哲学,辩证唯物主义和历史唯物主义为指导的。其基础是政治经济学、心理学、伦理学、社会学和教育学等。我们也要吸取历史上的可以为我们所用的东西。我们一定要早日建立这门德育学,一门社会科学。德育学属于现代化社会科学,也当然是社会科学现代化内容之一。”④

《光明日报》理论部编辑于 1980 年 12 月,从座谈会的发言和报纸上发表的论文中选出部分文章,编辑成由孙友余、钱学森、费孝通、谭滔等著的《论思想政治工作科学化》文集,1981 年 8 月由山西人民出版社出版。该文集阐述了思想政治工作的地位和作用、根本目的和任务、基本内容、方针和方法以及思想政治工作的领导等问题,明确提出了要建立思想政治工作学的问题。该书是标志思想政治教育学萌芽的代表作之一。

---

① 孙友余,钱学森,费孝通,谭滔.论思想政治工作科学化[M].太原:山西人民出版社,1981:24.

② 孙友余,钱学森,费孝通,谭滔.论思想政治工作科学化[M].太原:山西人民出版社,1981:34-35.

③ 谭滔.值得重视的探索[N].光明日报,1980-08-14(4).

④ 钱学森.从社会科学到社会技术[N].文汇报,1980-09-29(4).

1983 年 1 月新中国成立以来的首次全国职工思想政治工作会议召开，会议明确提出思想政治工作是一门治党、治国的科学，有它自己的特点和规律。为了加强对思想政治工作及其理论研究的领导，1983 年 7 月中共中央批转了《国营企业职工思想政治工作纲要（试行）》，该文献不仅对社会主义现代化建设中企业职工思想政治工作的一些重要问题作了较全面的论述，而且首创性地提出，有条件的高等院校“都要增设政治工作专业”“在全国形成一个初级、中级和高级的政治工作干部的教育训练体系，在全体政治工作干部中造成一个人人奋发学习、刻苦钻研的好风气，努力造就一大批思想政治工作能手，一大批精通思想政治工作的专家。”①这一精神不仅有力地推动了思想政治教育的理论研究，而且成为开展思想政治教育学科建设的重要依据和直接导引。

1983 年暑期，教育部为了落实上述精神，召开了政治工作专业论证会。会议确定学科名称为“思想政治教育学”；学科建设和人才培养所依托的专业名称为“思想政治教育专业”；初步议定专业的课程设置，委托复旦大学、武汉大学编写部分主干课教材，并决定 1984 年即开始招生。

1984 年，我国在武汉大学等 12 所院校创建了思想政治教育本科专业，意味着我国开始把思想政治教育作为一个独立的专门领域进行科学研究，并开始着手培养思想政治教育高级专门人才，标志着我国思想政治教育学科的创立。

2. 第二阶段，思想政治教育学科建设在探索中前进，不断取得新突破（1984—1996 年）

1984 年 4 月，教育部发出《关于在十二所院校设置思想政治教育专业的意见》，6 月又发出《关于在六所高等院校开办思想政治教育专业第二学士学位的意见》。文件规定，思想政治教育专业首先为高校培养辅导员，要求从理、工、医、农各专业一年级学生干部中择优选拔、推荐入学、定向培养，学满三年、修满学分，授予法学学士学位，回原选送学校安排工作；第二学士学位生则从理、工、医、农、各专业的辅导员中择优选拔推荐入学，定向培养，修满两年规定的课程和学分后，除原有的学士学位外，再授予一个法学学士学位，回原校工作。秋季，第一批招收的本科生、第二学士学位生入学。有的学校既招收本科生又招收第二学士学位生，其中的师范院校原来就有的政治教育专业仍继续招收本科生。有了思想政治教育专业，系统开展学科建设便有了可靠的依托，通过专业建设，既培养专门人才、推进大学生辅导员的专业化、职业化，又出理论成果、推动学科建设发展、不断攀登新台阶。这一阶段思想政治教育学科建设规范化发展取得的成绩主要表现在以下三方面：

（1）形成层次完善的学科专业体系，使学科建设有可靠的依托。这一阶段，学科专业点从本科点、硕士点到博士点的发展，形成了层次完善的学科专业体系。思想政治教育专业本科点从最初的 12 所高校逐步发展增多，此外，几乎每个省（市、自治区）还选择条件较好的高校举办大专起点本科班，在原国家教委的支持、指导下，华东师范大学等四所高校从 1986 年起还挂靠

① 十二大以来重要文献选编：上册[M]. 北京：人民出版社，1986：381.

教育学等相关学科试办了思想政治教育研究生班，提高思想政治工作人员的学历层次和整体素质。1987 年 5 月 29 日，中共中央颁布《关于改进和加强高等学校思想政治工作的决定》，指出“思想政治教育是一门以马克思主义理论为基础、综合性和实践性都比较强的科学”，要求高校办好思想政治教育专业，“创造条件培养这方面的硕士和博士研究生，为造就从事思想政治教育的专门人才开辟一条新路”。[①] 同年 9 月，原国家教委即印发《关于思想政治教育专业培养硕士研究生实施意见》，这一年除将“思想政治教育”学科专业列入普通高校社会科学本科专业目录外，还批准 10 所高校于 1988 年开始招收硕士生，同时，为设立“马克思主义理论教育”学科专业作准备，批准中国人民大学、北京大学、清华大学、上海交通大学、哈尔滨工业大学等高校试办“马克思主义原理”“中国革命史”“中国社会主义建设”等方向的研究生班。1988 年，原国家教委批准中国人民大学挂靠在科学社会主义学科博士点上，招收马克思主义理论教育（马克思主义原理）博士生。至 1989 年，有思想政治教育、政治教育这两个本科专业的学校达 62 所。1990 年，国务院学位委员会第九次会议通过了《授予博士硕士学位和培养研究生的学科专业目录》，在法学门类政治学一级学科下正式增设马克思主义理论教育、思想政治教育两个硕士授权学科专业。这一时期，全国高校获得这两个二级学科硕士学位授予权的学科点各有 35 个。1994 年，中共中央在《关于进一步加强和改进学校德育工作的若干意见》中明确提出：“要把思想政治教育作为人文社会科学的重点学科加强建设”，这是中央首次提出把思想政治教育科学作为重点学科加强建设。根据这一精神，筹建和发展思想政治教育学科的博士点被提上了重要议事日程。1995 年，国务院学位委员会办公室在布置增列博士、硕士学位授权点工作时，考虑到学科整合发展的决策已定，要求在本次申请中马克思主义理论教育和思想政治教育必须联合申请。1996 年正式批准武汉大学、清华大学增列“马克思主义理论与思想政治教育”博士学位授权点。中国人民大学马克思主义原理博士点调整为“马克思主义理论与思想政治教育”博士点。至此，我国思想政治教育这一有中国特色的学科专业已形成了正规化培养思想政治教育专门人才从本科到硕士、博士层次完备的学科体系。

（2）加强思想政治教育科学研究，打牢学科建设的坚实基础。这一阶段，思想政治教育科学研究取得了丰硕成果。自“六五”规划开始，思想政治教育学科不断获得国家级、省部级社会科学研究课题。如胡正清教授获得国家社科基金“七五”规划重点课题，出版了《思想规律与思想政治工作》；陆庆壬教授获得了教育科学规划“七五”重点课题，出版了《人的发展和社会发展——思想政治教育学基础理论研究》；张耀灿获得了国家社会科学基金“八五”规划课题“社会主义市场经济与思想政治教育的整体改革”，出版了《社会主义市场经济条件下思想政治教育领导研究》；龚海泉获得全国教育科学“八五”规划重点课题“建国以来大学德育基本经验研究”，出版了《当代大学德育史论》，等等。朱江、张耀灿在高校辅导员培训教学和研究基础上 1986 年出版的《大学德育概论》一书，于 1989 年被改革开放十年来优秀教育论著评审委员会

① 十二大以来重要文献选编：下册[M]. 北京：人民出版社，1988：1419－1420.

评为优秀教育论著。据不完全统计，到 1990 年，已出版思想政治教育方面的著作 350 种。每年都有数百篇论文发表。原国家教委组织编写了统编系列教材，其中郑永廷主编的《思想政治教育方法论》于 1995 年获国家教委高校优秀教材一等奖。陈秉公著《思想政治教育学》获第一届中国高校人文社科研究优秀成果一等奖。中国职工思想政治工作研究会组织编写的《新时期思想政治工作丛书》，邓小平同志亲自为其题写丛书名。各条战线的思想政治工作研究会，全国高校思想政治教育研究会，以及他们办的刊物，为学科研究成果提供了交流平台和发表的阵地，也推动了研究领域的拓展、理论研究的深化。

(3)形成思想政治教育学科的教学和研究队伍，使学科建设获得人力资源保证。这支队伍包括两大系统：一是高校系统，自 1984 年创办思想政治教育专业至 1997 年学科专业目录调整前，超过 70 所高校设置思想政治教育本科专业，有马克思主义理论教育专业硕士点 35 个、思想政治教育专业硕士点 35 个，有马克思主义理论与思想政治教育博士点 3 个。高校除这些学科点的专业课教师数达千人外，还有相当多的学生思想政治工作人员定为思想政治教育学科的教师职称，大学生辅导员中具有思想政治教育专业硕士学位的比例也在逐年提高。思想政治理论课教师许多人还兼思想政治教育专业课或兼任硕士生导师。总之，专业课教师、公共课教师、大学生思想政治工作干部这三方面人员，构成高校思想政治教育学科建设的主要力量。二是高校以外的思想政治工作研究力量，主要包括党政系统、企业系统、军队系统三部分，这些系统的宣传、政工部门组织，领导着思想政治工作及其研究，每年也产出不少学术成果，是值得重视的力量。

3. 第三阶段，思想政治教育学科建设加大改革创新力度，走上整合式、跨越式发展之路(1997 年至今)

改革开放 30 多年的中国高等教育是“大改革、大发展、大提高”的 30 多年，对思想政治教育学科建设的评价也同样适用。特别是 1997 年至今这个时期，改革力度更大，发展更快，提高更是显著，其主要表现如下：

(1)思想政治教育学科专业整合发展，增强专业的适应性。当今世界，新兴学科虽然不断增多，但是整合发展是主要趋势。1988 年 4 月，原国家教委下发《普通高等师范院校本科专业目录》(征求意见稿)，针对专业设置存在过细过窄、盲目追求小而全的现象，打算将师范院校的“政治教育”专业改名为“思想品德和政治教育”专业，1990 年 6 月正式定名为“政治与思想品德教育”专业。1991 年 4 月，原国家教委印发了《关于高等师范院校本科政治与思想品德教育专业改革的意见》。1993 年 7 月，在调整普通高校本科专业目录时，将政治与思想品德教育专业与思想政治教育专业合并，统称思想政治教育专业，归属于教育学门类，在思想政治教育专业下保留培养中等学校政治课教师(师范性)和培养思想政治工作干部(非师范性)两个招生方向和培养目标。1998 年公布的改革开放以来第三次修订的普通高校本科专业目录，又将思想政治教育专业调整回到法学门类政治学科之下，并分为师范类和非师范类；师范类的培养目标是“能在中等以上学校从事马克思主义理论和思想政治教育学科的教学、科研的高级专门人才”，而非师范类则培养“能在党政机关、学校、企事业单位从事思想政治工作的专门人才”。1997 年 6 月，国务院学位委员会和国家教委颁布的新修订的《授予博士硕士学位和培养研究生的学科专业目录》正式将马克思主义理论教育和思想政治教育两个二级学科整合为一个“马克思主义理论与思想政治教育”二级学科。在培养目标上要求博士能“胜任与本专业相关的高层次的教学、科学研究、宣传和党政工作”，硕士能“胜任与本专业相关的教学、科学研究、宣传和党政工作”。由此可见，思想政治教育学科的专业口径和培养目标不宜过窄，要适应现代化的发展来调整专业设置，改革课程设置和教学内容，以培养复合型人才，提高专门人才的整体素质，增强专业的适应性。也就是说，思想政治教育学科作为一门综合性、实践性很强的应用学科，必须做到理论与实践统一，培养的专门人才不仅要能够从事与本学科相关的教学、科研工作，而且还要能够从事宣传思想工作和党政工作，学历层次越高，越应如此。实践证明，这样培养出来的专门人才受到了用人部门的欢迎，许多人成长为“双肩挑”或所在单位的骨干力量。

(2)思想政治教育学科调整到新增设的马克思主义理论一级学科，定位更为明确、合理。改革开改以来，学科专业目录经过三轮大的调整、修订，思想政治教育学科定位几次变换。在本科目录中，思想政治教育学科虽然始终是一个二级学科，但是 1993—1998 年一度归属于教育学门类，最终才又回放到法学门类政治学科下。在研究生招生目录中，1997—2005 年“马克思主义理论与思想政治教育”成为法学门类政治一级学科下的一个二级学科，虽然整合发展思路是好的，但是整合力度过大、过宽，使如此重要、宏大的专门领域与它在学科体系中低的地位很不相称。不论是马克思主义理论体系的研究，还是马克思主义理论教育研究、思想政治工作的研究，一概不是、也没有一个独立的二级学科和专业的地位，都只是统一在一个二级学科中的一个研究方向而已，在学科体系中不仅低于属于智育的理、工、医、农等许多学科，而且也低于体育(体育是教育学门类下的一级学科)的地位。

2001 年，国家又批准设立了马克思主义理论与思想政治教育国家重点学科，中国人民大学、武汉大学、中山大学成为马克思主义理论与思想政治教育国家重点学科首批设立单位。马克思主义理论与思想政治教育学科专业博士点及国家重点学科的建立，为思想政治教育学科乃至整个马克思主义理论学科的进一步发展创造了条件，积累了经验，奠定了基础。2004 年，中共中央、国务院下发了《关于进一步加强和改进大学生思想政治教育的意见》，强调要为加强和改进大学生思想政治教育提供重要的学科支撑。在贯彻这一文件过程中，国家决定在马克思主义理论与思想政治教育专业博士点学科建设和发展的基础上，设立马克思主义理论一级学科，下设马克思主义基本原理、马克思主义中国化、马克思主义发展史、国外马克思主义研究、思想政治教育等五个二级学科。

党中央、国务院立足于国际、国内大局，从巩固和加强马克思主义在意识形态领域中的指导地位出发，通过深入调查研究、总结历史经验，作出了改革、创新的战略决策，2005 年在《中宣部、教育部关于进一步加强和改进高校思想政治理论课的意见》中指出：“思想政治理论课教育教学所依托的学科是我国特有的一门政治性、科学性和实践性很强的学科，只能加强，不能削弱。设立马克思主义一级学科，开展马克思主义理论体系研究，开展马克思主义发展史、马克思主义中国化研究，开展思想政治教育研究，为推进党的思想理论建设和巩固马克思主义在高等学校教育教学中的指导地位，为加强高校思想政治理论课建设，培养思想政治教育工作队伍提供有力的学科支撑。"①这一文献不仅最早地传达了中央关于增设马克思主义理论一级学科的决策信息，而且也第一次阐明了马克思主义理论一级学科及其所属二级学科的学科建设与党的思想理论建设、高校思想政治理论课、思想政治教育队伍建设等项重要工作之间应有的支撑和依托关系。这不仅为思想政治理论课教师、思想政治教育工作者明确自己从事职业的学科依托、学科归属、学科定位提供了政策法规依据，而且也为马克思主义理论一、二级学科专业教师指明了职业目的和服务职责。2005 年 12 月，国务院学位委员会和教育部下发了《关于增设和调整马克思主义理论一级学科及所属二级学科的通知》，正式确定增设马克思主义理论一级学科。思想政治教育学科不仅再次在硕士研究生培养层次上成为独立的学科，而且在博士生培养层次上首次成为一个独立的学科，并且从原来隶属于政治学一级学科改变为隶属于新设立的马克思主义理论一级学科。学科门类有了转变，学科地位有了提升，成为马克思主义理论学科中一个独立的思想政治教育二级学科。作为实现马克思主义理论的价值目标的生命线、中心环节的学科，思想政治教育学科的学科定位更为科学，更加合理。这标志着思想政治教育的学科建设进入了一个新的发展阶段。

(3)思想政治教育学科点布局趋于均衡，实现跨越式发展。在 2005 年第十次审批增设硕士点、博士点后，为了及时贯彻落实增设和调整马克思主义理论一、二级学科的决策，国务院学位委员会于 2006 年 1 月单独组织受理了全国高校增列马克思主义理论一、二级学科硕士点、博士点的申请。为了巩固和加强马克思主义在意识形态领域的指导地位，促进研究生教育均衡发展，在审理的政策导向上有明显改进，由过去的"在同等条件下向西部倾斜"改变为"在保证质量的前提下向西部倾斜"。西部地区马克思主义理论一、二级学科硕士点、博士点也有较大增长。跨越式发展不只是数量增加、规模扩张，而且注重了质量提高。如山东师范大学、华中师范大学思想政治专业教改研究成果于 2001 年获国家级教学成果二等奖；教育部统编教材《思想政治教育学原理》《中国共产党思想政治工作史论》于 2002 年获教育部高校优秀教材二等奖；一批专业课和公共课被评为国家级精品课；天津师范大学、河北师范大学、华中师范大学、武汉大学等校的思想政治教育专业于 2007 年还被教育部、财政部批准为特色专业；2002 年中国人民大学、武汉大学、中山大学的"马克思主义理论与思想政治教育"学科被评为国家级重点学科，2007 年东北师范大学思想政治教育学科也被评为国家级重点学科。2008 年，国家又在中国人民大学批准设立了第一个马克思主义理论一级国家重点学科，并建立了一批思想政治教育国家重点学科。在推进高等教育质量工程中，思想政治教育学科建设力度大、抓得紧，之所以能实现跨越式发展，最根本的是由我国社会主义制度性质所要求和决定的。因为只

① 普通高校思想政治理论课文献选编[M]. 北京：中国人民大学出版社，2007：214.

要是高等学校，包括高职高专、民办高校，都要普遍开设思想政治理论课，都要配备大学生辅导员，事实证明，过去发展慢了，布点太少，学科专业设置调整滞后，都直接影响思想政治理论课改革和建设的顺利发展，影响到大学生思想政治教育的深入发展。回顾改革开放之初，薄一波同志说过思想政治工作是治党治国的科学。在保证质量的前提下，马克思主义理论一、二级学科点发展快一些、布局均衡些，是完全正确和必要的。

(4)科研支持力度加大，理论研究成果数量更多、质量更高。为了贯彻落实中央关于进一步繁荣发展哲学社会科学的战略决策，中宣部、教育部颁发了《关于加强和改进高等学校哲学社会科学学科体系与教材体系建设的意见》，指出："国家哲学社会科学规划、教育部哲学社会科学规划要根据马克思主义理论研究和建设工程的部署，设立相关研究项目，加大经费投入力度，……逐步形成重点突破、以点带面、全面推进、共同发展的学科体系建设新局面。"据此，国家社会科学基金、教育部社会科学基金和各省的社会科学基金、教育厅社会科学经费均有大幅度增长，设立了思想政治教育方面的一般课题、重大课题。如近几年来每年教育部均设社会科学重大课题40项，采取招投标方式立项，每项资助额度30万元至80万元不等，其中思想政治教育课题不少。思想政治教育学科自招收和培养博士生以来，大大促进了科研水平和质量的提高。每年都举办学科建设研讨会、博导论坛和学术会议。中国人民大学、武汉大学、华中师范大学、中山大学、首都师范大学等高校都出版了思想政治教育、思想理论教育研究丛书，武汉大学、华中师范大学、中山大学、东北师范大学还出版了博士文库。一批思想政治教育专业的硕士、博士论文被评为省级优秀论文，有的还评上省社会科学研究优秀成果奖。如武汉大学骆郁廷的博士论文《精神动力论》不仅被评为湖北省优秀博士论文，而且还荣获湖北省社会科学研究优秀成果一等奖。在2006年底被评上第四届中国高校人文社会科学研究优秀成果二等奖的马克思主义类成果7项中思想政治教育研究成果就有张耀灿等的合著《现代思想政治教育学》、赵存生的论文《关于弘扬培育中华民族精神的几个问题》、郑永廷的研究咨询报告《关于宗教、迷信对高校学生的影响与对策研究》。

改革开放30多年思想政治教育学科建设不断取得新突破，登上新台阶，实现了跨越式发展，为思想政治理论课改革和建设、为思想政治教育队伍建设提供了理论支撑和人才支撑。事实证明，思想政治教育学科不论把它放在哪个门类和学科之下，不论它是作为二级学科还是作为一个研究方向，它都必然遵循学科建设的客观规律或快或慢地向前发展。因为社会主义事业需要它。但学科建设的发展绝不可能自发实现，关键在于我们的锲而不舍、坚持不懈。党的十七大报告号召我们"大力推进理论创新，不断赋予当代中国马克思主义鲜明的实践特色、民族特色、时代特色""繁荣发展哲学社会科学，鼓励哲学社会科学界为党和人民事业发挥思想库作用""切实把社会主义核心价值体系融入国民教育和精神文明建设全过程，转化为人民的自觉追求"。党的十七大精神为思想政治教育学科建设继续前进、再创辉煌指明了方向。

思考题

1. 中华民族优秀传统道德的时代意义是什么？
2. 中国共产党 90 多年思想政治教育的基本经验有哪些？
3. 思想政治教育学学科建设经历了哪几个阶段？

第三章　思想政治教育学基本理论

思想政治教育学理论体系是一个有着内在逻辑发展的、能动开放的体系。思想政治教育理论的建构受社会发展规律、教育内在规律和受教育者身心发展规律所制约。依据阶级社会对其成员的根本要求、时代条件发展变化的客观要求、思想政治教育理论的继承借鉴和结构要求，形成思想政治教育理论体系。思想政治教育理论植根历史、立足现实、面向世界、前瞻未来，适应与超越市场经济，继承与创新传统文化，批判与借鉴西方文明，既有民族特色，又具时代精神。

第一节　思想政治教育学基本理论建构依据

思想政治教育理论内容的质量决定思想政治教育的存在意义和社会价值。思想政治教育的理论内容一定意义上说是合规律的真、合目的的善与合理想的美的和谐统一。通过教育使人受到真的启迪、善的诱导和美的感染。思想政治教育的目标是培育人的思想政治品德，促进人的全面发展。要实现既定的教育目标，必然取决于用什么样的教育内容来实施和保证。而思想政治教育的理论内容，是根据一定的社会要求和针对受教育者的思想实际，经教育者选择设计后有目的、有步骤地输送给受教育者的思想意识、价值观念和道德规范等信息。思想政治教育理论体现了思想政治教育的性质，规定着思想政治教育涉及的范围，蕴涵着思想政治教育的目的和任务，其实质是对受教育者给予什么样的思想导向、价值干预和精神影响的问题，而所有这些的实现都取决于思想政治教育学理论的科学性和有效性。

思想政治教育涉及的内容极其丰富，要经过一个选择、建构和整合的过程，才能形成一个富有内在逻辑的结构系统。

一、阶级社会对其成员的根本要求

严格意义上的思想政治教育是人类进入阶级社会后的特有表现形式。思想政治教育作为人类阶级社会中的一项实践活动，普遍存在于阶级社会的一切国家和一切历史发展阶段。其本质是统治阶级为巩固自己的阶级统治、维护社会稳定和促进社会发展、培养合格社会成员而进行的社会教化活动。

1. 统治阶级的思想政治要求

在任何阶级社会，思想政治教育活动都是一种客观存在，尽管各个国家或不同历史时期对它的称谓不同，形式也是各种各样，但实质和目的是相同的，即都是为统治阶级服务。在阶级社会里，统治阶级总是以本阶级占统治地位的政治思想、价值标准、道德规范去对受教育者施加影响，使社会成员尤其是年轻一代成为符合统治阶级思想要求的人，从而巩固其阶级统治。对此，马克思、恩格斯深刻指出："统治阶级的思想在每一时代都是占统治地位的思想。这就是说，一个阶级是社会上占统治地位的物质力量，同时也是社会上占统治地位的精神力量。"[①]社会主义国家同任何阶级性质的国家一样，作为统治阶级的无产阶级，为了实现本阶级的统治，不仅要在政治上、经济上占据统治地位，而且要在意识形态领域占据统治地位。无产阶级的思想政治教育实质上是一种意识形态建设，是无产阶级把自己的意志贯彻到全社会的一种活动。在我国现阶段，虽然剥削阶级作为一个阶级已经被消灭，但社会生活对人的阶级性要求依然客观存在，无产阶级作为统治阶级必然要对其成员实施与阶级性有关的意识形态教育。我国是中国共产党领导的社会主义国家，必然要求我们的思想政治教育坚持用无产阶级思想意识武装全党，引导青年、教育人民。显而易见，基于无产阶级的阶级统治需要，在思想政治教育理论结构体系中，无产阶级的意识形态和马克思主义基本理论是思想政治教育的主导内容，马克思列宁主义、毛泽东思想、邓小平理论和"三个代表"重要思想以及科学发展观是思想政治教育的核心内容，爱国主义、集体主义和社会主义教育是思想政治教育的根本性内容，这些内容体现着鲜明的价值导向。思想政治教育只有坚持这些主导的、核心的、根本的内容，才能为培养"四有"新人提供正确的世界观、人生观、价值观，才能实现既定的教育目标。

2. 教育阶级属性的鲜明反映

教育是培养人的社会实践活动。培养什么人、怎样培养人，关系国家、民族的前途和命运，涉及教育的阶级属性。在阶级社会中，教育总是具有阶级性的。社会制度不同的国家，教育的阶级属性不同，为本阶级培养具有符合阶级所需要的思想意识的人，是资本主义教育和社会主义教育各自都具有的阶级属性。我国的社会主义教育，肩负着培养和造就"有理想、有道德、有文化、有纪律"的德、智、体、美等全面发展的，中国特色社会主义事业建设者和接班人的重任。我们党和国家的教育方针集中体现了教育的阶级属性。教育方针是国家在一定历史条件下关于教育发展的总方向和指导思想，是对教育性质、目标、任务、功能以及实现途径的总规定，是对教育基本政策的总概括，表现为教育"为谁服务""培养什么样的人""如何培养人"等三个最基本问题，体现了教育的阶级性、民族性、时代性。在党和国家教育方针的完整体系中坚持社会主义方向、为人民服务是我国教育方针的根本特点，坚持教育与生产劳动和社会实践相结合是培养社会主义建设者和接班人的根本途径，德、智、体、美等方面全面发展是社会主义教育的质量标准。因此，思想政治教育理论的建构，必须坚持以马克思主义为指导，必须坚持社会主

① 马克思恩格斯选集：第1卷[M]. 北京：人民出版社，1995：98.

义的政治导向，必须代表先进文化的前进方向，建设社会主义核心价值体系，坚持不懈地用马克思主义中国化最新成果武装全党、教育人民，用中国特色社会主义共同理想凝聚力量，用以爱国主义为核心的民族精神和以改革创新为核心的时代精神鼓舞斗志，用社会主义荣辱观引领风尚，巩固全党全国各族人民团结奋斗的共同思想基础。

3.合格社会成员的素质条件

人的自由全面发展，是马克思、恩格斯追求的理想目标。一个合格的中国特色社会主义事业的建设者和接班人，必须具备全面的素质，成为全面发展的人。在现代社会，人的全面发展是思想道德素质、科学文化素质和身心健康素质的全面发展。人的全面发展是多种因素综合作用的结果，而教育"不仅是提高社会生产的一种方法，而且是造就全面发展的人的唯一方法"。① 实践说明，一个人的成长和成才，既有赖于其自身的智力因素，同时也有赖于思想政治素质方面的因素。合格的社会成员，既要有较高的科学文化素质、健康的身体素质和心理素质，更要有良好的思想政治素质。良好的思想政治素质是合格社会成员的根本条件，而良好的思想政治品德的形成主要是通过思想政治教育来实现的。思想政治教育本质上是由一定社会所承担的、旨在促进个体实现政治社会化和道德社会化、培养人的思想政治素质的一种教育活动。作为培养人的思想政治素质的思想政治教育在人的全面发展中扮演着重要角色，它为人的全面发展提供精神动力和思想保证。要全面提高人的思想政治素质，就必须确立与之相适应的教育内容。思想政治教育理论是根据思想政治教育目标和教育对象思想政治品德发展的一般规律而确定的，并随着社会发展进程而不断充实和调整。因此，要明确人才培养的总目标，坚持人的思想道德素质、科学文化素质、健康素质的有机统一，促进思想道德素质、科学文化素质和健康素质协调发展，努力造就"有理想、有道德、有文化、有纪律"的德、智、体、美等全面发展的社会主义建设者和接班人。

二、时代条件发展变化的客观要求

"一切划时代的体系的真正的内容都是由于产生这些体系的那个时期的需要而形成起来的。"②而"理论在一个国家实现的程度，总是决定于理论满足这个国家的需要的程度。"③思想政治教育的内容总是随着时代的发展而发展，在不同的历史时期和社会发展阶段具有不同的内涵和要求。面对国际背景、经济基础、体制环境、社会条件、传播手段的深刻变化，面对我国社会主义现代化建设和社会发展所出现的新情况，面对教育对象思想实际的新特点，要适应现代社会发展和人的发展需要，不断调整、充实、深化、更新思想政治教育的内容。

1.与市场经济相适应

社会主义市场经济的发展既是一种新的经济体制确立和完善的过程，也是一个与之相适

① 马克思恩格斯全集：第23卷[M].北京：人民出版社，1972：530.

② 马克思恩格斯全集：第3卷[M].北京：人民出版社，1960：544

③ 王殿卿.传统美德教育之我见[N].人民日报，2005-06-09.

应的思想道德体系生成和建设的过程。社会主义市场经济的深入发展冲击着人们旧的传统思维方式，更新着人们的价值观念、道德准则和行为方式，催生了一些反映时代特点的思想观念和道德标准，提出了许多新的道德要求。同时也应看到，由于市场经济的负面影响，极易诱发拜金主义、享乐主义和极端个人主义等不良思想，滋生唯利是图、权钱交易、损人利己、欺诈勒索等现象。这既给思想政治教育带来了机遇，也提出了挑战。与社会主义市场经济相适应，要求我们在建构思想政治教育理论时，要确立市场经济活动中正当求利、合法利己、互惠互利、公平竞争的基本道德要求，充分吸收与社会主义市场经济体制相伴而生的具有现代意义的各种意识、观念和行为，为思想政治教育理论注入新的活力，增强思想政治教育理论的时代气息。要深入研究发展社会主义市场经济对思想政治教育理论提出的新要求，坚持公民承担社会责任与社会尊重个人合法权益相一致，坚持效率优先与兼顾公平相统一，坚持先进性要求与广泛性要求相结合，引导人们正确处理竞争和协作、自主和监督、效率和公平、先富和后富、经济效益和社会效益等关系，反对见利忘义、唯利是图，形成把国家和人民利益放在首位而又充分尊重公民个人合法利益的社会主义义利观，形成健康有序的经济和社会生活规范，着力培养与社会主义市场经济相适应的思想道德观念，建构与社会主义市场经济相适应的思想政治教育理论体系。

2. 与对外开放相适应

我们所处的时代是一个开放的时代，我们面对的社会是一个开放的社会。日益强劲的经济全球化浪潮、交汇激荡的思想文化态势、持续高涨的建立国际经济政治新秩序的诉求、相互合作谋求双赢共同发展的外交战略，向全人类提出了许多共同的问题。要适应对外开放的客观要求，思想政治教育理论必须面向社会实际，面向整个世界、现实中国和社会生活，向当代世界性问题和时代性课题开放，改变思想政治教育理论陈旧、不能面对开放的社会格局和多元的价值现实的状况。要密切联系现代社会生活实际，引导受教育者了解当今世界特别是当代中国建设和发展所面临的重大理论与现实问题，用历史的深邃意识和世界的全局眼光来关照事物的发展变化，努力增强思想政治教育理论的时代感和现实性。要跟上经济全球化的步伐，及时充实思想政治教育理论，注重对公民进行全球意识和全球伦理教育，使受教育者学会从全球利益角度去考虑问题，具有面向全球化所必备的思维方式和行为准则，形成对待和处理全球问题的道德意识和道德自律。同时应警醒的是，随着加入 WTO，我国将在更宽领域、更高层次向世界开放，与世界各国特别是与发达的资本主义国家的交往将更加密切，在利用国外资金、先进技术和管理经验的同时，意识形态领域的斗争和各种思想文化的相互激荡将是长期的、复杂的，我们面临外来的和本土的、落后的和进步的、颓废的和积极的相互交织在一起的各种思想观念的冲击，使思想政治教育更加复杂化。因此，思想政治教育要增强政治意识，抵制资产阶级腐朽思想文化的侵蚀，加强社会主义意识形态建设。

3. 与科技进步相适应

科学技术是第一生产力。科学技术的发展不仅深刻地影响着人们的物质生活，也深刻地影响着人们的精神生活。科学技术不仅是创造现代物质文明的基本动力，也是推动思想政治教育的理性力量。现代科学技术发展丰富了人们的精神世界，提升了人们的思想层次。科学技术发展可以促进人们形成科学世界观，提高人们的认识能力，变革人们的道德观念，革新人们的思维方式，提升人们的精神追求；使思想政治教育不断丰富新内容，增强新活力，为理想信念教育、党的路线方针政策教育提供了大量鲜活的思想、知识和事实材料，为丰富和发展马克思主义提供了良好条件，有利于增强马克思主义理论的说服力和战斗力；也为加强和改进思想政治教育提供了大量新的科学方法和手段，为思想政治教育的研究和创新提供了有利的条件。同时，现代科学技术的发展给思想政治教育也提出了新问题和高要求，需要思想政治教育提供精神动力和引导正确方向。我们要研究现代科技发展给思想政治教育理论提出的新要求，充分利用现代科技发展所形成的有利条件，发挥科学技术在思想政治教育中的积极作用，加强马克思主义唯物论和无神论教育，不断丰富和发展马克思主义，大力普及科学知识、倡导科学方法、传播科学思想、弘扬科学精神，引导人们热爱科学、相信科学，用大量鲜活的思想、知识和事实材料充实思想政治教育理论，使思想理论教育、理想信念教育、党的路线方针政策教育不断增添新内容、增强新活力，从而增强思想政治教育的吸引力和说服力。

4.与网络发展相适应

当今世界是一个信息社会，网络和信息技术已经打破了时间和空间的阻隔，正在深刻改变人们的思维方式和生活方式。网络技术的发展和普及，为思想政治教育开辟了新渠道、拓展了新空间、注入了新活力，有利于思想政治教育扩大覆盖面，增强影响力。但是网络的发展也带来了一些新的问题。网上信息良莠混杂，既有大量进步、健康、有益的信息，也有不少落后、迷信、黄色的内容。而青少年是网络社会的最大群体，网络文化传播在一定程度上影响着青少年的世界观、人生观、价值观的形成，也左右着青少年的日常行为选择。因此，要适应现代社会信息化、网络化、知识化的发展趋势，适应受教育者主体性、创造性的需要，适应思想政治教育理论科学化、规范化的要求，努力开发和利用网络信息资源，提高思想政治教育理论的知识含量、科技含量、信息含量。要加强网络文明、网络道德、网络法制和网络安全教育，培养青少年的鉴别能力和选择能力；要建设具有正确导向的网站，融思想性、知识性、趣味性、服务性于一体，积极开展生动活泼的网络思想政治教育；要创新思想政治教育理论，将知识经济时代倡导的知识价值观、科技创新观、终身学习观融入思想政治教育的内容之中，充分利用网络这一载体开展理想信念教育、时事政策教育、形势任务教育，拓展和延伸思想政治教育的空间。

5.与和谐社会相适应

实现社会和谐，建设美好社会，始终是人类孜孜以求的一个社会理想，也是包括中国共产党在内的马克思主义政党的不懈追求。我们所要建设的社会主义和谐社会，是民主法治、公平正义、诚信友爱、充满活力、安定有序、人与自然和谐相处的社会。构建和谐社会，是以人为本、全面协调可持续的科学发展观在社会建设层面合乎逻辑的展开，拓展了中国特色社会主义建设总体布局的科学内涵。与构建和谐社会相适应，加强和改进思想政治教育，必须站在时代和全局的高度，进行整体性和战略性思考。要加强和谐理念教育，引导受教育者正确处理个人与自然、个人与社会等错综复杂的关系，从而以健康的心理和健全的人格融入自然、融入社会；要加强科学发展观教育，引导受教育者牢固树立以人为本、全面协调可持续的科学发展观，在经济发展的同时注意保护资源和改善环境，使人口、资源、环境、经济、社会协调发展，走生产发展、生活富裕、生态良好的文明发展道路；要加强维护社会稳定教育，通过教育使受教育者认识到促进社会和谐与维护社会稳定是每一个公民的责任，通过思想疏导、精神激励、人文关怀、利益协调、行为规范来塑造社会主流价值观念，提高公民素质，化解矛盾和冲突，实现社会稳定。

三、思想政治教育理论的继承借鉴

思想政治教育总是存在于特定的地域空间和具体的历史时间，蕴涵着鲜明的民族特性和强烈的时代特质。现代思想政治教育是历史和现实的思想政治教育的继承、借鉴，体现着发展的连续性。马克思指出："人们自己创造自己的历史，但是他们并不是随心所欲地创造，并不是在他们自己选定的条件下创造，而是在直接碰到的、既定的、从过去继承下来的条件下创造。"①当代社会主义文化、社会主义精神文明、社会主义思想道德不是凭空出现的，它是在继承人类文化优秀成果和优良道德传统的基础上发展起来的，是人类道德文明发展的新境界。因此，科学建构思想政治教育理论体系，要从历史、从传统中汲取智慧的要求，而不是要抛开传统、背弃历史谈自主创新。在思想政治教育理论的建构中，无视或否定传统，一方面必然意味着思想政治教育学科发展缺乏浓郁的民族性，另一方面也意味着思想政治教育学科建设的自主创新缺乏丰厚的历史资源的文化滋养。注重对文化传统和历史资源的借鉴，能够赋予思想政治教育理论的当代创新以厚重的历史积淀和民族智慧，从而有助于增进思想政治教育学科发展的民族自主性与当代自主性。

中华民族在5000多年的历史进程中，为我们留下了丰厚的文化遗产。这些文化遗产，是我们在新的社会历史条件下发展思想政治教育学科必须珍视的重要前提和基点。建设具有中国特色的思想政治教育学科体系，既要与中华民族的优秀文化传统相承接，同时又是对中华民族优秀文化传统在当代中国的弘扬、发展和创新，应当包括以下方面：

一是以马克思主义为批判继承中国传统文化的指导。马克思主义理论对于中华民族伟大复兴实践具有"恰适性"，也就是恰当、正好满足了中华民族伟大复兴实践的需要。中国传统儒家文化在理论上存在着"三个不足"，即传统儒家思想尚未完成现代转化；传统儒家思想中"民主与科学"资源不足；传统儒家思想中缺乏关于社会结构和社会发展规律的科学理论，提不出革命和建设的目标、道路、战略、策略和方法。因此它提供不了使中华民族转危为安的理论武器。而这恰是马克思主义理论的优势，历史唯物主义科学地回答了上面的一切。马克思主义成功地指导中华民族实现独立解放和现代化的伟大实践，已有近百年历史，在中华民族的精神

① 陈立思.现代化进程的生命线——当代世界的思想政治教育[J].教学与研究，2000(5).

世界已经形成了一个传统——马克思主义中国化传统。另外，马克思主义理论与中国传统儒家思想具有某种深刻的“同缘性”，容易为中国人所理解和接受。如：“实践哲学”同缘：马克思主义哲学与中国传统儒家哲学都属于“实践哲学”范畴；“结群原则”同缘：马克思主义理论主张“集体主义”，中国传统儒家理论主张“家族本位”或“天下本位”，在个体与群体关系上均主张以群体为基础，实现群体与个体的和谐同一；“方法论”同缘：马克思主义辩证法与中国传统辩证法虽有差异，但同属于以“辩证的方法看世界”的思想体系，有相当多的相同点和相通性。还有许多深层的“同缘性”。当然，应当说明“同缘性”不等于“相同性”，“同缘性”指相似性、相近性和相通性。马克思主义与中国传统儒家思想和传统民族心理的“同缘性”，是中国人接受马克思主义和马克思主义中国化理论的文化基础和心理基础。在寻求救国救民真理的探索中，中国共产党接触并抛弃了自由主义的“西方文化派”和保守主义的“新儒家学派”，最终选择了马克思主义学说。马克思主义为正确认识中华民族几千年历史文化提供了方法，也为中华民族指明了通向美好社会的正确前进方向。中国共产党注重马克思主义与中华优秀传统文化的有机融合，从而使中华优秀传统文化的现代发展有了一个新的高起点。

二是要实现继承与创新的有机统一。要注重发挥传承和弘扬传统文明的神圣职责，高度重视对中华民族优秀文化传统及其丰富内容的研究，吸收中国传统道德的合理内核，继承中华民族的传统美德，并根据新的实践，探讨如何实现中华民族传统美德在当今现实生活的弘扬，活化传统思想道德资源，思考和解答我们思想政治教育建设所面临的种种新的课题，给其注入新的内涵，赋予时代价值，使之历久弥新，薪火相传，实现民族精神与时代精神的有机融合。

中国共产党自诞生的那天起，就顺应历史发展的要求，承担起弘扬、传播和实践优秀传统道德的历史重任，在认真总结中国优秀传统道德发展的历史经验的基础上，牢牢把握中国优秀传统道德的前进方向，全面推进社会主义思想道德建设。

在改革开放过程中，邓小平也反复强调要用优秀传统道德去促进现代化的发展，他说：“我们历来提倡有理想、有道德、有文化、有纪律，其中最重要的是有理想、有纪律。理想就是社会主义现代化。”党的十三大提出：“社会主义初级阶段是通过改革和探索，建立和发展充满活力的社会主义经济、政治、文化体制的阶段”；必须“把科学技术和教育事业放在首要位置，使经济建设转移到依靠科技进步和提高劳动者素质的轨道上来”。党的十四届六中全会通过的《关于加强社会主义精神文明建设若干重要问题的建议》，正确地回答了在发展社会主义市场经济和对外开放的新的历史条件下，如何建设社会主义精神文明的一系列问题，是我们党对建设社会主义优秀传统道德的重大贡献。党的十五大在我国社会主义建设史上第一次提出党在社会主义初级阶段的基本纲领，更加明晰了党的奋斗目标。既要求政治建设、文化建设服从和服务于经济建设，又要求政治建设、文化建设为经济建设提供精神动力、智力支持和思想保证。经济、政治、文化三方面互相配合，互相促进，从而推动社会的全面发展和全面进步。党的十六届六中全会通过的《中共中央关于构建社会主义和谐社会若干重大问题的决定》明确指出：社会主义核心价值体系是建设和谐文化的根本。必须坚持马克思主义在意识形态领域的指导地位，牢牢把握社会主义先进文化的前进方向，弘扬民族优秀文化传统，借鉴人类有益文明成果，倡导和谐理念，培育和谐精神，进一步形成全社会共同的理想信念和道德规范，打牢全党全国各族人民团结奋斗的思想道德基础。建设社会主义核心价值体系是党在思想文化建设上的一个重大理论创新。社会主义核心价值体系包括四个方面，即马克思主义指导思想、中国特色社会主义共同理想、以爱国主义为核心的民族精神和以改革创新精神为核心的时代精神、社会主义荣辱观。在我国经济体制深刻变革、社会结构深刻变动、利益格局深刻调整、思想观念深刻变化的新形势下，在各种思想文化相互交织、相互激荡的复杂背景下，建设社会主义核心价值体系，具有极强的现实针对性和重大的实践意义。党的十七届六中全会制定了文化体制变革的纲领性文件，将文化体制改革提升为国家级战略工程。指出加强传统文化保护、研究与利用，弘扬优秀传统文化，是发展社会主义先进文化的基础，是建设中华民族共有精神家园的重要支撑，是满足人民精神文化生活的基本需要的重要源泉。强调让传统文化保护与经济社会发展、人民生活水平提高和生态环境改善和谐共生，转化为强大的内生动力和外在引擎。我国传统文化获得了重大的历史发展机遇。

三是要从方法论的角度承续和开掘中华民族文以载道、学以致用、革故鼎新、自强不息等宝贵的学术精神，坚持学术责任与社会责任的统一，高扬学术创新精神和学术奉献精神。

四是要注重与我们的文化国情、文化传统相适应，与民族的特点相结合，以一定的民族形式承载，使之浸入中华民族底蕴，具有中国特色，从而为人民群众所喜闻乐见，更好地发挥服务人民、服务社会的重要作用。

2. 借鉴外国思想道德成果

思想政治教育理论的建构总是面向世界思想道德发展，有着鲜明的开放性。思想政治教育的内容是民族性与世界性的统一，也就是民族精神与时代精神的统一。我们所说的民族精神是一定时代的民族精神，是符合时代潮流的民族精神，而时代精神实质上是民族精神发展到一定时代的综合表现。思想政治教育理论要大胆借鉴和吸收人类社会创造的一切文明成果，正确对待国外思想道德教育资源，把它作为思想政治教育理论建构的重要参照。作为人类社会普遍存在的一种教育实践活动，思想政治教育事实上存在于世界各国，世界上其他的国家不仅有着事实上的思想政治教育，而且有着值得我们借鉴的多种思想道德成果。古希腊的“节制、勇敢、智慧、正义”四主德的品德要素结构思想，关于知、情、意、信、行的品德过程结构以及皮业杰、科尔伯格的道德发展理论等，都存在许多可资借鉴之处。研究世界一些国家和地区的思想政治教育还可以发现，他们大都把爱国主义教育、公民教育、国民精神教育、共同价值观教育、法制教育、宗教教育以及政治社会化、道德社会化等作为思想政治教育的重要内容。在美国，其“思想工作”发挥着“思想旗帜”和“社会水泥”的作用，爱国主义、宗教凝聚、法律规范、政策调整、教育推动、社会监督、道德感召等，是其“思想工作”的主要内容和基本途径。① 1990

① 陈立思. 现代化进程的生命线——当代世界的思想政治教育[J]. 教学与研究，2000(5).

年新加坡政府发表了《共同价值观白皮书》，提出了各种族都能接受的五大价值观，即“国家至上、社会为先；家庭为根，社会为本；关怀扶持，同舟共济；求同存异，协调共识；种族和谐，宗教宽容”。总之，思想政治教育虽然具有很强的民族性和阶级性，但随着经济全球化和对外开放的发展，思想道德价值也具有愈来愈多的时代性和人类性的内涵，对外国思想道德中属于人类共同心理、共同情感、共同道德方面的成果，要大胆学习和有效借鉴。

四、思想政治教育理论的结构要求

思想政治教育理论本身是一个结构系统。建构思想政治教育的内容体系，要适应思想政治教育理论的结构要求，正确把握思想政治教育理论的要素结构与层次结构的关系，把握教育内容类型之间的互补关系和层次之间的递进关系，既体现内容要素结构的完整性，又体现内容层次结构的序列性，使思想政治教育理论在纵向上分层递进，在横向上整合一致，形成要素完整、层次分明、连续衔接、互动有序的思想政治教育理论结构体系。

1. 内容横向结构的全面性要求

思想政治教育理论是多类型、多向度、多层次的统一的有机整体。思想政治教育的内容结构包括由内容各要素组成的横向结构和由内容各层次组成的纵向结构。思想政治教育理论结构的全面性即横向延伸性，是指思想政治教育理论同一层次的各个子系统或要素之间的相互作用方式及比例关系，构成思想政治教育理论的横向结构。思想政治教育理论的全面性体现在人与社会全面发展的整体联系上。

首先，社会对人的思想道德素质的要求具有全面性。“思想道德素质是一个综合性的范畴，由多种要素构成，包括政治素质、思想素质、道德素质、法纪素质、心理素质等。”①一定阶级和社会总是对其社会成员提出政治、思想、道德、法纪、心理等方面的全面性要求，体现人的素质的多维性、丰富性、整体性，从而形成由政治教育、思想教育、道德教育、法纪教育、心理教育组成的思想政治教育理论的类型结构。

其次，人的思想政治品德全面发展的内在要求。从个体社会生活来看，一般是以个人为圆心，覆盖家庭、学校、社会、国家和世界等各个层面，由此就有相应的思想政治品德要求，例如，思想政治教育理论结构中的道德教育就包含社会公德教育、职业道德教育、家庭美德教育和个人品德教育。思想政治教育的目标是培养和塑造全面发展的“有理想、有道德、有文化、有纪律”的一代新人，这一目标既是社会全面进步的需要，又反映了个体全面发展的愿望，体现了现代社会对人的全面性、多样性的发展要求，体现了对受教育者思想政治品德的多方面要求。又如，我们国家颁布的中学、大学德育大纲涵盖了理想、科学、学习、考试、职业道德、公德、节约、为人、处世、合作、自尊、互助、环境等方面的内容，表明德育内容也是一个全面系统的结构体系。这样，在思想政治教育过程中，受教育者所接受的教育内容必定具有多层次、多向度和丰

① 詹万生. 整体构建德育体系总论[M]. 北京：教育科学出版社，2001：102.

富性、多样性的特征。因此，在思想政治教育理论体系的建构中，要从思想政治教育理论的横向联系出发，从人与人关系的层面、人与社会关系的层面以及人与自然关系的层面上确定对受教育者在政治、思想、道德、法纪、心理等方面的要求，并解决现存的内容分散、重复交叉等问题，归纳整合类型相近的教育内容，删减重复性的教育内容，淘汰过时的教育内容，增强思想政治教育理论的整体性和系统性。

2. 内容纵向结构的层次性要求

层次是表征系统内部结构不同等级的范畴，是指系统要素有机结合的等级秩序。思想政治教育理论纵向结构的层次性，是指思想政治教育理论结构中，高一级层次包含着低一级层次，低层次系统孕育着高层次系统，不仅内容诸形态本身具有层次递进关系，而且各形态内容的内部存在着认知层次、情感层次、行为层次的区别，即使在认知、情感、行为领域中也存在低层次和高层次、浅层次和深层次的划分。这就要求在建构思想政治教育理论时，要遵循思想政治教育理论纵向结构的层次性要求，从思想政治教育理论的纵向衔接出发，构建循序渐进的内容系列。一是做到教育目标上的分层设计。我们可以把教育目标设定为培养健全的人、遵纪守法的公民、忠诚的爱国者、合格的社会主义建设者和坚定的共产主义者五个层次。顺应思想政治教育目标的层次，教育内容可以相对划分为三个层次：较低层次的教育内容，即思想政治教育的基本要求和基础性内容，如传统美德、社会公德等，它是“必须”的层次；较高层次的教育内容，即反映社会主导要求的教育内容，如爱国主义、集体主义、社会主义思想等，它是“弘扬”的层次；最高层次的教育内容，即具有先进性、崇高性和理想性的教育内容，如马克思主义世界观、共产主义理想信念等，它是“追求”的层次。这三个层次相互联系、有机统一，呈现出由低到高的递进关系。二是做到教育对象上的分类把握。教育内容的层次性与教育对象思想的层次性是相联系的。社会发展的阶段性和复杂多样的社会环境，造成了人们思想认识的多样性和觉悟程度的层次性。思想政治教育必须从这个现实出发，尊重差异、包容多样，对不同层次的对象，设计、制定出不同要求的教育内容。因此，在思想政治教育理论构建的过程中，要坚持整体性与层次性相结合的原则，既要考虑内容系统自身的完整性，使诸多教育内容形成合力，最大限度地发挥整体功效；又要遵循教育规律的内在要求，避免“一刀切”，以适应不同教育对象的实际和社会不同发展阶段的要求。三是做到教育内容上的分别实施。要区分不同的教育层次，根据教育对象不同的年龄层次、心理特点、知识水平和接受能力，科学安排教育内容，用不同的内容和标准去教育和要求不同的对象，使教育内容由低到高、由浅入深、由易到难、由具体到抽象、由感性到理性，螺旋上升、循序渐进，形成从广泛到先进、从低层次到高层次的递进式的教育内容系列。

3. 思想教育、政治教育、道德教育辨析

思想教育、政治教育、道德教育虽然同为思想政治教育的重要组成部分，具有共同的属性，但三者又相对独立，具有各自特殊的领域和属性。思想教育是认知性教育，政治教育是方向性教育，道德教育是规范性教育。比较、分析和把握其不同性质和特点，提高思想政治教育的针对性和有效性，具有重要意义。

(1)思想教育。思想教育是有意识地、系统地进行世界观、方法论教育，培养和发展受教育者反映客观世界的思想观念和认识能力。思想教育主要是解决主观与客观相符合的问题，其中不仅要解决主观是否符合客观的问题，还要解决主观如何符合客观的问题。思想教育就其性质而言，是提高人们主观反映客观的认识能力和水平的教育，是认知性的教育。思想教育具有如下特点：

第一，探索性。思想教育是一个探索真理、发现真理、认识真理、检验真理、发展真理的过程，具有强烈的探索性。加强思想教育，首先就要加强“解放思想、实事求是”的思想路线的教育，不唯上，不唯书，只唯实，这是获得真理性认识的前提。思想教育的探索性还在于它是把普遍真理与具体实际相结合，运用正确的立场、观点、方法分析、解决思想问题和实际问题，澄清思想是非，探索客观规律，达到真理性的认识。思想教育的探索性还体现在它具有创新性。思想教育要不断地引导人们研究新情况，探索新问题，开拓新视野，形成新观念，与时俱进。同时，在思想教育中要着力培养受教育者的创新思维、创新精神和创新能力，鼓励他们勇于探索，勇于创新。

第二，理论性。思想教育是将科学抽象后的理论成果作为教育内容传输给受教育者，并力图使受教育者形成理论化的思想体系和思维方式的教育过程。思想教育必须在庞杂的经验事实和具体科学中抓住普遍特征，由此探求普遍规律。既要从纷繁复杂的事物和现象中把主要的和次要的、本质的和非本质的东西区分开来，达到发现和把握其中主要的、本质的东西的目的；又要把分解开的各个部分、方面和诸要素再联系起来，从总体上进行认识，但并不是简单的机械相加，也不是主观的任意拼凑，而是按它们的内在联系有机地统一为整体认识，并把整个事物在思维中再现出来。思想教育的内容必须来源于实践，客观地反映社会存在，并从表象中剥离出最能反映事物本质属性和发展趋势的规律，成为具有一定普遍性的理论。它以科学知识及客观事实为依据，但又不局限于具体的科学成果和事实，而是对科学成果进行了概括和总结，从局部看到全体，从特殊看到一般，从有限推出无限，利用理论思维的力量把具体的科学成果和客观事实连贯起来进行思考和教育，实现从经验层次到理论层次，从感性具体到理性具体的飞跃。

第三，系统性。思想教育不是零散的、个别的思想观点的教育，也不是随意进行的教育，而是运用一定的思想体系对人们进行的世界观和方法论的系统教育。要把握马克思主义的思想教育内容的整体性、系统性，必须将其中的每一条原理历史地同其他原理联系起来，并同具体的历史经验联系起来加以考察。历史地考察，即将每一个原理同它产生的历史条件联系起来加以考察，从而确定每个原理一定的适用范围。邓小平同志在谈到要完整准确地理解毛泽东思想时说过，我们不能够只从个别词句来理解毛泽东思想，而必须从毛泽东思想的整个体系去获得正确的理解。否则，就会导致片面化、绝对化，就不可能把握毛泽东思想的精神实质。

第四，渐进性。思想教育是一个循序渐进的过程，它适应了人们认识事物的规律。人类对世界的认识只有从有限开始来把握无限。所以，思想教育必须随着历史的前进和人类认识的发展，在继承的基础上不断丰富和更新教育内容。思想教育又是由感性认识上升为理性认识的过程。感性认识只反映事物的现象，理性认识才反映事物的本质。思想教育只有循序渐进地引导人们由感性认识上升为理性认识，才能使人们由浅入深、由表及里、由现象到本质地认识客观事物及其发展规律。

第五，工具性。思想教育可帮助人们获得认识世界和改造世界的思想工具，掌握世界发展的一般规律以及对世界认识的一般规律，自觉地运用这些规律来指导自己的思想和行动，达到改造世界的目的。马克思主义哲学作为科学的世界观和方法论，不仅要科学地解释世界，更重要的是革命地改造世界。这就决定了马克思主义哲学成为无产阶级和劳动人民认识世界和改造世界最好的认识工具和思想武器。马克思把自己的哲学称为无产阶级批判旧世界、创立新社会的“精神武器”，高度重视它的世界观和方法论职能。恩格斯在讲到马克思主义唯物辩证法的作用时，把它形象地比喻为“我们最好的劳动工具和最锐利的武器。”①毛泽东把马克思列宁主义比作射向革命之“的”的“矢”。在《论联合政府》中，毛泽东指出，“反映了全世界无产阶级实践斗争的马克思列宁主义的普遍真理，在它同中国无产阶级和广大人民群众的革命斗争的具体实践相结合的时候，就成为中国人民百战百胜的武器。”②

第六，先导性。思想教育是以认识和掌握事物发展特别是人类社会发展的本质和规律、形成规律性认识和确立正确的世界观、方法论为己任的。采取什么样的世界观和方法论，决定了其他教育的指导思想及内容选择，也决定了其所使用的方法及取得的成效。如，道德教育对于社会利益关系的道德思考和道德行为的引导，都不能不在道德生活的外部必然性与意志自由的关联中做出选择。如果没有思想教育所确定的科学世界观及方法论为引导，道德意志选择的正确性几乎是不可想象的。而政治教育、政治活动同样受到思想教育的引导和制约。政治教育、道德教育只有以这种规律性的认识和正确的世界观、方法论为指导，才能实现科学性与阶级性的统一、真理性与价值性的统一，也才能沿着正确的方向不断深化和发展。

(2)政治教育。政治教育是指一定利益基础上的政党或政治集团有意识地向民众传习政治理想、政治信念、政治观点、政治情感，使之获得适应其政治目的和政治统治的政治倾向及行为模式的发展过程。政治教育重点是解决对国家、阶级、社会制度等重大政治问题的立场和态度，形成和发展反映一定社会、阶级或集团利益和发展要求的政治共识，选择和确定一定的政治方向，具有明显的表达和实现一定阶级经济利益的政治倾向性，故称之为方向性教育。政治教育是思想政治教育的核心，具有如下特点：

第一，主导性。政治教育从根本上说，是让本阶级及其社会成员了解、认同、接受并努力实施一定阶级的政治纲领、战略策略的过程，即政治社会化的过程。政治社会化最早是由美国政

① 马克思恩格斯选集：第4卷[M]. 北京：人民出版社，1995：243.

② 毛泽东选集：第3卷[M]. 北京：人民出版社，1991：1094.

治学者伊斯顿于 1958 年提出的。他认为政治社会化是人们获得其政治倾向和行为模式的发展过程。政治教育或政治社会化通过社会整合达到维护某种政治系统稳定性的目的。政治教育集中体现了一定阶级或集团的根本利益、立场和观点,决定着思想教育、道德教育的性质与方向,在整个思想政治教育中居支配地位,起主导作用。政治教育的主导性还体现于它在培养和形成人的素质结构中起主导作用。对于教育对象而言,政治思想在他的道德结构和知识结构的形成中起着决定作用。一个人将他所学的知识技能用来为谁服务,遵从哪个阶级的道德规范,都取决于他的政治思想。我们所培养的是德、智、体全面发展的社会主义建设者和接班人,其中,政治思想是灵魂,它决定人们把自己的所学如何运用。毛泽东同志说过:“没有正确的政治观点就等于没有灵魂。”[①]在新的历史条件下,思想政治教育的根本任务是培养“有理想、有道德、有文化、有纪律”的社会主义新人。这是素质教育的根本要求。在人的素质中,思想政治素质是核心;在思想政治素质中,政治素质是核心。政治素质的根本要求是确立坚持走正确的政治方向。因此,对于“四有”新人的培养来说,最重要的是“有理想”,它决定着其他“三有”能否实现。

第二,控制性。政治教育的内容是受到控制的。出于统治阶级巩固政权和维护社会稳定的需要,政治教育的内容和途径必然会受到相应的限制,要求与统治阶级的方针、政策相一致。由于统治阶级掌握了绝大多数报刊、报纸、影视、广播等传媒,使得政治教育对受教育者的视听选择具有隐形的强制性;政治教育的环境也多由政府兴办、设立或领导,也必然为统治阶级服务。马克思、恩格斯指出:“一个阶级是社会上占统治地位的物质力量,同时也是社会上占统治地位的精神力量。支配着物质生产资料的阶级,同时也支配着精神生产资料。”[②]政治教育绝不可能自发产生,而是在统治阶级的控制下进行的。

第三,倾向性。统治阶级出于自身统治和管理的需要,必然利用一切手段向民众传播特定的政治理想和政治价值取向。政治教育不可能是抽象的、中立的、超阶级的,相反,它总是反映政治教育、表现出明显的政治倾向。在任何社会,占统治地位的政治教育始终是统治阶级的政治教育。无产阶级的政治教育也不例外,同样具有鲜明的阶级特征和政治倾向,但它不是建筑在维护个人或少数剥削者的利益基础上,而是建立在维护无产阶级和广大劳动人民利益的基础上,建筑在马克思列宁主义的科学理论基础上,这种政治教育是科学的、革命的。

第四,斗争性。政治教育作为表达、传播、强化、贯彻一定阶级政治意志的重要活动,总是在意识形态领域集中体现不同阶级政治倾向的对立和斗争。在阶级社会里,作为社会上占统治地位的政治教育,总是要按照统治阶级的要求培养人,以巩固现存的国家政权和社会制度,维护现存生产关系。而被统治阶级必然为夺取政权、改变现存的社会制度进行不同甚至根本对立的政治教育。政治教育的斗争性,集中体现在政治教育领导权的争夺上。政治教育的领

① 毛泽东著作选读:下[M].北京:人民出版社,1986:780.

② 马克思恩格斯选集:第 1 卷[M].北京.人民出版社,1995:98.

导权问题，是决定着国家发展方向的根本问题。列宁认为，党的性质、作用以及无产阶级专政的任务，决定了政治教育必须置于共产党的领导之下。

(3)道德教育。道德教育，是指一定社会或阶级为使人们接受和遵循其道德规范体系的要求，并按其价值标准处世做人，而有计划有组织地对受教育者施以道德影响的活动，包括提高道德认识，陶冶道德情操，确立道德信念，养成道德行为习惯等，是一定社会和阶级的道德意识转化为个人的道德品质的重要环节。由于它以传输道德信条及道德规范为主，故称之为规范性教育。道德教育具有如下特点：

第一，价值性。道德教育是教育、引导道德主体做出正确的价值判断、价值选择的过程。人们在道德生活中的现实意志及选择，只有按照必然性的要求，做出有价值的意志选择，才会有自由。所以，道德行为的意志及选择自由，不在于摆脱社会及其发展的要求，实现个性自由的任性激发，而在于按照社会发展的客观要求总结概括合乎这种要求的价值原则及行为规范，并且做出真正具有善的价值的行为。社会生活中的善恶关系，就其根源而言是利益所引起的。但是，善与恶作为基本的道德现象，所反映和调解的是由行为价值所引起的利益价值趋向，而不是利益本身。在利益关系中所体现的行为的社会价值的益与损、利与害、幸与不幸等善恶趋向的价值关系，才是道德关系，是社会道德教育的本质内容。在社会意识形态中，唯有道德形态所反映和调解的是具有广泛而普遍意义的善恶关系。道德教育正是在使受教育者形成正确的价值判断标准并依据标准实施善的行为中实现其教育效果的。

第二，内省性。道德教育是由他律转化为自律的一个重要环节。道德教育不仅是教育者向被教育者传输道德规范与道德信条的过程，而且是受教育者将教育内容内化到自己的认识结构中，并对自我心理进行重新调整和组合的过程。内省即向内省察，是个体对自己的思想和行为进行检查和对照、寻找差距和不足的自我道德教育行为。它是在接受外部道德规范的传输过程中回顾、对照、总结自己的思想和行为，通过自我认识、自我剖析、自我评价、自我监督来提高自身的道德品质修养。外在规范的传输如果没有经过个体的内在反省，很难使规范内化为自觉的行为习惯并使之恒定。“内省”也就是要“反省内求”，是儒家进行道德教育的重要方法。“反省”即运用反思领悟某种道理，“内求“就是从自身求取善良美德的本性。它是以主体的内心活动为特征和人们的内在省察为方式来进行的。

第三，渗透性。道德教育多为通过非强制性的手段对受教育者进行渗透，在规范中体现道德教育要求，在渗透中实现道德教育目的。道德规范常常是人们约定俗成，无须国家机关认可，也不依恃国家强力，因而道德教育也只能通过传统习惯的维系、社会舆论的引导、教育者的言传身教等方式对人们施以潜移默化的影响与渗透，形成道德信念。在人类的社会生活中，道德这个词的词源涵义，即是对善恶这类社会现象的现实反映。例如，英语和俄语中的道德一词都是从拉丁文“mores”演化产生的，而它的词源涵义就是行为、风俗、风尚的意思。我国古代思想家荀况在《荀子·儒效》篇中所说：“注错习俗，所以化性也，并一而不二，所以成积也。习俗移志，安久移质。”在他看来，人的行为如按照风尚、习俗养成习惯，即可以养成善的情操和品性。道德教育强调身教示范也是其渗透性的表现。孔子认为身教重于言教。渗透性的另一表现是环境的熏陶，即外界环境对道德起着潜移默化的陶冶作用。我国古代教育者提倡择友，择处，主动创造优越的育人环境。

第四，践行性。道德教育具有极强的践行性。亚里士多德在《尼各马可伦理学》中指出："人之有德，是自躬行实践所致。""躬行实践，能用习惯使之完善，才成为德性。"而我国古代思想家荀况论及德行与德性的关系时，强调"积善成德"。道德实践对于道德意识的产生和发展具有基础的地位和作用。人们的道德认识的发生过程，实际上是一个在社会实践的基础上，从行为实践到道德意识，再从道德理性达到伦理实践的动态与不断升华的过程，并由此而形成道德社会现象的内在结构。道德教育的目的，即是使人们内化和践行一定的道德规范，形成稳定的道德品质和行为习惯，正确认识和妥善调解道德关系，并实现使一定的道德原则和规范变为全社会普遍自觉遵循的道德标准。道德实践是道德教育的最终归宿。

第五，广泛性。道德教育的内容涉及社会生活的各个方面，渗入社会生活的各个环节，具有广泛性。道德教育不仅具有反映统治阶级利益和要求的内容，还具有反映人与人之间关系发展和调节的一般规律和共同要求的内容。道德教育的教育者和受教育者也具有广泛性，几乎每个人都扮演着两者兼具的角色。人民群众不仅是道德教育的对象，同时，也是道德教育的主体。在社会主义的道德教育中，道德规范体现了与广大人民群众利益的根本一致。所以，社会主义道德教育享有迄今为止最广泛的群众基础，这也是社会主义道德教育能够卓有成效的根本保证。

思想政治教育、道德教育虽然由于其性质及特点的差异而互相区别，但并非完全割裂。其内容上的相辅相成，体系上的共通共融，都使两者紧密联系，协调发展，整体构建，成为社会主义精神文明大厦不可或缺的重要基石。

五、思想政治教育理论体系的原则规定

思想政治教育理论体系要经过一个选择、建构和整合的过程，从而形成一个富有内在逻辑的结构系统。而思想政治教育理论的系统建构，就是教育者对构成思想政治教育理论的诸多理论观点、思想体系、是非标准和行为规范所进行的比较鉴别、合理配置、筛选优化，从而使思想政治教育理论各要素之间实现有机整合、相互贯通、彼此衔接、互动有序、协同发展。构建科学化、系统化、规范化的思想政治教育理论体系，必须坚持正确的原则。

1. 科学性和导向性相统一的原则

我国的思想政治教育理论是在中国革命和建设实践中形成的，其根本指导思想和理论基础是马克思主义理论，特别是马克思主义中国化理论。因此，思想政治教育学基本理论必须要坚持以马克思主义理论为指导思想和理论基础。同时，思想政治教育理论只有具备科学的理论基础、科学的知识支撑和科学的内容组合，才能使思想政治教育理论的构建体现强烈的阶级性、鲜明的目的性和突出的先进性。

2. 系统性和层次性相统一的原则

人的发展的全面性要求思想政治教育理论的系统性和协调性。不同个体的差异性和社会实践的复杂性又要求思想政治教育目标上分层设计、教育对象上的分类把握和教育内容上的分别实施。要研究思想政治教育内容系统中诸要素按一定的时空位置、比例关系、纵横系列有机组合的方式。思想政治教育内容结构的实质是思想政治教育内在矛盾运动的观念再现，是思想政治教育客观规律的逻辑反映，也是思想政治教育实践经验的理论概括。通过对思想政治教育内容的结构化梳理，使零碎、杂乱、无序的内容得到系统、规范、有序的整合，使我们对于思想政治教育内容的认识在逻辑表达上变得更加客观、明晰和精确，从而更好地优化思想政治教育内容结构。

3. 时代性和稳定性相统一的原则

在思想政治教育内容发展的进程中，要适应不断变化的新形势需要，与外界环境保持一定的张力，增强思想政治教育理论鲜明的时代感，强烈的现实性和针对性。首先，要增强与学术发展前沿对话的意识和能力。思想政治教育学科是众多学科大系统中的一个小系统，它的建设和发展不仅要靠自身的努力，而且要借鉴其他众多相关学科理论知识作为支撑。因此，必须增强与相关学科对话的意识和能力，特别是增强与相关学科学术发展前沿的对话意识和能力。同时，还应增强与世界文明对话交流的意识和能力。现在国际许多学者都在关注和研究我国的思想政治教育。国外的公民教育、道德教育、通识教育等，在一定层次上都与我国的思想政治教育相通。因此，我们有必要主动地与他们进行交流和沟通，以提高自身的理论发展水平和学科建设水平。其次，要鼓励学术争鸣。学术研究的本质是学术创新，而学术创新的前提条件是学术争鸣。学术研究是一个无限的学术探索和创新的过程，也是一个无限的学术争鸣的过程。没有争鸣的学术，只能是平庸的学术。我们要贯彻“百花齐放，百家争鸣”的方针，在坚持学术研究正确方向的前提下，以宽容的心态，积极鼓励和支持学术讨论、辩论、争鸣和批评，通过活跃的学术讨论和交流，激励学者进行深入研究和思考。

思想政治教育理论在体现时代性的同时，要保持内容基本要素和基本观点的稳定性。近几年高等学校思想政治教育学科硕士点、博士点建设得到快速发展，人们往往比较关注学科点数量的增长，而忽视学科“理论生长点”的建设和拓展。学科“理论生长点”的建设和拓展是思想政治教育学科点发展的基础、前提和保障，而学科点的发展是学科“理论生长点”建设和拓展的结果。没有学科“理论生长点”建设和拓展的支撑，学科点的发展将失去坚实的理论知识基础，既无法巩固，更无法发展，甚至走向衰败。思想政治教育学科需要专家学者个人或学术群体长期、深入、潜心的研究，杜绝学术浮躁现象的产生，使思想政治教育学科具有自身相对稳定的科学“内核”和较为“恒定”的内容，实现思想政治教育内容的继承性和连续性，真正获得成熟学科的品格。

第二节　思想政治教育学基本理论问题评介

思想政治教育的理论体系是随着社会的发展而不断丰富完善的。20 世纪 90 年代中后期以来，思想政治教育学界开始注重对思想政治教育基本概念、范畴、规律等基础理论的研究和理论体系的建构。这些研究，拓宽了思想政治教育的理论视野，深化了思想政治教育的问题意识，完善了思想政治教育的理论体系，提升了思想政治教育的科学含量，有力地推进了思想政治教育的专业建设和学科发展，促进了思想政治教育实践的有效开展。但在研究成果中也体现出体系结构的差异、基本观点的分歧，一些概念、范畴的含混。思想政治教育学基本理论体系的建构和研究依然面临着范式转换、观点整合和体系创新等问题。

一、思想政治教育学理论体系中范畴问题

思想政治教育学的范畴是一个有着内在逻辑联系和发展转化规律的体系，包括内在的不同结构、层级和类型，既可以包括实体范畴、价值范畴、关系范畴，也可以分为本质范畴、基本范畴和具体范畴，还可以由这两类分法交叉组合成另一类分法。

思想政治教育学的本质范畴是指在范畴体系中处于主导和支配地位，对其他范畴起统帅作用的范畴。思想政治教育学科的本质范畴就一个，即思想政治教育。由这一本质范畴，可从两个方面推演出基本范畴。基本范畴是指在思想政治教育过程中，能揭示某些具体规律，在思想政治教育学科理论体系中起基础作用的范畴。包括基本实体范畴、基本价值范畴、基本关系范畴。比如，基本实体范畴，从个体的角度来说，包括思想政治品德、思想政治行为、思想政治素养等；而从社会政治体系角度来说，包括思想政治教育管理、思想政治教化、思想政治教育组织等。

由基本范畴进一步展开、推演，可产生更多的具体范畴。具体范畴可分为两类：一类是内核型的具体范畴，它们与本质范畴、基本范畴一样，仍然是思想政治教育学独特的范畴。比如，道德品质，政治品德，政治教化，思想政治状况评价方法，思想政治行为分析，等等。另一类是外部性的具体范畴，是指与思想政治教育学密切联系的，且别的学科也可能会交叉研究的，有更广适用范围的范畴，这些范畴对思想政治教育学有重要的理论支撑作用，也是思想政治教育学应该关注的一些范畴，比如，人格，精神，思想，意识形态，价值，文化，社会化，等等。

目前国内对于思想政治教育学范畴研究存在的问题主要有以下几方面：

一是研究尚不够系统，对于范畴的分类方法以及各种具体类型的研究有些零散，对范畴之间的内在逻辑联系和发展转化规律的探讨较少。有的教材所重点研究的一些范畴其实仅仅属于基本关系范畴，比如，教育主体与对象主体、思想与行为、内化与外化等是目前大家较为公认的基本关系范畴，它们仅仅是思想政治教育学范畴体系的一小部分。

二是即便是对基本关系范畴的已有研究，也存在着一些不足。比如，基本关系范畴中还缺

少最能体现解决思想政治教育学自身特殊矛盾的一对基本关系范畴，即型塑与构建。型塑指的是社会政治体系按照一定的标准和规格对人们的思想政治品德及其行为的形成与发展承担教育模塑职能，构建指的是人们按照主体自身所要求的优良的思想政治品德及其行为的结构模型积极发挥主体能动作用，从而主动学习实践的过程。前一范畴意指教育主体在发挥着外因作用，后一范畴则意味着对象主体（或称能动主体）在发挥着内因作用，两者的共同作用贯穿于解决思想政治教育学自身特殊矛盾的全过程。这一对基本关系范畴体现了贯穿于思想政治教育全部过程中存在着的“外力模塑”“自我建构”这两种既相区别、又内在统一的范式，这是其他基本关系范畴所无法表达的。

有学者针对这些基本关系范畴继续深入研究，认为思想与行为是起因范畴，主体与客体是中心范畴，疏通与引导、言教与身教、物质鼓励与精神鼓励、教育与管理是中介范畴，个人与社会是终点范畴。这一观点值得商榷。这是因为，由“人们对优良的思想品德及其行为的追求”这一逻辑起点可以产生多个起因。我们完全可以把个人与社会作为起因范畴，也可以把其他的基本关系范畴，诸如教育主体与对象主体、内化与外化、型塑与构建等作为起因范畴来推演。实际上，我们上述列举的几个基本关系范畴在思想政治教育学原理理论体系的逻辑起点开始就已潜在，也都具有贯穿思想政治教育全部过程的特性，任意选择一个基本关系范畴都可以作为思想政治教育学的起因范畴，或过程范畴，或终点范畴。可见，要把这些能够统摄思想政治教育全过程的基本关系范畴人为地划分为哪些是起因范畴、中心范畴、中介范畴或终点范畴，结论是很难立得住脚的。

二、思想政治教育学理论体系中的基本矛盾问题

思想政治教育过程是“教育者根据一定社会的思想政治要求和受教育者思想政治素质形成发展的规律，对受教育者施加有目的、有计划、有组织的教育影响，促使受教育者产生内在的思想矛盾运动，以形成一定社会所期望的思想政治素质的过程”。① 这个过程是教育者、受教育者、教育介体、教育环体等诸多要素相互联系、相互作用的复杂的运动过程。恩格斯指出“运动本身就是矛盾”。② 我们可以把思想政治教育过程看作是一系列矛盾相互联系、相互作用的过程。在这一系列矛盾中，有一种矛盾贯穿于思想政治教育的始终，是思想政治教育过程的根本动力和思想政治教育存在的内在根据，推动着思想政治教育过程的发展，这就是思想政治教育过程的基本矛盾。

思想政治教育过程实质上就是在其基本矛盾的作用下，教育者和受教育者共同努力去解决基本矛盾的运动过程。研究思想政治教育过程基本矛盾，是思想政治教育学理论研究中的主要问题，但目前学术界对基本矛盾的理论阐释尚未完全达成共识。随着人们对思想政治教

① 张耀灿，郑永廷．现代思想政治教育学[M]．北京：人民出版社，2006：324.

② 马克思恩格斯选集：第 3 卷[M]．北京：人民出版社，1972：160.

育认识的不断提高，以及受教育者在思想政治教育过程中主体性地位的不断凸显，尤其是对思想政治教育过程中各种因素的深入研究和对目前思想政治教育有效性不足的分析，拓展了我们对思想政治教育过程基本矛盾的进一步认识。

1. 关于思想政治教育过程基本矛盾的不同观点

当前，学术界关于思想政治教育过程基本矛盾的理论研究与表述主要有以下四种观点：

第一，陈万柏、张耀灿在2007年出版的《思想政治教育学原理·第二版》中指出，思想政治教育过程基本矛盾是“一定社会的思想品德要求与受教育者思想品德水平之间的矛盾”。①

第二，邱伟光在1999年出版的《思想政治教育学原理》中认为，思想政治教育过程基本矛盾是“教育者根据社会要求所提出的教育任务与受教育者思想政治品德发展水平之间的矛盾”。②

第三，张西平在2003年所撰的《论思想政治教育的基本矛盾及其解决的途径》一文中，把思想政治教育过程基本矛盾界定为“人们的某种思想或精神欲求与思想政治教育工作不能满足这种需求的矛盾”。③

第四，刘烨在参编由人民出版社2006年出版的《思想政治教育学前沿》一书时，提出思想政治教育过程基本矛盾是“教育过程中施教系统和受教系统之间的对立统一”。④

2. 关于思想政治教育过程基本矛盾的不同观点的简要评析

陈万柏、张耀灿提出的第一种观点，界定的是一定社会要求和受教育者思想品德水平现状之间的矛盾，是客观要求和客观现状之间的矛盾。支持这一观点的学者还有：王礼湛认为思想政治教育过程基本矛盾是“社会和人的发展对思想政治观点、道德品质的要求与教育对象思想道德面貌的现状之间的矛盾”。⑤ 陈秉公认为思想政治教育过程基本矛盾是“社会发展所需要的思想品德和心理素质与受教育者现有水平的矛盾等”。⑥

邱伟光提出的第二种观点是把经教育者转化的社会要求和受教育者思想品德水平现状之间的矛盾看作其基本矛盾，它实质上也是客观要求和客观现状之间的矛盾，但这种客观要求是经过教育者转化过的，与社会要求本身有一定的差异。经过转化的社会要求是教育者从自身角度出发选择符合社会要求和思想政治教育目标的教育内容和教育方法，把教育内容内化为自己的思想、观点、信念和情感，把教育方法内化为自己可以掌握运用的行之有效的教育方法。这一转化过程体现了教育者自身的主体性和选择性。教育者的素质越高，就越能准确把握和代表社会要求，承担起输送社会要求的神圣职责。支持这一观点的还有国家教委社政司主编

---

① 陈万柏，张耀灿. 思想政治教育学原理. 第二版[M]. 北京：高等教育出版社，2007：141.

② 邱伟光，张耀灿. 思想政治教育学原理[M]. 北京：高等教育出版社，1999：75.

③ 张西平. 论思想政治教育的基本矛盾及其解决的途径[J]. 学习论坛，2003(8).

④ 张耀灿. 思想政治教育学前沿[M]. 北京：人民出版社，2006：225.

⑤ 王礼湛，余潇枫. 思想政治教育学·修订版[M]. 杭州：浙江大学出版社，1999：56.

⑥ 陈秉公. 思想政治教育学原理[M]. 沈阳：辽宁人民出版社，2001：76.

的《思想政治教育学原理》认为思想政治教育过程基本矛盾是“教育者掌握的社会所要求的思想政治品德与受教育者思想政治品德发展状况之间的矛盾”。① 王效仿认为思想政治教育过程基本矛盾是“教育者所实施的社会对于受教育者思想政治品德发展的要求和受教育者思想政治品德现状之间的矛盾等。”②

第一、二种观点既相似又相异，它们之间的主要分歧在于教育者对受教育者思想政治品德的要求是直接来自于社会要求还是社会要求的转化。经过转化了的社会要求，本身要经历一个取舍的过程，教育者必须坚持教育的阶级性和政治上的先进性，从纷繁多样甚至相互矛盾的社会要求中选择符合社会发展方向及党的教育目标、方针、政策的内容和方法。尽管第一、二种观点还存在分歧，但它们所表述的基本上都是客观要求和客观现状之间的矛盾，虽有分歧但分歧不大。目前学术界也普遍认同两者之中的任何一种表述，就是思想政治教育过程基本矛盾。

张西平提出的第三种观点和前两种观点就有根本性的不同。前两种观点的立足点都是社会要求，而第三种观点的立足点在受教育者。目前学术界暂时还没有学者发表相关文章支持这种观点。

刘烨提出的第四种观点认为，前几种观点都是受教育者思想道德水平应然与实然、目标与现状之间的矛盾，但这并不是思想教育过程的基本矛盾，矛盾的双方也并不仅仅是社会要求或者说是经教育者转化的社会要求和受教育者思想道德水平现状之间的矛盾，而是施教系统（含教育主体、教育内容和教育方法等）和受教系统之间的矛盾。刘烨在所撰另一文中也指出“在施教与受教过程中（当然施教与受教实际上是一个过程的两个方面）教育子系统与接受子系统之间的矛盾构成了思想政治教育过程基本矛盾”。③

三、思想政治教育学理论体系中的规律问题

思想政治教育学的范畴与思想政治教育学的规律是紧密相连的。因为规律反映的是事物之间的本质联系，而范畴恰是反映事物普遍本质联系的思维形式。由思想政治教育学的本质范畴、基本范畴和具体范畴可以推演出其本质规律、基本规律和具体规律，进而通过这些不同层次规律的实现和展开以确定思想政治教育学研究的内容框架体系。

如前所述，思想政治教育学作为一门科学，所要解决的是一个特殊的矛盾，是人们现实的思想政治品德及其行为状况与特定社会政治体系所要求的人们应具有优良的思想政治品德及其行为之间的矛盾，为解决这一特殊矛盾（也可以说是这一科学领域的根本矛盾），只会产生一条特有的本质规律，这就是特定社会政治体系中人的思想政治品德及其行为的形成发展规律。

---

① 国家教委社政司．思想政治教育学原理[M]．北京：高等教育出版社，1999：105．

② 王效仿．对思想政治教育过程基本矛盾的思考[J]．思想教育研究，1999(6)．

③ 刘烨．思想政治教育过程矛盾新体系探[J]．思想教育研究，2004(1)．

围绕这一本质规律的展开，则形成三个基本规律：个体这一主体模塑自身思想政治品德及其行为的规律，社会政治体系这一主体模铸个体或特定群体的思想政治品德及其行为的规律，社会政治体系与个体在人的思想政治品德及其行为形成发展过程中的互动规律。这三个基本规律并行不悖、缺一不可，共同支撑着本质规律的实现。这三个基本规律的实现，又派生出多个具体规律：人格的生成发展变化规律，思想与行为相互转化规律，主体接受规律，主体自我同一规律，人的思想政治品德及其行为形成发展过程中的双向互动规律、协调控制规律、适应超越规律，等等。由此，我们可以得出思想政治教育学的研究对象具有三个层次：本质规律，基本规律，具体规律。其中，人的思想政治品德及其行为的形成发展规律作为本质规律，构成了思想政治教育学主要的、根本的研究对象。

目前对于思想政治教育学规律的研究存在的问题主要有以下几个方面：

一是有学者认为，思想政治教育学的研究对象有两个：一个是对人的思想政治品德及其行为进行教育的规律，另一个是人的思想政治品德及其行为形成发展的规律。两者是平行、并列的关系。这直接导致了把思想政治教育学原本只研究一个根本规律变成了要研究两个并行的根本规律，导致了对原理理论体系的研究缺少一个明晰的内在逻辑，存在着交叉混乱。特别是有学者把“对人的思想政治品德及其行为进行教育的规律”（即社会政治体系对社会成员的思想政治教育规律）当做是思想政治教育学的根本规律，进而把一部“思想政治教育学原理”实际写成了“思想政治教育原理”。

二是没能看到思想政治教育学所要研究的一个根本规律之下，存在着三个并列的、缺一不可的基本规律。这三个基本规律的并存，实际上意味着思想政治教育学存在着三个并列的、缺一不可的基本研究领域。大多数研究者把精力放在研究“社会政治体系这一主体模铸个体或特定群体的思想政治品德及其行为的规律”这个基本规律上面，而相对忽视了对其他两个基本规律，即“个体模塑自身思想政治品德及其行为的规律”以及“社会政治体系与个体在人的思想政治品德及其行为形成发展过程中的互动规律”的研究，使得一些自称是研究思想政治教育学原理的著述更多地有着“思想政治教育原理理论体系”的味道。对这其他两个基本规律，进而对应着的两个基本研究领域研究的相对薄弱，从根本上导致了目前思想政治教育学原理理论体系尚未能真正丰满地搭建起来。

四、思想政治教育学理论体系的框架设计和内容体系问题

目前，学术界对思想政治教育学理论体系的内容框架设计，有一些共性的东西，但差异性仍较大，可以归纳出多个不同的框架体系。总体不足表现为：一是有的框架体系只能称作“思想政治教育原理理论体系”；二是有的框架体系由于逻辑起点的不清晰、进而整个体系的内在逻辑性不强，导致了体系的结构混杂、内容不一，一个成熟的理论体系框架尚未搭建起来。

按照思想政治教育学科学理论体系的逻辑演绎过程，可建起由思想政治教育关系论、体系论、行为论、过程论、发展论构成的框架内容。

1. 思想政治教育关系

思想政治教育学的科学体系不是一个固定不变、封闭、仅由范畴规律组成的内循环演绎的体系，而是一个能动、变化发展、开放的体系，是随着人们思想政治教育的实践而将这一内循环演绎体系不断外化、扩展实现的体系。因此，当思想政治教育学的范畴规律体系在社会实践中生动地展开和实现的时候，我们看到了一幅思想政治教育学的内在逻辑演绎的外化过程以及这一过程不断变化发展的生动图景。这是一幅静态与动态相互交织的画面。从静态方面看，表现为思想政治教育实践中的各种关系结构和各种体系结构；从动态方面看，表现为思想政治教育行为所促动的各种思想政治教育过程的展开。这里先谈一下思想政治教育关系。

思想政治教育关系分为内在关系和关系的外部表现。思想政治教育关系的外部表现是指思想政治教育关系主体在现实社会中实际发生的关系，表现为个人、群体、学校、集团、组织、政党、国家等思想政治教育关系主体之间的各种关系。这里着重论述思想政治教育的内在关系。

思想政治教育的内在关系结构由主导主体、对象主体与中介(或称载体)三个要素组成，它们之间相互作用，构成了人们在现实社会生活中基于对优良的思想政治品德及其行为的追求而形成的思想政治教育关系。在思想政治教育关系研究方面，有几点需要特别关注：

一是对思想政治教育关系结构的三要素的理解。个人、群体、学校、集团、组织、政党、政府、国家既可以作为思想政治教育的主导主体，同时也是思想政治教育的对象主体；这里说的中介即环境，它包括社会环境(如大众传媒环境、社会思潮)、单位环境(如校园文化环境、企业文化环境等)、家庭环境、同辈群体与社交环境。通常，我们在对“思想政治教育关系结构的三要素”进行研究时，习惯于只把教育者当做主体而把受教育者当做客体来看待，习惯于从主导主体角度来静态地分析各个要素，而对这几个要素自身的主体能动性、动态变迁性、社会发展性关注不够。

二是有关主体研究中，应充分吸收“主体性”“主体间性”这两个概念及其相关理论中的合理思想。这两个理论都是思想政治教育学主体理论的重要组成部分。它们一方面强调思想政治教育学中的主体的多元性、平等性，另一方面强调“我的对象性”和“对象中的我”，即主体间的互动性、交融性，强调的是思想政治教育的成功与否更多地取决于教育主体与对象主体之间的重叠共识的程度大小。目前我们这方面研究的局限性表现在：往往把思想政治教育理解为政治统治体系动用公共资源来对社会成员进行带有单向强制性、灌输性的正规化、有组织、有目的的教育。这样，由于过于强调思想政治教育的主导性，反而容易忽视一个人思想政治品德及其行为形成的一个决定性因素——个体的自我学习、自我训练、真心内化、真诚外化，也忽视了教育对象在思想政治教育中的主体性，进而忽视了对受教育者的主体性的尊重，忽视了一个人良好的思想政治品德与行为形成发展过程中所需要的平等对话、互动交流。

2. 思想政治教育体系

它是思想政治教育关系结构的三要素之间相互作用而形成的一种静态结构体系。包括四个部分：

思想政治教育的组织体系。例如:政府,政党,学校,家庭,同辈群体,社会组织,社会团体,等等。它们在一个人的思想政治品德及其行为形成发展过程中承担着各自不同的职责和功能。

思想政治教育的制度体系。通常这一制度体系包括三个层面:国家的立法制度层面,比如,有关思想政治教育的国家立法和政府法规。地方和行业的基本制度层面,比如,地方和行业有关思想政治教育的法规、规章、制度。基层和单位的具体制度层面,涉及针对不同人群、不同情况的具体规范设计和实施措施。

思想政治教育的内容体系。通常我们把这一内容体系分为五个部分:世界观、人生观、价值观教育,道德观教育,政治观教育,法治观教育,心理健康教育。

思想政治教育的外部软环境体系。虽然组织体系、制度体系在某种意义上已经构成了思想政治教育的一个大环境,一个属于外部硬环境,一个属于内环境,但还需要重视对带有隐蔽性、间接性、非刚性的、非显性的外部软环境的关注,如文化环境、网络环境、宣传舆论环境等。

3. 思想政治教育行为

它是思想政治教育关系结构的三要素之间在思想政治教育体系中相互作用而形成的一种动态行为方式。包括两大类行为:

一是由思想政治教育的主导者(教育主体)产生的行为,分为思想政治教育管理和思想政治教育评估两种行为。思想政治教育管理包括思想政治教育的规划、领导、实施、队伍建设。思想政治教育评估包括评估的意义、目标、原则、体系(指标体系、组织体系)、途径、方法。

二是由思想政治教育的能动者(对象主体)产生的行为,统称为"思想政治行为"。"思想政治行为"指的是形成一定思想政治品德的人们在现实社会环境中产生的有关思想政治方面的行为。人的思想政治行为,通常细分为思想行为、政治行为、道德行为、心理行为等。比如,在个体身上有时表现出来的理论反思、道德评价、道德自律、政治学习、政治训练、心理调适等行为。现实中的大多数思想政治行为是由这几类细分行为中的多种行为综合作用而成。

目前,学界对思想政治教育主导者(教育主体)产生的思想政治教育管理、思想政治教育评估等行为研究较为重视,但对人的思想政治行为本身的研究重视不够,对如何促使人们的思想转化为合乎社会发展需要的行为研究的不够,大多数的原理理论体系都没有将"对人的思想到行为转化过程规律(即人的思想政治行为的发生发展规律)的研究"作为一块专门的理论领域来研究。

4. 思想政治教育过程

思想政治教育关系、思想政治教育体系和思想政治教育行为三方面在一定的思想政治教育实践中共同作用,就表现为思想政治教育的一个个过程。

思想政治教育过程是一个由多种要素构成,由其内在矛盾推动,并按其内在规律辩证发展的过程,有其自身的特点和发展规律。研究、掌握思想政治教育过程及其规律、任务、内容、方针、原则、方法,有助于为思想政治教育过程的开展提供科学的理论依据。

对于思想政治教育过程的研究，有多个视角。从一个思想政治教育过程的横切面来抽象分析，思想政治教育过程由过程结构、过程机制、过程规律与过程目标四个要素构成，它们是思想政治教育关系的直接动态表现。这一过程具有特定的方向和目标，通过过程的推进，人们不断地模塑着适应社会发展需要和自身全面发展要求的思想政治品德及其行为。目前学界多从这个角度开展研究。思想政治教育过程结构包括教育主体、对象主体、介体等基本要素。思想政治教育过程机制包括接受机制、动力机制、沟通机制等。思想政治教育过程规律包括教育主体与对象主体双向互动规律、内化外化统一规律、协调控制与适应超越互动规律等。

还可以依照思想政治教育学研究的一个根本规律和三个基本规律所展示的思想政治教育总过程和三个基本过程，对思想政治教育过程进行具体分析。思想政治教育的总过程是特定社会政治体系中人的思想政治品德及其行为的形成发展过程，这一总过程由三个基本过程合成：个体这一主体模塑自身思想政治品德及其行为的过程、社会政治体系这一主体模铸个体或特定群体的思想政治品德及其行为的过程、社会政治体系这一主体与个体这一主体在人的思想政治品德及其行为形成发展中的互动过程。对这一总过程的研究，可以具体生动地展示出思想政治教育的过程结构、过程机制、过程规律与过程目标。

通过对这一总过程的研究，我们可以更加清楚地发现现有的一些研究成果的不足。比如，在分析思想政治教育过程结构的要素时，有学者将三要素理解为主体、客体、中介，其中把受教育者理解为是客体。这是有待商榷的观点。因为，在一个完整的思想政治教育过程中，主体有教育者和受教育者，或称教育主体和对象主体，或称主导主体和能动主体。这两类主体所指向的客体是什么？只能是主体间相互作用过程中所指向的内容、方式，近似于三要素中所谓的“中介”。主体与客体本来只是近代哲学主客二分思维中的一对范畴，随着现代哲学尤其是主体性哲学、主体间性哲学的兴起，原来“把人指称为主客体关系中的客体”的思维早已遭到摒弃。现代思想政治教育学应积极吸收现代哲学的研究成果，摒弃“把教育过程中的受教育者当做被动的容器、消极的客体”这一传统思维，而应把受教育者理解为能动的主体、能够平等交流互动交流的主体。

再比如，通过对这一总过程的研究，在过程规律方面，我们能够更加清楚地区分出两种不同层次的过程规律：一种是思想政治教育学原理理论体系要研究的思想政治教育过程规律，一种是思想政治教育原理理论体系要研究的思想政治教育过程规律。比如说，协调控制规律、社会适应规律等是后者要研究的基本规律，目前不少教材把它们也当作前者要研究的基本规律。但事实上，协调控制规律、社会适应规律只能算作思想政治教育学原理理论体系中要研究的两条具体过程规律，不能称得上是其要研究的基本过程规律，当上升到基本规律层次时，与之相关的应称作“协调控制与适应超越互动规律”。同样，内化规律、外化规律是思想政治教育原理理论体系要研究的两条基本规律，只能算作思想政治教育学原理理论体系中要研究的两条具体过程规律，在上升到思想政治教育学原理理论体系中的基本规律层次时，应称作“内化外化统一规律”。

5. 思想政治教育发展

在由思想政治教育关系、思想政治教育体系、思想政治教育行为与思想政治教育过程所共同编织的思想政治教育实践图式中，思想政治教育实践会按照自身的逻辑为自己设定一个理想的目标和前进的方向，并朝着这一目标不断推进。这就是思想政治教育学原理理论体系逻辑演绎的最后一个环节：目标与发展。在这一环节中会形成一套目标与发展理论。比如，使教育对象成为合格政治人理论，使教育对象成为合格公民理论，人的自由全面发展理论，社会认同与社会和谐发展理论，思想政治教育的学科化、科学化和社会化发展理论等。

第三节　思想政治教育学基本理论的再系统化

学科基本理论是揭示和阐述本学科研究对象本质和规律的基本理论知识系统。所谓学科基本理论的系统化是学术研究主体的一种自觉的学科基本理论建构行为，是不断整体提高学科基本理论科学化水平的基本措施。由于学科基本理论的实践基础、理论基础、学科理论研究规范、相关学科的知识理论前沿是不断发展变化的，随着理论知识点变化的积累，必然引起整个理论知识系统的矛盾和冲突，必然需要学术研究主体自觉地对整个学科基本理论进行系统整合和重构。思想政治教育学科基本理论的系统化和再系统化是思想政治教育学科走向成熟的标志。

一、思想政治教育学基本理论再系统化的意义

1. 思想政治教育学科基本理论再系统化的重要性

由于思想政治教育理论体系涉及社会政治观点和宏观综合问题，这就难免使人们在认识中形成这样的“误区”：作为特定思想体系和价值设定的思想政治教育内容，它是既定的，是不能更改的，更是无需重构的。由于这样的认识误区，导致人们重思想政治教育方式方法研究，轻思想政治教育内容研究，重内容的给定性、原则性，轻内容的选择性、科学性。重内容的灌输，轻内容的有效组织。目前人们往往把关注点更多地放在教育方法的改进、教育手段的更新及教育者自身素质的提高上，而对思想政治教育内容结构研究不够。事实上，一方面，思想政治教育内容在思想政治教育系统及其运行过程中具有重要的地位和作用，是思想政治教育过程中极富活力的部分，有着巨大的发展空间。

2. 思想政治教育学科基本理论再系统化的迫切性

马克思主义理论一级学科具有很强的科学性、整体性、实践性、创新性，给思想政治教育二级学科的建设提出了要求和发展方向。1984 年建立思想政治教育学科以来，学科的基本理论建设取得了很大发展，实现了初次系统化。然而，以严格的学科建设标准来衡量，思想政治教育学科基本理论建设尚存在较大差距，迫切需要实现学科基本理论的再系统化。主要表现在：

(1)思想政治教育学的基本理论与学科的实践基础不够一致。目前，我国正在迅速地实现

由社会主义计划经济向社会主义市场经济的转变。在这场深刻的社会变革中,思想政治教育学科表现出一个明显的缺欠,就是它的学科基本理论落后于自身的实践基础——社会主义市场经济建设实践。主要表现为三个不够适应:思想政治教育学科基本理论与社会主义市场经济运行机制不够适应,与企事业单位的运行机制不够适应,与个人争取事业成功、人生幸福的人生实践不够适应。这使得思想政治教育在实践中无法发挥应有的作用,往往被边缘化。

(2)思想政治教育学基本理论与学科的理论基础有一定程度的脱节。思想政治教育学科基本理论的理论基础是马克思主义,即马克思主义基本原理与中国化的马克思主义理论——毛泽东思想、邓小平理论、"三个代表"重要思想及科学发展观等。由于思想政治教育学科的大量论著,特别是专业教材大量出版于二十世纪八九十年代,因而,它运用马克思主义基本原理和毛泽东思想比较充分,而运用马克思主义中国化理论的其他最新成果则不够充分,特别是科学发展观、以人为本的理论等。这使得思想政治教育学科基本理论所依据的理论基础相对滞后,在一定程度上影响了思想政治教育学科基本理论的创新和发展。

(3)思想政治教育学基本理论与学科理论研究的规范性要求存在距离。由于思想政治教育学科基本理论产生的时间短,因此与学科理论研究的规范性要求存在较大差距。如在学科内容的构成方面,由于大量引用相关学科的知识,没有经过本学科理论和范畴的严格整合,因此,教育内容上存在着消化不良,存在"多、杂、空、变"的状况,内在逻辑性不强,缺乏科学的组合和整体的联系,相互之间交叉、重叠甚至抵牾。在理论研究中笼统性、描述性研究多,精确性说明少;主观判断、主观意愿多,事实求证、客观论证少;外在附加成分多,内在机理要素探究少。这就使得思想政治教育的理论和实践不免给人一种大而化之、主观随意、泛泛而谈之感,缺乏学术底蕴和科学含量,给人产生"说教感"。思想政治教育学科基本理论面临着严格的学术规范和学术自律问题。

(4)现有的思想政治教育内容存在着不可忽视的结构性弊端,即忽视按一定的层次(如人的思想基础、觉悟程度、道德水准、文化涵养、接受能力、社会经历等)区分不同的教育内容,忽视分阶段、分层次实施教育,亦即忽视思想政治教育内容的层次递进关系;强调高度,忽视梯度,影响了教育的科学性和有效性。

因此,无论是从思想政治教育理论体系的完整性出发,还是从思想政治教育实践需要的迫切性来看,思想政治教育内容的研究都显得相对缺乏和薄弱。因此,将思想政治教育学理论研究置于思想政治教育基础理论研究的重要地位,尤其是比较系统和深入地研究思想政治教育学理论的结构及其优化,把握思想政治教育内容生成和发展的规律,对于推进思想政治教育理论体系的全面建设,提高思想政治教育实践的科学化水平,具有重要的理论意义和现实价值。

二、思想政治教育学基本理论再系统化的基本任务

1.思想政治教育学科基本理论再系统化的基本目标

思想政治教育属于哲学社会科学的范畴,它的基本理论系统化和再系统化必须遵循哲学

社会科学基本理论系统化和再系统化的规律，坚持和达到哲学社会科学系统化和再系统化的目标。思想政治教育基本理论再系统化的基本目标大致有以下四点：

(1)实现学科基本理论与学科实践基础的同一性。学科基本理论与学科实践基础是否具有同一性是检验学科基本理论再系统化成功与否的基本标准。学科基本理论与学科实践基础的同一性主要有两个方面的含义：

一是学科研究对象清晰，由学科研究对象所决定的学科实践基础的范围清晰或基本清晰。如果学科研究对象清晰，由学科研究对象所决定的实践基础范围清晰或基本清晰，说明学科基本理论再系统化具备了基本条件；如果学科研究对象不清晰或不够清晰，由学科研究对象所决定的实践基础范围不清晰或基本不清晰，甚至混乱，说明学科基本理论再系统化不具备基本条件，学科处在不成熟的水平。一个成熟学科的起码标准是学科研究对象清晰，在此基础上使学科的实践基础范围清晰或基本清晰，不与其他学科相混淆，并获得本领域学者的广泛认同。思想政治教育学科发展的一个突出问题就是学科研究对象不够清晰，以及由此而带来的学科实践基础的范围不清晰，有一定程度的混乱。这是思想政治教育学科基本理论再系统化首先应解决的关键性问题。

二是学科基本理论反映了或基本反映了学科的实践基础。学科基本理论与实践基础的同一性不仅表现在学科研究对象清晰，由学科研究对象所决定的学科实践基础的范围清晰或基本清晰，而且表现在学科基本理论反映了或基本反映了学科的实践基础。如果学科基本理论反映了或基本反映了学科的实践基础，说明这个学科成熟或基本成熟，反之则说明这个学科不成熟或基本不成熟。思想政治教育学科基本理论的问题是，思想政治教育学科基本理论与学科实践基础(社会主义市场经济的运行机制、企事单位的运行机制、个人追求事业成功与人生幸福的人生实践)有一定程度的脱离，落后于实践基础，不够适应，因而，很难发挥应有的作用。

(2)实现学科基本理论与学科理论基础的同一性。学科理论基础为学科基本理论研究提供理论指导和研究方法，是学科基本理论再系统化的关键。坚持学科基本理论与学科理论基础的同一性，主要表现在以下两个方面：

一是学科基本理论的理论基础科学有效，并得到正确的解读。只有学科的理论基础科学有效，学科的基本理论研究才可能科学和完善。思想政治教育学科的理论基础是马克思主义，它是思想政治教育学科基本理论建构和发展的根本保证。问题在于，我们对马克思主义理论的理解还不够全面和深入，尚存在抓住马克思主义基本原理的一个方面，而忽略另外方面等现象，缺乏整体性的理解。这是思想政治教育学科基本理论再系统化应着重解决的重要问题。

二是解读和运用学科理论基础的最新发展成果。学科的理论基础本身是不断发展的。只有以学科理论基础的前沿理论和方法为指导，才能使学科基本理论研究达到新的水平。思想政治教育学科理论基础的最新发展成果是当代马克思主义中国化理论。坚持学科基本理论与学科理论基础的同一性，要在全面研究马克思主义基本理论的同时，深入解读马克思主义中国化的最新理论成果，将毛泽东思想、邓小平理论、“三个代表”重要思想以及科学发展观等理论贯穿到思想政治教育基本理论中去。

(3)实现学科基本理论与学科理论研究规范的同一性。学科基本理论与学科理论研究规范的同一性是学科建设的基本要求和保证。所谓学科理论研究规范,是指学科理论研究行为及其成果(作品等)所必须遵循的基本准则和规范,任何学科基本理论研究只能严格遵守,不能违背。不注重学科理论研究规范,甚至排斥学科理论研究规范,只能使学科建设陷入徘徊、停滞的状态。思想政治教育学科要走向成熟和完备,必须严格遵守学科理论研究规范。

思想政治教育学科基本理论再系统化所要遵循的最重要的学科理论研究规范就是实现"三性统一",即逻辑的展开性、现实的广延性与历史的涵容性的统一。所谓逻辑的展开性,就是以思想政治教育的核心概念——"思想政治教育"——为起点,在各个方向上,通过层层严密的逻辑展开而建构起思想政治教育基本理论知识体系,无中断、无跳跃。所谓现实的广延性,就是通过逻辑展开而建立的思想政治教育基本理论知识体系,能够覆盖和解释现实研究对象的一切现象和现象的一切方面。所谓历史的涵容性,就是通过逻辑展开而建立的思想政治教育基本理论知识体系,能够覆盖和解释研究对象从古至今的一切现象和现象的一切方面。"三性统一"的学术规范要求思想政治教育理论知识体系能够通过自身的逻辑展开,包容研究对象所涉及的古今中外的所有理论和现实问题。

(4)实现学科基本理论与相关学科学术理论前沿的同一性。学科基本理论与相关学科学术理论前沿的同一性,是学科基本理论保持先进性的必要条件和保证。学科基本理论只有与相关学科学术理论前沿保持对话与沟通,才能不断吸取其他学科学术理论的最新研究成果,始终保持理论的鲜活的生命力。思想政治教育是一门新兴学科,尤其需要与相关学科的学术理论前沿保持对话与沟通,通过严格的筛选与整合从相关学科吸取理论知识养分。那种满足于点滴成绩和一孔之见,固步自封、闭目塞听的态度,只能使思想政治教育学科基本理论陷于落后和贫乏。能否始终保持与相关学科学术理论前沿的同一性,是思想政治教育学科基本理论成熟与否的基本标志之一。

2.思想政治教育学科基本理论再系统化的具体课题

思想政治教育学科基本理论的再系统化,要通过研究和解决思想政治教育理论的具体课题来实现。思想政治教育学科基本理论再系统化要解决的具体课题很多,相互联系,十分复杂,这里主要列举以下八个方面:

(1)科学界定思想政治教育的核心概念——"思想政治教育"。一个学科的核心概念就是它的"理论硬核",本学科的全部概念、范畴和理论都是围绕这个"理论硬核"建立和展开的,都是对这个"理论硬核"的不同侧面和不同关系的直接或间接的阐述和解释。"理论硬核"支撑和凝聚整个学科理论知识体系。只有"理论硬核"是科学坚实、富有凝聚力的,整个学科的理论知识体系才可能是科学的和巩固的。目前,对思想政治教育学科"理论硬核"的阐释多达几十种,含义各异,难以形成较为一致的看法。大致可以归结为四大类:思想政治教育是政治教育,思想政治教育是思想教育,思想政治教育是思想品德教育,思想政治教育是以政治思想教育为核心的思想道德心理综合教育实践。在这四类概念之外还有多种不同的解释。各种论著和教科书从差异很大的“理论硬核”——思想政治教育——的概念入手,各自形成一套理论知识体系。可见,科学地界定思想政治教育学科的“理论硬核”——思想政治教育,并获得本学科学者的大致认同,是实现本学科基本理论再系统化的第一个重大课题。这个问题不解决,思想政治教育基本理论的再系统化将难以进行。

(2)科学揭示和阐述思想政治教育的目标与内容体系。思想政治教育的目标和内容体系是思想政治教育本质和职能的载体,也是思想政治教育这一“理论硬核”的逻辑展开和延伸。目前,对思想政治教育的目标有多种理解和概括。如有的认为,思想政治教育的目标就是进行思想品德教育。有的认为思想政治教育的目标就是进行政治教育。而有的则认为除此而外,还有其他目标,如塑造人格、提高人的素质,引导人们产生积极正确的行为,培养健康的心理,等等。对思想政治教育的内容体系也存在分歧很大、难以统合的不同概括。

(3)科学揭示和阐述思想政治教育学科的研究对象。研究对象是确定学科研究领域的依据,科学地确定研究对象是进行学科理论研究的前提。每一个成熟的学科都有其固定的研究对象,因而都有相对固定的研究领域。思想政治教育学科的研究对象是什么?对这个问题学术界一直争论很大,有的主张只有一个研究对象,如“思想政治教育是研究人的思想意识和行为发展变化规律的学问”或“思想政治教育是研究进行思想品德教育规律的学问”;有的认为有两个研究对象,即“思想政治教育是研究人的思想品德发展变化规律和进行思想品德教育规律的学问”。现在的问题是,对“思想政治教育”这一核心概念的解释十分宽泛,使思想政治教育学科的研究对象不是有一个、两个,而是有多个,如有的认为“心理教育的规律”“引导人们行为选择的规律”等也都是思想政治教育的研究对象。这是目前思想政治教育学科研究领域边界不清的主要表现和原因。学科研究领域边界的不清自然难以进行深入的研究,也难以形成本学科特有的方法系统。

(4)科学揭示和阐述思想政治教育过程的基本结构。这是揭示思想政治教育过程基本机制和基本规律的基础和前提。目前,对思想政治教育过程结构的认识分歧很大。有的认为,必须使用“思想政治教育过程”的概念,有的认为不能使用“思想政治教育过程”的概念。有的认为研究思想政治教育的机制和规律,必须立足于研究思想政治教育过程,因为其矛盾、机制、规律、原则和方法都是过程的矛盾、机制、规律和方法;而有的认为不必研究思想政治教育过程,直接研究思想政治教育的机制、矛盾、规律和方法即可。对思想政治教育过程结构的看法分歧也很大。有的认为思想政治教育过程的结构是二体的,有的认为思想政治教育过程的结构是三体的,有的认为思想政治教育过程的结构是四体的。每种主张中还有很多分歧。需要我们对这一问题再作深入的研究和探讨。

(5)科学揭示和阐述思想政治教育过程的基本矛盾、基本机制和基本规律。这是思想政治教育学科基本理论的核心问题,是思想政治教育学科基本理论再系统化的关键。对思想政治教育过程基本矛盾的认识有多种观点,分歧很大。如有的认为思想政治教育过程的基本矛盾是教育者与受教育者的矛盾，有的认为思想政治教育过程的基本矛盾是社会发展需要的政治思想品德与教育对象现有水平的矛盾。对思想政治教育过程基本机制和基本规律认识的分歧也很大。有的认为思想政治教育过程的基本规律只有一个，有的认为思想政治教育过程的基本规律有多个，还有的认为思想政治教育过程的规律可以分为基本规律和一般规律等，至今尚无被普遍认可的概括。

(6)科学揭示和阐述思想政治教育对象——人——及其特点。思想政治教育的对象是人。人的本质与特点，人的行为动机与行为机制，人的思想、品德、心理与人格形成和发展变化的机制和规律，以及人的接受规律等，对这些问题的科学认识是研究思想政治教育学科基本理论的前提之一。对思想政治教育对象——人——的研究，目前学术界的意见分歧很大。在研究范围上，有的主张只研究人的本质和人的思想品德，而有的则认为仅仅研究人的本质和人的思想品德无法真正说明人和人的复杂行为。有的认为应重点研究人的心理，有的认为应重点研究人的思想意识，也有的认为应重点研究人格和人的行为，有的则认为应重点研究人的“接受”规律等。科学分析思想政治教育对象，是研究思想政治教育过程机制、规律、原则和方法的基本依据之一，是实现思想政治教育基本理论再系统化需要解决的又一个难题。

(7)科学揭示和阐述思想政治教育原则和方法。思想政治教育的原则和方法是思想政治教育的操作系统，直接决定思想政治教育的效果，然而至今尚未受到应有的重视。有的简单地将系统论的理论转换为思想政治教育的方法论，有的将心理学方法直接移植为思想政治教育的方法，也有的将管理学、社会学、行为科学等其他学科的方法简单地理解为思想政治教育的方法。思想政治教育有没有本学科特有的方法理论和方法系统？思想政治教育要不要、能不能建立起这样的方法理论和方法系统？这个问题至今仍未真正解决。

(8)科学揭示和阐述思想政治教育工作队伍建设的理念。思想政治教育工作队伍是否需要经过专门的职业学习和训练？如果需要经过专门的职业学习和训练，那么他们的本专业技能是什么？如果不需要经过专门的职业学习和训练就可以成为一名合格的思想政治教育工作人员，甚至成为本领域的专家，那么思想政治教育怎么能够成为一个独立的学科或专业呢？这个问题的实质仍然是怎样科学地确定本学科的核心概念(思想政治教育)、研究对象、基本机制、基本规律、基本原则和基本方法的问题。只有这些问题真正解决了，才可能解决思想政治教育工作队伍的培养和训练问题。

思考题

1. 思想政治教育学基本理论建构依据是什么？
2. 辨析思想教育、政治教育、道德教育。
3. 思想政治教育学基本理论再系统化的意义和任务是什么？

第四章　思想政治教育学主要方法

思想政治教育方法是思想政治教育主体为达到一定的思想政治教育目的，在对教育对象进行思想政治教育的过程中所采用的一切方式、办法或者手段的总和。思想政治教育方法是思想政治教育理论的具体应用，也是思想政治教育目的得以实现，思想政治教育社会实效性显现的途径。进入新世纪以后，时代主题的嬗变要求理论进路的改变，思想政治教育实践发展“越来越注重理论本身的实践解释力和对象化程度，越来越重视理论的可操作性，这些与当代理论所处的特殊时代和它所面临的社会现实问题具有内在相关性。”①思想政治教育方法的重要性日益凸显，思想政治教育方法不断得到创新和发展。

第一节　思想政治教育方法论及其体系

思想政治教育方法论就是在唯物辩证法的指导下，为了认识和解决人们的思想、观点和立场问题，采用的由诸种方法所构成的科学体系。简单地说，就是关于思想政治教育方法的理论体系。思想政治教育方法论的形成也经历了长时间的理论探索过程。

一、思想政治教育方法论的发展历史

1. 初创阶段

1985 年，王玄武主编的《思想政治教育方法论》被称为思想政治教育方法理论研究的开山之作，该书提出了以思想政治教育活动先后过程为逻辑线索的思想政治教育方法论体系建构的思路，为以后思想政治教育方法的理论研究奠定了基础。1992 年，戴耀荣编著的《思想政治工作学比较研究》，运用系统论原理，以思想政治教育系统各要素之间存在的结构关系为线索，分别按与教育主体相关的方法，与教育客体相关的方法，与教育介体相关的方法，与教育环体相关的方法，构筑了思想政治教育方法论体系的基本结构。同年，邹学荣主编的《思想政治教育学》，根据思想政治教育方法的作用功能作为分类标准，分别以理性教育法、感性教育法、行为激励法和自我教育法为线索对思想政治教育方法进行了系统研究。1998 年，韩玉芳、林泉主编的《思想政治工作方法教程》，按工作决策、工作方法、工作艺术、工作形式、工作途径、工作

① 张耀灿，郑永廷，等. 现代思想政治教育学[M]. 北京：人民出版社，2006：292.

载体、方法综合运用、工作方法效果评估等方面，分别阐述了思想政治工作方法，探索了思想政治工作方法的理论体系。1999年，由郑永廷主编的《思想政治教育方法论》，对1992年版由高等教育出版社出版的《思想政治教育方法论》进行了精心修订，使方法论体系框架既遵循了以思想政治教育活动过程为逻辑线索的思路，在形式上又有所淡化，使方法论理论体系的内容更为丰富，方法之间的整合更为合理。1999年版《思想政治教育方法论》，达到了当时思想政治教育方法理论研究的高点，对以后思想政治教育方法研究起到了理论的引领作用。

本阶段思想政治教育方法论研究，各家之说虽不乏独到之处，但还具有一定程度的理论局限性和不完善性。例如，按思想政治教育主体（学习、提高、修养等方法）、客体（调查、分析等）、介体（思想信息传播、反馈、储存等方法）、环体（优化、选择、建设等方法）四要素构建的方法论体系，虽然能够把作用于对象的不同方法进行排序和概括，但是这种构建思路只能概括思想政治教育的部分重要方法，思想政治教育过程的许多认识方法和实施方法，都难于找到归属和位置；按思想政治教育方法的功能为分类标准进行的方法论体系研究同样难以对方法进行全景性的收集和概括；按思想政治教育内容要求构建方法体系，由于一种内容可以要求多种方法实施更是难以避免重复罗列。

2. 发展阶段

进入新世纪以来，在新的社会实践的推动下，思想政治教育方法论体系的研究关注新的领域、新的方法，增加了新的内容，扩大了方法的外延研究，呈现出不同的研究思路。

2000年，黄蓉生撰著的《当代思想政治教育方法论研究》，主要讨论了思想政治教育方法的价值、思想政治教育方法的理论依据、一般原则，思想政治教育方法应用理论与操作系统，思想政治教育方法未来走向。2006年初，刘新庚的《现代思想政治教育方法论》，突出了“现代”特色，秉承思想政治教育方法研究注重实效性、经验性、开放性的研究逻辑，着力论述了现代思想政治教育的新方法；深入地探讨了思想政治教育的具体途径、方式、步骤及相互之间的关联；从信息方法、网络方法、调控方法等手段上，丰富了各种现代方法的具体运用程序，对传统方法进行了承传和发扬。2007年，万美容的《思想政治教育方法发展研究》，对现代思想政治教育方法发展的主要内容、实践根源、综合化趋势和具体样态，进行了富有时代气息的讨论，提出了思想政治教育方法的继承发展、借鉴发展、理论转化发展、实践探索发展，揭示了思想政治教育方法发展方式的规律性。

本阶段提出了新的理论观点，形成了不同的理论体系，理论体系之间相互借鉴吸收，内容不断完善。以前不同学者在思想政治教育方法论研究中，或以活动过程为逻辑线索，或以思想政治教育系统各要素间存在的结构关系为线索，或以思想政治教育方法的作用功能为标准等，其内容呈现出思想政治教育方法的不同组合。由于教育活动过程不可倒错的顺序性，与事物发展进程相联系的不可重复性以及事物特定环节区分的特殊性，以活动过程为逻辑线索建立的方法论体系具有自然顺畅、概括全面、便于理解接受的特点而为大多数学者采用，成为思想政治教育方法论体系建构的主导性思路，这是思想政治教育方法论研究取得的重要理论共识。

但是，由于对方法论理解的不同，对其理论体系的建构还具有较大的分歧。

二、思想政治教育方法论体系的深化和拓展

思想政治教育方法论体系研究，需要从方法的内涵与外延两个方面去深化和拓展研究内容，构建新的与时代步伐相适宜的理论体系。

1. 关于思想政治教育方法内涵的深化

例如，①关于思想政治教育方法的本质和特性研究，涉及对思想政治教育方法根本属性的理解、方法的内在要素及关系的认识；②关于思想政治教育方法的结构层次，涉及思想政治教育方法划分的客观标准，整理、分析、评估各种方法在思想政治教育过程中的功能、地位、作用，只有对这些问题认识明确了，确定各类方法在思想政治教育方法论结构中的位置才有可靠的依据；③思想政治教育方法遵循“原则”的讨论，涉及确定原则的标准。目前，对这个问题的认识还存在较大分歧；④思想政治教育方法的价值、功能、作用研究，具有一定理论基础，但扩展仍有很大空间；⑤思想政治教育方法的理论基础、发展方式、运行条件和机制，涉及思想政治教育方法发展的规律研究，是思想政治教育方法研究中的最为艰深的领域，迄今为止成果不多；⑥思想政治教育方法使用效果评估体系，涉及思想政治教育效果特点及科学地设置评估体系的要素和权重，提出公平、简单、便于操作、易于普及的思想政治教育的评估方法，是方法论研究的重要问题，也是思想政治教育中迫切需要解决的实践问题。

2. 关于思想政治教育方法外延的拓展

例如，①思想政治教育领域的新拓展。目前，思想政治教育应对突发事件的能力尚不足，有效应对的方法研究很少。如何采取合理方法预防和应对突发事件，是今后研究的重要问题之一。需要我们寻求新思路，谋求新方法，开辟新途径，针对突发事件预测发展趋势，缓解恶性局面，最大限度地减少恶性后果，维护社会稳定和谐；②思想政治教育途径的新开拓。关注网络思想政治教育，并谋求具体方法的进一步开拓。网络思想政治教育中主客体关系的分析、网络舆情的调查方法、网络心理行为的引导方法、网络公共论坛中的言论疏导方法等，都有待深入开发；③思想政治教育载体的新把握。近年来有研究者进行了体育运动的思想政治教育资源研究，有研究者探讨寓教育于网络游戏，启示我们各种文化载体的运用还大有研究和开拓的空间；④思想政治教育方式的新认识。心理咨询方法虽然在思想政治教育的早期已进入人们研究视野，但纳入到思想政治教育方法体系中的心理咨询法的工作模式、特点还缺乏思想政治教育的专业性论证，还需要进行系统性、学科性研究，这方面的成果还带有浓重的学科借鉴痕迹。

三、思想政治教育方法论的体系结构

1. 思想政治方法论的层次结构

各种方法按层次来划分，一般有三个层次。第一层次是哲学方法，它是适用于自然科学、

社会科学、思维科学最普遍最一般的方法。这一层次的方法包括历史与逻辑方法、归纳与演绎方法、分析与综合方法等。第二层次是一般科学方法,它是各门具体科学的共同方法,或称通用方法。这一层次的方法不为某门具体科学所独有,而是在一定范围内普遍适用,如系统论方法、控制论方法、信息论方法、数学方法等就属于这一层次。第三层次是具体的科学方法,它是各门学科的专有方法,或称专门的科学方法。这三个层次的方法各有自己的特点和功能,不能互相取代。但是,它们之间又是互相联系、互相渗透的。它们之间的关系是一般和个别的关系,一般不能离开个别而存在,而个别必须以一般为指导。

思想政治教育方法论主要研究思想政治教育学科的科学方法。这些科学方法也是有层次结构的。按照方法适用范围,大致可划分为以下几个层次:

第一,思想政治教育的原则方法。这一层次的方法是在思想政治教育全过程中起着指导作用的方法,它规定了其他方法运用的方向、准则和要求,在思想政治教育方法论体系中,具有特殊重要地位,起着导向、规范的作用。这一层次的方法包括实事求是的方法、群众路线的方法、理论与实践相结合的方法、思想政治教育与业务相结合的方法等。这些原则性方法在思想政治教育各个环节中都有不同程度的体现。

第二,思想政治教育的具体方法。这一层次的方法,是适用于思想政治教育各主要环节的方法,它受原则方法的指导,在思想政治教育各主要环节上起主干作用,在思想政治教育方法论体系中具有主导地位。这一层次的方法包括思想信息收集方法,思想分析方法,思想政治教育决策方法,思想政治教育的基本方法、一般方法、综合方法、特殊方法,思想政治教育反馈调节、总结评估方法等。

第三,思想政治教育的操作方式。这一层次的方法是具体方法的实际运用,是具体方法在不同范围、不同条件下的特殊方式,它使具体方法更加程序化、规范化,更具应用性。因而这一层次的方法丰富了思想政治教育方法论的内容,扩充了思想政治教育的领域。每一种具体方法在不同条件下有多种操作方式,如思想分析方法中,就有矛盾分析法、系统分析法、因果分析法、比较分析法、典型分析法、定性定量分析法等。这些具体的操作方式,运用条件明确,操作方式具体,便于思想政治教育工作者直接掌握和运用。

第四,思想政治教育方法的运用艺术和技巧。这一层次是运用方法的方式,是运用方法的经验概括,具有高度的灵活性,它使具体方法和操作的具体方式更生动,更具体,也更有利于提高思想政治教育者科学运用方法的创造性,有利于增强思想政治教育的艺术性和感染力。

这几个层次的方法,各有自己的特点、运用范围和作用。但各层次之间又是密切联系不可分割的。原则方法不能离开具体方法和操作方式,否则,原则方法就会变得抽象空洞;具体方法和操作方式以及运用技巧也要以原则方法为指导,否则,就会不明方向,就事论事。

2.思想政治方法论的体系建构

方法论的体系结构指各种方法之间的纵向和横向的内在联系问题。

第一,思想政治教育方法论的纵向结构。思想政治教育方法不是从来就有的。任何社会、任何时代，都有思想政治教育，只不过理论内容、时代内容、环境内容不同而已。不同的内容要求与其相适应的方法。奴隶社会、封建社会、资本主义社会、社会主义社会，都有一套相对完整的思想政治教育方法服务于各自社会。各个社会、各个时代的思想政治教育内容虽有本质区别，但不是彼此孤立而存在的，因而思想政治教育方法也会有继承和联系。随着时代的发展，社会的进步，思想道德内容的变化，思想政治教育方法也会随之变化。有的方法被淘汰了，有的方法在完善和发展中被流传下来，还有的新方法被总结和发现。从古到今，思想政治教育方法不断发展、丰富。研究思想政治教育方法的历史发展，揭示不同社会、不同时代不同思想政治教育方法的区别和联系，揭示思想政治教育方法的发展动因及其发展趋势，建构思想政治教育方法的纵向发展结构，有利于我们把握思想政治教育方法发展的历史性和系统性，有利于借鉴前人被实践反复证明的行之有效的方法，并与时俱进地探索适应时代发展的新的方法。

第二，思想政治教育方法论的横向体系结构。思想政治教育方法论的横向体系结构主要研究的是思想政治教育的各种方法是如何相互关联为一个有机整体的问题。思想政治教育方法论的横向体系结构有多种建构方式。有学者运用系统论的原理，按照思想政治教育结构的要素构建。如教育主体的学习、提高、修养等方法，教育客体的调查、分析等方法，教育介体的传播、反馈、储存，教育环体的优化、选择、建设等方法。这一方式，虽然有利于从整体上把握思想政治教育结构，但很难全面概括所有的思想政治教育方法。有的学者运用内容决定形式的原理，按照思想政治教育内容的要素构建。如政治观教育有阶级分析法、阶级教育法、政治理论灌输法等，人生观教育有榜样示范法、人生实践教育法、人生价值判断法等，道德观教育有道德感化法、道德修养法等；职业观教育有职业选择法等。这一方式，虽然有利于研究适用于一定内容的的特色方法，但由于许多方法是多种内容可以通用的，在建构体系时，产生的问题是要么重复，要么遗漏。

目前学术界比较认可的是按照思想政治教育的运行过程来构建思想政治方法论的体系结构。思想政治教育方法论体系可建构为三大相互联系的部分，即思想政治教育认识方法，思想政治教育工作方法，思想政治教育调节评估方法。思想政治教育认识方法是教育主体认识和把握客体的与教育环体的方法，主要包括三方面的方法：一是通过观察、调查、预测的方法掌握教育客体的思想信息；二是对思想信息进行分类研究，把握其实质；三是根据思想实际决策教育方案。思想政治教育工作方法是教育主体优化教育环境，改变教育客体思想状况的方法。主要包括：任何时候和任何条件下都要运用的方法，一般情况下运用的通用方法，特殊情况下运用的特殊方法，复杂情况下运用的综合方法。思想政治教育调节评估方法是教育主体调节、检查、评价思想政治教育认识活动和实践活动的方法，主要包括反馈调节、总结评估方法。这三大部分方法首尾相接，内在联系，既包括了思想政治教育各个环节的方法，符合思想政治教育运行程序，也概括了各种情况下适用的方法，符合思想政治教育实际需要。

第二节　思想政治教育方法存在的问题及对策

社会转型带来的挑战，方法研究角度的偏差以及实施方式的不当导致了思想政治教育方法与现实问题之间存在着较大的差距，必须进行系统的改革。

一、思想政治教育方法存在的问题

1. 思想政治教育方法实施中缺乏可操作的规范和指导

思想政治教育方法体系中不同的具体方法居于不同层次且差异显著。长期以来，我们虽然熟知各种方法的内涵、外延甚至其所居于的方法论层次，但却对如何实施这一方法，如何最大限度地发挥这一方法的实效，缺乏必要的和具有操作性的规范及指导。由于实施层面的这些限制，使得许多思想政治教育方法成为仅仅停留在理论层面的概念或假设，而不是现实可行的实施举措。

2. 没有正确处理好思想政治教育方法传统与现代之间的关系问题

所谓传统思想政治教育方法是指包括理论灌输法、实践教育法、批评与自我批评法等在内的，为我党革命建设实践证明为科学的方法的总称，这些方法常被列为基本方法或一般方法。所谓现代思想政治教育方法则是包括心理咨询法、预防教育法和冲突缓解法等方法在内的，从相关学科引进的新方法，一般被称为特殊方法或增效方法。传统方法和现代方法理应各自扬其所长，避其所短，共同应对和解决新时期思想政治教育所面临的种种问题。然而，在具体的思想政治教育活动中，现代方法被广为应用，而长期以来传统方法所拥有的主导地位则受到日益排挤。不可否认，现代方法在解决个人心理和人际交往等问题上有一定优势，但思想政治教育不仅仅用于处理个体的思想困惑、心理和交际障碍，在其本质意义上它承担着传播社会主义核心价值体系、引导人的政治社会化、培养社会主义接班人等功能，传统方法于此有无可替代的优越性。一味削弱传统思想政治教育方法的作用，盲目引进和应用所谓“现代方法”，必然弱化思想政治教育本质功能，淡化其导向作用。

3. 片面强调思想政治教育方法实施过程的情感化和趣味化，淡化了思想政治教育方法的科学性和政治性

重视提高思想政治教育的情感熏陶和趣味引导，是新时期增强思想政治教育实效的必然要求。但思想政治教育在本质上既是统治阶级按照本阶级的要求对社会成员在政治思想道德层面上所进行的实践活动，又是按照教育规律所开展的特殊教育实践。如果无视思想政治教育活动在内容、对象和目的上的这种普遍性与特殊性，就会削弱乃至消解思想政治教育的科学性、政治性。然而，在思想政治教育方法实施中，还存在着单纯强调思想政治教育活动的情感化和趣味化的现象，认为只要能调动人们参加思想政治教育活动的积极性，就可以使受教育者在娱乐式的活动中获得思想政治教育应有的效果。也有以西方资产阶级学说为依据，否定思

想政治教育阶级性特质，强调其中的普遍性质，进而排斥马克思主义理论灌输和思想武装的错误主张。还有将群众教育作为普遍标准，降低党员教育要求的错误主张，等等。这些主张无一例外都违背了马克思主义思想政治教育的本质。

二、思想政治教育方法问题的成因

1.以市场经济改革为核心的整体社会转型是思想政治教育方法实施缺陷的时代成因

发生在经济全球化和科技信息化背景下的整体社会转型使思想政治教育方法研究和实施处于新旧价值观的冲突和中西方意识形态及文化的碰撞之中，在原有的集体主义价值观已经解体，而新的主流价值体系尚未完全形成之时，方法研究和实践在一定程度上出现了政治方向模糊与价值判断无序等问题。这一点集中表现为思想政治教育学科建设对革命战争年代的方法论传统的极力批判，方法研究以引进和应用其他学科方法特别是国外思想道德教育方法为时尚，方法实施常常摒弃以灌输法为代表的传统方法，以及方法研究和实践的中立化、趣味化、生活化、利益化的倾向。诚然，依据社会发展实践需要创新思想政治教育方法是方法发展的必然要求。但是，急功近利、不加取舍地摒弃传统以迎合虚假的时代要求、背离方法实施原则，造成思想政治教育方法研究与实施的脱离，必将导致思想政治教育的导向作用和育人、协调与激励作用的错位。

2.思想政治教育方法研究的不足是方法实施缺陷的根本成因

思想政治教育方法研究的不足表现在两大方面：其一，思想政治教育方法研究缺乏呼应现实要求的自觉性和主动性。多年来，许多思想政治教育方法研究一味强调方法论内涵和外延的完整，致力于构建科学的方法论体系，而缺乏对具体方法实施的针对性和实效性(如方法的实施条件、实施过程、实施原则)的研究，于是出现了许多形态各异却又常常互为悖论的方法论主张，这些主张难以为方法实施提供有效的方法论指导，而只是成为纸面上的理论假设。其二，思想政治教育方法研究忽视方法的差异性、目标的层次性、内容的丰富性和对象的特殊性。所谓思想政治教育方法的差异性有两种含义：一是不同的思想政治教育方法在这个方法体系中的地位和作用不同。如按照适用范围将思想政治教育方法可划分为四个层次：原则方法、具体方法(包括信息收集方法、思想分析方法、决策方法等)、操作方式和艺术技巧。二是针对不同的思想政治教育情景、对象、内容所采取的方法不同。然而，有些研究者常常忽视思想政治教育方法的这两种差异性，不加选择地将相关学科或领域的方法生拉硬扯进思想政治教育方法体系中，并以此作为观察分析解决思想政治教育问题的“有力工具”，甚至将之作为普遍方法予以宣传推广。这种做法显然与思想政治教育方法体系的差异性特征相违背。思想政治教育目标体系具有鲜明的层次性。思想政治教育目标体系是由一元的根本目标和多元的具体目标共同构成，是整个思想政治教育实施系统的核心，是方法实施的根本出发点，任何一种方法实施的基本功能都在于顺利有效地实现这些目标。然而，有些思想政治教育方法研究者有意无意地忽视思想政治教育目标的层次性，引进各种方法的着眼点不是思想政治教育的根本目标或者某种具体目标的实现，而是抽象地坚持和强调“尊重人、培养人”，将根本目标和具体目标统一划归为最基本目标，这无疑混乱了思想政治教育的要求。思想政治教育有着丰富的内容。作为党的各项工作生命线，思想政治教育以世界观、人生观和价值观为最根本内容，以爱国主义、集体主义和社会教育为主旋律新时期思想政治教育肩负着学习宣传两大体系(中国特色社会主义理论体系和社会主义核心价值体系)，推进社会主义和谐社会建设等新的历史使命。这些内容具有不同的性质，针对不同性质的内容理应采取不同的方法。此外，对于不同的教育对象，教育的目标和方法自然也有所不同。许多有关思想政治教育方法综合化的研究之所以流于表面无法深入，或者只是理论缜密而无现实观照，根本原因就在于没有准确地把握思想政治教育对象的广泛性与特殊性。

三、完善思想政治教育方法的对策

1.建立健全方法体系

建立健全方法体系为进一步推进思想政治教育方法体系的完善奠定了基础。在思想政治教育方法综合化趋势中，关键要树立基本方法、一般方法和增效方法的意识，对所引进的相邻学科或领域的方法策略要加以分类，以充分有效地发挥其作用。更为关键的是，要始终坚持以马克思主义为指导的传统思想政治教育方法，以确保思想政治教育的方向。所谓基本方法，就是我党在思想政治教育实践中形成的基本原则、理念和思维方法，如实事求是、群众路线、理论与实际相结合等。所谓一般方法，就是我党长期运用并为实践证明为科学有效的方法，如理论教育法(灌输法)、实践教育法、批评与自我批评法、比较教育法、典型教育法、自我教育法、激励感染法等。所谓增效方法，则是指可以广泛运用以增进思想政治教育效果的方法或策略，比如人文教育、情感熏陶、艺术教育、心理咨询等。三种方法之间彼此联系，形成合力，共同构成综合形式的思想政治教育方法体系。在具体实施中应该始终坚持基本方法，充分发挥一般方法，适当采用增效方法。需要特别指出的是，现阶段我们急需加强挖掘基本方法和一般方法在新的历史条件下的生命力，积极探索基本方法和一般方法在学习贯彻科学发展观中的积极作用。

2.增强综合性

人思想品德的变化形成受多种因素综合影响，不是简单的思想—行为关系，而且包含社会学、行为学、接受学等不同学科涉及的复杂的生理、心理和行为活动，只有综合多种学科知识，从多种角度综合形成的思想政治教育方法才具有针对性和实效性。思想政治教育方法不是封闭的系统，需要向相关学科和领域不断借鉴新理论、新方法，这是推动思想政治教育学科深度和广度发展的必要条件。在现代社会条件下，随着科学技术的迅速发展和人的社会化程度的不断提高，自然科学、社会科学、思维科学相互交叉与综合的趋势更加明显，各个领域的相互渗透与融合更加深入。思想政治教育学科本来就是在许多相关学科的边缘综合发展起来的一门学科，同许多相关学科在内容和方法上都有着密切的联系。借鉴、移植其他学科的理论和方法，引进和吸收其他学科的研究成果，补充丰富和完善思想政治教育方法体系是学科发展的重要任务。思想政治教育方法论的创新不仅要吸收心理学、教育学、伦理学、人才学、社会学等相关学科的研究成果,还应采用信息论、系统论、控制论等科学方法,并使之有机结合起来,形成现代化的思想政治教育方法体系。① 这样,有利于思想政治教育方法进一步向微观领域和宏观领域拓展,扩大在其他领域的应用,逐渐形成综合和分化相统一的发展趋势。

3.挖掘传统思想政治教育方法

要坚持马克思主义为指导,加强马克思主义思想政治教育方法优良传统的挖掘、继承和发展。包括加强马克思主义中国化最新理论成果的研究,为思想政治教育方法综合化发展提供强有力的理论指导;加强马克思主义经典作家思想政治教育方法的深度考量,尽快形成指导新时期思想政治教育方法发展的具有根本意义的方法体系;加强我党思想政治教育方法论意义上的经验总结,尤其是改革开放三十年党的思想政治教育方法的扬弃和整合。同时,要重视中国古代思想政治教育方法优秀传统的研究。我国古代思想教育方法有许多优秀的传统,如近来有学者提出关注思想政治教育的文化性,夯实思想政治教育的文化品位,其中重要一点就是要"返本归新",增强思想政治教育方法的民族特质。

4.坚持国际化与民族化的辩证统一

思想政治教育的国际化发展趋势,既是经济全球化、信息全球化、教育国际化发展的客观要求,也是思想政治教育现代化发展的必然走向。思想政治教育方法的发展趋势也不例外。思想政治教育要面向世界,研究国外的思想政治教育理论与方法,进行分析、比较并不断选择,借鉴有用的知识与方法,丰富和发展我国思想政治教育方法论体系。但是,国际化从终极目的上说仍是要解决本国和本民族教育所面临的实际问题,任何外来文化都要经过与本民族文化或吸收或冲突或部分融合、趋同的过程。因为各个国家和民族的教育都要根植于其一定的土壤,同时要受到各自不同国情的制约,最终要取得民族的形式才能生存和发展下去。② 以在判断和确立思想政治教育方法发展趋势时,应充分考虑国际化和民族化的结合,而不是偏废一边,导致脱离国际形式或者失去民族土壤。比如,在全球化背景下,受西方教育思想的影响,部分思想政治教育者片面强调人的自主性,主张思想政治教育方法上要实行价值自主构建,从而实现价值观的自由选择,否认甚至公开反对意识形态的正面灌输。甚至以为有日益增多的全球性问题需要关注,强调人们要具有世界眼光,似乎认为思想政治教育就没有阶级性、意识形态性了。因此,在强调自主构建以适应国际化发展趋势的同时必须加强正面灌输,以保证民族意识形态的坚持和主体地位的保持。在基于国际化、全球化、现代化提出思想政治教育方法发展的社会化、主体化、现代化发展趋势的同时,需要提出具有民族特色的对发展趋势的判断,实现国际化和民族化的辩证统一。

① 郑艳.继承、借鉴中探索思想政治教育方法论的创新[J].求实,2001(9).

② 朱振玉.论经济全球化进程中的国际化与民族化发展趋势[J].求实,2005(9).

第三节 思想政治教育方法发展趋势

随着社会实践的发展，人们思维能力和水平有了极大的提高，这充分表现在思想的开放性、兼容性、创造性和更具批判性上。思想政治教育必须立足对现有方法的反思，着眼于新时期思想政治教育对象思想变化的新的特点、环境和条件的变化对思想政治教育方法新要求的探求，努力创新受教育者思想政治教育的方式、方法和手段。

一、力求思想政治教育隐性化

隐性教育是相对于显性教育而言的。显性教育"是指充分利用各种公开手段、公开场所，有领导、有组织、有系统的思想政治教育方法"，①通常以课堂为主要依托，以专题教育、主题讨论、学习整改、文件报告等为主要形式，具有直接性强、目的明确，实体性思想政治教育居多，有一定强制性等特点，容易使受教育者产生逆反心理。隐性思想政治教育是指思想政治教育者将教育的内容，以生动活泼、喜闻乐见的形式渗透在受教育者的日常学习、生活和工作中，使他们在不知不觉中受到熏陶的一种教育形式。

1. 隐性教育的特点

(1)教育目的和内容的隐蔽性。隐性教育通常把教育目的和教育信息隐藏在受教育者的社会活动、日常生活中，通过对受教育者兴趣的激发，使受教育者在不知不觉、潜移默化中接受教育内容、达到教育目的。

(2)教育过程的愉悦性。教育者通过设置一定的教育环境，使受教育者在自然、和谐和愉悦的氛围中通过直观思维、兴趣爱好和情感体验等毫无强制性地接受教育内容并转化为自己的思想品质、道德行为，以达到教育的真正目的。

(3)教育途径的开放性。即受教育者在不受任何教育因素的控制或制约下，以学校、家庭、社会生活的各种因素作为学习内容，有意或无意地通过直接体验或间接观察获取自己所需要的知识，是一种非封闭式的，无课堂、跨时空的自我学习过程。

(4)教育客体的自主性。由于隐性教育的目的和内容隐藏于各种活动中，教育者没有给受教育者以任何明确的、直接的外部强加意图，使受教育者完全处于一种自愿、自主地选择和参与教育活动的自发状态。

(5)教育方式的间接性。教育者不是通过"灌输"式的教育方法直述道理，而是在日常的学习和生活中，借助于一定的教育载体间接地对受教育者进行"渗透"，使受教育者在一种无意识的状态下进入教育者所创设的教育环境中，自觉地接受教育内容。

① 王瑞荪. 比较思想政治教育学[M]. 北京：高等教育出版社，2001：287.

2. 实施隐性教育的途径

(1)教育形式具象化。首先,思想政治教育目标要现实化,要贴近受教育者的实际,避免理想化。要使教育目标既体现理想性、先进性,又具有现实性、普遍性;既关注人的精神追求、国家利益,又考虑人的现实生活需求,实现思想政治教育的长远与现实的双重目标。其次,思想政治教育内容要具体化,即教育内容要充实丰富,不能空洞贫乏;要有层次性、灵活性,要因时因人而变,不应整齐划一。既要宣扬党的理论、方针、政策,又要强调生活常识、做人道理、行事规则。再次,思想政治教育方法要多样化,要充分利用先进的设施实施教学,增强教育的趣味性、吸引力。这样才能使思想政治教育成为一门科学性与实践性完美结合的关注人们生活世界的学问,使思想政治教育成为人们生活过程的重要组成部分。

(2)创设良好的教育环境。人与环境是一种对象性关系,互相渗透、互相依赖。一定的环境氛围,对人的思想观念、生活习惯会产生一定的影响。正如马克思、恩格斯所言:"人创造环境,同样,环境也创造人。"①环境氛围的功能是以逐渐渗透、潜移默化为基本特征的。创造一种有利于人们思想健康发展的环境氛围,让环境熏陶人、感染人,以一种潜在的、无形的、无声的隐性教育力量,能够起到"润物细无声"的陶冶作用。苏联教育家苏霍姆林斯基也说:"单单在儿童上学和回家的路途上,他们受的思想教育,就比在学校里呆几个小时所受的教育都强烈、鲜明得多。"②

(3)提高受教育者的自我教育意识。第一,要树立自我教育的观念。我国几十年的思想政治教育,整体上是建立在"忘我"的基础上,强调一种为他人活着,强调一种自我牺牲才是活着的意义,"失去"了自我。第二,要有一种慎独的境界。传统教育中受教育者所受的束缚很多,这样的束缚一旦在没有监督的情况下容易导致一种放纵。要使受教育者在任何时候任何地方,都能够自觉地严格要求自己,提醒自己,规范自己。

二、提高思想政治教育的社会化程度

思想政治教育的社会化既是推进人的全面发展的需要,更是当今社会发展的时代性诉求。在当代社会条件下,思想政治教育与过去相比较,其内容、条件与方式都发生了深刻变化。一是经济全球化、市场一体化推进了社会的开放与统一,加速了市场的配套与整合,促进了文化的交汇与激荡;二是政治民主化与法制化的新发展,使社会组织多样化,人们的言行更加自由,社会交往、流动更为频繁;三是科技的快速发展,推进了社会信息化,促进了知识、价值观念传播、渗透的网络化;四是教育的国际化、文化大众化,冲破了传统教育的时空界限,推动教育面向社会、面向世界、面向未来。社会呈现出复杂、多样、多变,以及机遇与风险并存、发展与阻抗同在、积极与消极交织的状态。作为个体社会化手段之一的思想政治教育必须紧密联系个体

① 马克思恩格斯选集:第1卷[M].北京:人民出版社,1995:165.

② 苏霍姆林斯基.教育的艺术[M].长沙:湖南教育出版社,1983:103.

所处的经济关系，顺应时代潮流，反映社会变化，利用社会资源，建立一个面向社会的开放体系，由于多向互动而逐步形成一个统一整体，与外界社会环境发生交互作用，促进个体社会化。

(1)从“小政工”向“大政工”格局转变。“政工”的大小，不是指规模，并不是说思想政治工作规模越大效果就越好，而是指战略层面的总体思路和工作格局。通常所指的是全员育人、全方位育人、全过程育人。

全员育人是从思想政治工作者角度而言，指的是人人都是思想政治教育者。首先，思想政治工作不仅是党组织和政工部门的职责，也是政府行政部门和各业务部门的职责。其次，思想政治工作不仅是少数专职政治工作人员的职责，也是其他非专职人员的职责。非专职人员由于不脱离实际工作，因而更有条件寓思想政治教育影响于实际工作过程中。再次，思想政治工作不仅是领导同志和管理者的职责，也是广大员工和普通群众的职责；不仅是官方机构和人员的职责，也是民间机构和民间人士的职责；等等。

就高校而言，改革开放以来，大学生思想政治教育的体制机制也不断发展，日趋完善。1980年4月29日，教育部、共青团中央颁布《关于加强高等学校学生思想政治工作的意见》，对改革开放条件下大学生思想政治教育的体制机制问题作出了明确规定，如学校党委要加强对学生思想政治工作的领导；校、系两级都要有一名副书记主管学生的思想政治工作；把行政、共青团、学生会、工会、教师各方面的力量统一组织起来，共同做好工作；充分发挥专职和兼职政工干部的作用；根据具体情况设立学生政治思想工作的机构，建立政治辅导员制度或班主任制度等。这些规定，确立了改革开放以来我国大学生思想政治教育的基本体制，推动了大学生思想政治教育的制度化建设与体制化发展。

20世纪90年代以来，伴随着高等学校领导体制的进一步明确，大学生思想政治教育体制的核心内容也得到了更加牢固的确立。1990年7月17日颁布的《中共中央关于加强高等学校党的建设的通知》在深刻总结正反经验教训的基础上，明确规定高等学校实行党委领导下的校长负责制，并在对党委主要任务、校长职责范围的规定中，论述了大学生的思想政治教育体制问题，既要求党委要领导学校的思想政治工作，又规定校长要全面贯彻党的教育方针，坚持把德育放在学校工作的首位。1994年8月31日颁布的《中共中央关于进一步加强和改进学校德育工作的若干意见》明确提出“德育工作管理体制”的概念，并指出：各级各类学校党组织都要加强对学校思想政治教育工作的领导；校长要对学生的德、智、体全面发展负责；在党委(总支、支部)的统一部署下，学校要建立和完善校长及行政系统为主实施的德育管理体制。

进入新世纪新阶段，大学生思想政治教育体制建设的目标更加明确和完善。2004年8月26日颁布的《中共中央国务院关于进一步加强和改进大学生思想政治教育的意见》从各级党委和政府、各高等学校两个层面出发，分别阐述了不同层面大学生思想政治教育应当确立的领导体制和工作机制。在各级党委和政府层面，要建立健全党委统一领导、党政群齐抓共管、有关部门各负其责、全社会大力支持的领导体制和工作机制，形成全党全社会共同关心支持大学生思想政治教育的强大合力。在高等学校层面，要建立和完善党委统一领导、党政齐抓共管、专兼职队伍相结合、全校紧密配合、学生自我教育的领导体制和工作机制。两个层面的大学生思想政治教育领导体制和工作机制的形成与实施，既是改革开放以来大学生思想政治教育创新发展的重要成就，也为大学生思想政治教育的加强改进与创新发展提供了坚实的制度保障。

全方位育人是从空间概念而言，指的是处处都有思想政治影响力，不存在死角和盲区。就一个社会来说是这样，就社会中的某一个局部或单位来讲也应是这样。人们不仅从社会整体中吸取思想营养和价值观，而且更能从自己所处的小环境中，从本单位的文化和价值观中吸取思想营养。不论是工作环境、生活环境，还是自然环境，都可以而且应该承载这样的思想信息，发挥环境潜移默化的作用。

全过程育人是从时间而言，指的是在不同的时期和阶段，都有思想政治教育在持续地发挥作用。思想政治教育应贯穿于每项工作、不同流程。实现开头有动员，中间有鼓励，结束有总结和评比，等等。要有始有终，善始善终，而不是虎头蛇尾，半途而废。

(2)寻求思想政治教育合力。当今社会环境下，人们的思想认识、价值观念、行为方式的形成与发展，决不是单一因素影响与作用的结果，而是持不同价值观的主体，在高度社会化进程中进行碰撞、比较与选择的产物。当代社会对思想政治教育提出了一个现实而又突出的问题，就是怎样运用马克思主义关于社会合力的理论，引导“无数互相交错的力量”，也就是如何使具有多样化个性、多样化价值取向的人们，按照社会主义核心价值体系的主导，遵循“平行四边形”法则，形成协调、和谐的发展格局；如何运用教育合力理论，针对多种社会因素影响、多种价值取向开展不同内容与方式的教育，组织和协调各方面教育力量，形成有效的教育氛围。高度综合化和社会化的社会环境，需要高度综合化和社会化的教育。思想政治教育合力的科学性建构，应当致力于目标、内容、途径、方式的合力性建构。“目标合力”是指国家层面目标、社会层面目标以及个人层面目标的协调，它是思想政治教育合力形成的前提。“内容合力”是指政治教育、思想教育、道德教育、心理健康教育的整合，它是思想政治教育合力形成的关键。“途径合力”是指家庭、学校和社会的协调，它是思想政治教育合力形成的保证。“方式合力”包括：一是“整合”各种教育资源，形成有利于思想政治教育的资源配置；二是指思想政治教育以“结合”的方式运行，坚持教书与育人相结合、坚持教育与自我教育相结合、坚持政治理论教育与社会实践相结合、坚持解决思想问题与解决实际问题相结合、坚持教育与管理相结合、坚持继承优良传统与改进创新相结合；三是指要将思想政治教育融合到被教育者喜闻乐见的各种活动和从事的工作学习中。“方式合力”是思想政治教育合力形成的渠道。

三、强调思想政治教育主客体间的互动性

思想政治教育是思想和观念层面的交流活动。人的内在因素是根本因素，如果思想政治教育对象和思想政治教育者之间不能形成很好的信息和思想交流方式，将影响思想政治教育对象对思想政治教育目的的认同和对象内在矛盾的激化。缺乏实现外在要求与内在动力统一的条件，思想政治教育者对教育对象的了解和激励也失去了判断的依据。互动式教育把教育

者和受教育者作为相互独立而又相互作用的两个重要因素，实现管理者、教育者与被管理者、被教育者间的互动和受教育者群体之间的互动。这种教育方式有别于传统思想政治教育中教育者居高临下的单向灌输法，向双向交流型转变，充分尊重教育对象的民主意识，不堵塞言路、不压制想法、不回避意见，有利于激发受教育者参与和接受教育的积极性、主动性和创造性，从而增加思想政治教育的实效性。

1. 从单向灌输向双向对话转变

惯有的思想政治教育的做法是“我讲你听”“我打你通”，是一种居高临下，单向式的宣教方式。教育者常以社会道德法官的角色对受教育者作出判断。这种灌输的方式是一种独白式的教育，它单方面地强调了思想政治工作者的主动性，突显了教育者高高在上的姿态，而轻视甚至忽视了受教育者的发言权，必然引起受教育者的逆反心理。因为人类的生活是动态的和综合的，这就要求思想政治教育双方不再仅仅是一个反映关系的单向思维，而是多维的、多元的、动态的思维。要改变传统思想政治教育过分注重结论的阐发和理解，让受教育者被动接受和认同某种结论和原则的现象，从单一结论的趋同，转变为多向思维的求异，允许和包容教育对象基于不同的思路得出不同的结论。启发人的内心需要是一切心理活动的前提，有了需要，才会形成态度，完成行为选择。西方教育家卢梭说过：“千万不要干巴巴地同年轻人讲什么理论。如果你想使他们懂得你所讲的道理，你就要用一种东西去标示它。应当使思想的语言通过他的心，才能为他们所了解。”[①]在思想政治教育中要尊重人、理解人、关心人，有针对性地解决社会不同群体的思想问题，既要鼓励先进又要照顾多数，既要统一思想又要尊重差异，所以，在新时期，尽管一些灌输式教育仍有存在的必要，但要更多地从权威指令式向平等协商式转变。

2. 从常规被动型向主动创造型转变

以前做思想政治工作，是被动型的模式，既没有调动基层的思想政治工作部门和人员的积极性创造性，也没有调动群众参与思想政治工作的积极性。形成了一种僵化固定的模式，往往是上级布置，基层落实，教育者居高临下做工作，是一种命令式、训导式的教育方法，缺乏创新性。思想政治工作者只是被动地去落实任务，完成任务，在工作过程中和结束后得不到多少成功的体验，常会出现职业倦怠。在市场经济条件下，人们的主体意识突出起来，平等意识也在成长，思想政治工作应从外部实施教育向自我教育转变，调动起教育对象的积极性和主动性，发挥其自我教育的作用，并为他们自我教育提供平台、条件，营造环境和气氛。要鼓励基层思想政治工作者主动出击，探索教育形式，丰富教育内容，完善教育方法。使思想政治工作者的一切有利于社会进步的愿望得到尊重，创造活动得到支持，创造才能得到发挥，创造成果得到肯定。思想政治工作像任何其他工作一样，最原初的创新因素往往是出现在群众中，出现在基层中，然后才得以总结和推广。

① 卢梭.爱弥儿：上卷[M].北京：商务印书馆，1986：125.

3. 几种主要的方法

(1)对话交流法。对话交流作为一种教育方法,可以促成教育主体间真正的理解。对话交流教育方法摒弃了传统教育方法单向的语义传递,很难引起受教育者思想上的共鸣和情感上的沟通的弊端,营造出一种"交流、对话、民主、探讨"的双向平等互动的关系,凸显出受教育者的价值和尊严。在平等的对话交流中,教育主体间能够彼此真诚地敞开心扉,真正地接纳对方。通过对话交流,教育者可以真正了解对方的客观处境及他们对这一处境的真实感受和认识,同时也为进一步向他们提供帮助、支持做好准备;受教育者可以发现自身的"知识空隙"和"逻辑裂缝",从主体之间认知的碰撞流动中创新和发展已有的认知。对话交流教育法就是要让教育主体在对话交流中展现个体的精神文化世界,展现个体复杂的伦理牵涉,让教育主体在自我发现和发现自我的过程中建构和拓展其意义"视界",启迪其思想政治道德思维、智慧和个体思想政治品德生成的自觉,并通过对话交流达成彼此"视界"的融合,促使教育主体的共同成长。

对话交流法有两种主要的操作方式:其一是显性的对话交流,它是指教育主体间在触动心灵的情景下,教育者向受教育者提出问题,或受教育者向教育者提出问题,双方质疑、讨论、辩论、争论,以明辨是非,让受教育者自觉地认识,主动地接受,同时也对教育者构成启发,激发情感的一种教育方式。其二是隐性的对话交流,它是指教育主体间通过双方的沉思、认同、赞许、反对等一系列感情的自然流露,双方在比较默契的情境下进行的一种教育方式。直接的真理教育有时很难为人们所接受,有时候含蓄的方法比直白的表述更容易深入人心,常常能取得更好的教育效果。此情境虽没有双方的对话问答,但却实现了更深层次的交流沟通,正是此时无声胜有声的表现。

在实际的思想政治教育过程中,这两种教育方式是并存的,一动一静,一显一隐,反映出对话交流过程中情感发展起伏变化的规律。

(2)生命叙事法。所谓生命叙事,是指叙事主体表达自己或他人的生命故事。生命故事是叙事主体在生命成长中所形成的对生命的经验、体验和追求的故事,包括叙事主体自己的生命经历、生活经验、生命体验,以及自己对他人的生命经历、经验、体验与追求的感悟等。① 在生命叙事过程中,鲜活的故事蕴涵一定的思想政治道德问题,包含生命意义的情境展现在说者与听者面前,形成了一个活生生的生命场。在这个场中,既有生活知识、生活信息的传递与接受,也有价值、情感、态度、行为方式的传递与接受;既有个体生命历程的展现,生存境遇及其困惑的显现,也有经验的借鉴与学习。同时因为故事和叙事中问题答案的多元性和开放性,使受教育者有可能根据自己的亲身经历,自由想象和探索。在生命叙事过程中,思想政治教育是整体性的、融合性的存在。对不同的人而言,它有着不同的意义与价值,因而会在他们的头脑中留下不可磨灭的印象。而且,这种印象很可能伴随终生,在今后的生命历程中,会在适当的时候

① 刘慧,朱小蔓.生命叙事与生命道德教育资源的开发[J].上海教育科研,2003(8).

"跳出来"，成为日后思想、行动的参照。在生命叙事过程中，思想政治教育与受教育者的真实生活贴近了、"接轨"了，受教育者内心世界被触及，能够并自愿主动地叙事，而不是被动地应付。

如果现代思想政治教育是为每一个人生命的丰满、发展与幸福这样的主张，那么帮助人们发现、追求与建构生命意义，就成为现代思想政治教育的重要任务。思想政治教育要帮助人们发现、追求与建构生命意义，其主张与行动就必须回到个体生命本身，回到个体生命本身的特性、所处的生存环境及当下状态，回到个体生命的经验与体验、具体而现实的活动之中，回到他们在现实生活中遭际的事件中来。生命故事为我们思考、想象与做价值选择提供了结构，帮助我们界定我们是谁，促进成长和发展，帮助我们想象我们可能的未来，影响着我们生命中每个阶段的意义追求。生命叙事法在具体运用时需要注意两点：其一，在教育者主体进行生命叙事时，要考虑故事叙述的视点，将生命叙事向积极、正向的人生观和价值观方面引导。其二，要求教育者放下自己的"权威"，能够以平等一员的身份走进受教育者的生命世界，善于倾听。教育者的倾听过程既是对个体生命价值的关注过程，又是捕捉有思想政治教育意义的信息，给予受教育者理解、支持和引导的过程。

(3)团体学习法。团体学习是由彼得·圣吉在《第五项修炼——学习型组织的艺术与实务》一书中提出来的，并且是五项修炼中的一项。"团体学习"是指通过学习的方式，以"协调"团体内在的功能达到能良好地发挥整体运作的强大能量。团体学习法在思想政治教育方法中的运用，是指思想政治教育主体以团体的方式，共同就各种社会问题、政治问题、道德问题或特定的思想理论观点展开学习，从而提升思想政治道德意识，进而养成良好行为方式的一种教育方法。这种教育方法，力图使思想政治教育团体内部产生一种学习力，使该团体成为学习型组织。思想政治教育中的团体学习不仅限于我们日常所理解的书本学习，而是广义的"学习生活"，是"心灵转换"的意思，涉及人之所以为人的世界观、人生观、价值观问题。团体学习法是以深度会谈为主要形式进行的。从而在群体和个体中获得新的理解和共识的交流活动过程。深度会谈并不是去分析解剖事物，也不是去赢得争论，或者去交换意见，而是一种集体参与和分享。深度会谈在团体学习中的价值在于它作用于我们内在的精神思维过程，通过内隐知识层次的交流来实现思维方式的改变。要想充分发挥团体学习法的巨大作用，还需要合理分配团体成员人数、准备恰当的议题、掌握深度会谈的技巧、善于营造利于深度会谈的情境等。

四、重视角色体验

所谓角色体验法，就是使受教育者深入体验和承担社会交往关系中的社会角色、家庭角色或人际角色，体验不同角色的内涵、责任和思想政治道德需要，从而形成对社会交往关系中的不同角色的深刻理解和全面认识，以此促进良好思想政治道德意识形成的一种教育方法。常用的有挂职式体验法、参与式体验法、模拟体验法、互换身份体验法等。

角色体验法不同于换位思考和角色扮演，是一种更高层次的突出主体性和主体间性的实践。换位思考和角色扮演也可以促进受教育者从其他角色维度思考问题，从而提高解决冲突的能力，促进对各种社会要求、规范、原则的理解。但换位思考和角色扮演毕竟是基于一定学识和经验的表面上的“体验”，经验和事实之间还存在着相当程度的差距。所以，换位思考和角色扮演虽然在某种程度上有助于受教育者人际关系的改善，但并不能对其思想政治品质起到根本性的促进作用。角色体验，强调的是受教育者通过对不同角色的亲身体验，在体验过程中社会化并形成对各种社会要求、规范、原则的更深刻和准确的认识，最终调整价值判断的标准。“在体验世界中，一切客体都是生命化的，都充满着生命的意蕴和情调。”①角色体验法也不同于一般的社会实践活动，它是目的更明确的思想政治教育方法。社会实践通过组织受教育者参与社会、了解社会，达到了理论与实践的相对统一，促进其思想政治道德的发展。但是，社会实践强调实践过程和对现象的分析与认识，缺乏从社会交往关系的角度分析和认知思想政治教育的本质和要求。角色体验法强调在实践过程中对不同社会角色的理解。由于不同的角色有不同的特征，从而在多样化的特征中去理解、领悟和总结思想政治道德的规则。

近年来，由于多方面的原因，青少年的角色体验机会越来越少。首先，绝大多数青少年是“独生子女”，由于在其成长过程中一直被当作“中心”，受到家长及其社会关系的过度关心甚至溺爱，因此只有被人关心的体验，而缺乏关心他人、关注他人的体验。其次，“应试教育”导致越来越多的青少年将参与体验活动当成一种负担，所以道德体验、人际交往体验等人的发展中必不可少的角色体验活动由于其与考试或升学的直接相关性低，而被多数人所忽视。再次，“互联网”和“电脑游戏”占据了受教育者相当多的时间和精力，使越来越多的受教育者大部分时间生存在虚拟的世界中，缺乏对现实社会体验的兴趣，从而远离了生活世界。角色体验法的提出，顺应了时代对受教育者思想政治教育的要求，弥补了受教育者角色体验机会的缺失，通过自然化和情境化的潜移默化的方式，拓展了思想政治教育的方法。角色体验法是一个系统的方法，可以根据角色的多样性，依据思想政治道德规范的内涵或其在思想政治教育中的作用，依据受教育者的自身情况，依据资源和环境的状况，选择多种方式。

五、充分运用思想政治教育网络载体

互联网已经成为思想文化信息的集散地和社会舆论的放大器。它日益广泛而深刻地影响着人们的思想，因此应当成为当代思想政治教育的重要手段。

1. 互联网对思想政治教育的积极影响

(1)提高了教育工作的时效性。基于互联网开放性、共享性、交互性、隐蔽性、虚拟性等特点，高校思想教育者可以敏锐地捕捉受教育者准确的思想动向，快速补充最新的教育内容、及时采用有效的价值观教育方法，便捷地获取真实的反馈信息，灵活地调整教育方案，极大地提高了价值观教育的时效性，为构建价值观教育“发现早、启动快、着力准、辐射广、反馈灵”的运

① 童庆炳.现代心理学[M].北京：中国社会科学出版社，1993：54.

行模式奠定了技术基础。

(2)增强了教育系统的社会性。传统的价值观教育形式存在着全方位、多层次的社会影响与价值观教育资源稀缺,途径单一狭窄的矛盾。互联网公共空间是一种由下至上、无固定疆界、有机的无形生态环境,具有高度的开放性。社会各个领域,乃至于全球化的信息,以网络为载体,跨越了时空界限,全方位地影响和改变着人们的价值观念。

(3)增加了教育内容的针对性。互联网把思想教育的主客体双方联系起来,通过网络进行思想交流和心与心的沟通。网络的匿名性,使交流更坦诚、平等、自由。教育工作者可以准确了解学生的心声,准确地把握学生的思想动向和心理状态,有针对性地辅导矫正,并根据反馈信息及时改进教育工作。最大程度避免了传统教育中居高临下、机械灌输、脱离实际的弊端。

(4)凸显了教育过程的民主性。互联网的信息空间是典型的平行式传播模式。网络媒体崇尚信息自由共享,反对信息垄断,提供异质和多元观点的机会,增加人们的判断选择性,表现了一种反中心、平等、互动的特性。淡化了教育者和被教育者的身份界限,增强了思想政治教育的亲和力,

(5)拓展了教育辐射的广域性。互联网的发展使高校思想政治工作突破时空的局限,扩大了影响面。互联网的无限链接和非时空性,巨大的储存和再现功能,价值观教育的内容和作用迅速而广泛地传播,扩大了网络教育辐射的广域性。伴随互联网的快速普及、价值观教育者使用互联网的能力的提高、及其教育内容的丰富性和教育手段的多样化,互联网价值观教育辐射的广域性程度将日益扩大。

(6)提高思想政治教育的有效性。网络以图、文、声、像等形式形象、生动、逼真地呈现教育内容,增强了教育内容的感染力和吸引力。思想政治教育以网络为载体,为现代思想政治教育内容提供了新的呈现方式,促进了方法等的发展和创新,可以最大限度地调动人的视觉、听觉感官参与学习过程,促进人们对思想政治教育信息的感知与接受,从而提高思想政治教育的有效性。

2. 互联网对思想政治教育客体的消极影响

(1)信息吸纳焦虑化。受教育者求新求异的需求与互联网海量快捷的特性高度契合,他们既是互联网的最大的受益者,也容易成为重灾区。受教育者通过互联网去寻求和接受所需信息的同时,大量繁杂信息在无意识下乘机“武力闯入”。这些被动强灌的信息,使受教育者无所适从,难辨真伪,彷徨茫然,严重者形成高度的自我强迫和紧张,非常接近精神病学中的焦虑症状,有学者称之为信息焦虑综合症。俄国作家索尔仁尼琴认为“除了知情权以外,人也应该拥有不知情权,后者的价值要大得多,他意味着我们高尚的灵魂不必被那些废话和空谈充斥。过度的信息对于一个过着充实生活的人来说,是一种不必要的负担。”免于被垃圾信息干扰,成为现代人奢望的一种自由。

(2)思想认知碎读化。互联网形成信息超市,在给受教育者提供应有尽有的阅读材料的同时,也弱化了其专注沉思的能力,习惯于链接式地搜取信息。用户们在标题、内容页和摘要之

间进行着一视同仁的海量浏览，以求快速得到结果。导致一些受教育者在价值观认知上不愿执着地探究和判断，知识有量的扩张，但缺乏深度，没有主见，且支离破碎，不成体系。

(3)人际关系虚拟化。随着社会的高度信息化，价值关系也日益“虚拟化”。在网络社会中，没有中心，没有层次，没有确切的社会角色关系，置身于网络社会的受教育者有一种“恍如隔世”，游离于现实社会之外的感觉。传统社会形态中价值关系的复杂性、真情实感都被技术“过滤”掉了，只剩下方便快捷的物质技术外壳。①

(4)理想追求个性化。网络行为个性化特点明显，网络行为评价者就是行为者本人。网络是“反中心”的，它强调松散，各自为政，无视权威、漠视主流价值观，唯我独尊，推崇“个人主义”。进入网络空间，鼠标在手，我的地盘我做主，自己决定自己的行为。长此以往，改变了受教育者们的生活方式，产生新的人际交往障碍，个体游离于集体之外，出现“网络孤独症”，语言能力降低，人际交往困难，人际关系淡漠。对现实社会、集体漠不关心。互联网建立了形式上的连接与互动，也容易产生实质上的隔绝与冷漠，主体意识的强化与自我的迷失共生。

(5)价值目标工具化。网络时代的文化传播以高科技为载体，在网络的虚拟世界里，鼠标和键盘是实现目标的重要手段，足不出户，只要点击鼠标，敲击键盘，可在瞬间获取所需的信息。受教育者往往被无所不能的网络技术的表面现象所蒙蔽，容易对高科技产生崇拜与敬畏，并由此而导致某种狂热心理、迷恋心理和迷惘心理，对工具至上、技术决定论等偏激观点盲目崇拜。由于在高科技的工具理性世界里，丧失了对人文价值世界的向往与追求，技术的发展缺乏正确方向的定位与驾驭，手段与目标本末倒置，急功近利，不择手段，成为技术的奴隶，造就了无数“单向度的思想”和“标准化的人”。一些受教育者、电脑高手走上犯罪的道路与此关系甚大。

(6)道德评价单向化。现实社会的“他人规范”具有一定的强制性。个体在实施行为时，会对道德成本做理性的判断与权衡。在网络空间，是一种自主型的道德模式，个体在很大程度上避免了与现实社会的直接对话，直面的道德舆论抨击难以企及，即使有评价，其道德约束力也是极其有限的，个体道德行为的维护仅仅有赖于行为者本身的“道德感”。互联网正陷入道德评价体系缺失的困境。

(7)文化推广电子强权化。互联网信息不是对所有人都平等开放，也不是被所有人平等掌握，网络技术强权依然存在。就全球而言，网络传播还表现出了一种形态的文化对另一种形态文化的霸权性、颠覆性和不公性。有学者认为“信息资本主义”现象，即经济相对落后地区和国家的文化价值不被西方文化所认同，其自身的文化在西方文化的强势渗透与扩张下逐渐地被淹没。在目前乃至今后一段时间内，互联网仍将求助于英美等发达国家的数据库，而这势必导致西方的价值观念、生活方式，以及思想文化的大量渗透。②

---

① 李娟芬，茹宁.“虚拟社会”伦理初探[J].求是学刊，2000(2).

② 同①.

3. 利用网络进行思想政治教育的策略

(1)将信息素养纳入思想政治教育内容。网络只是一种中性手段,属于知识层面的工具理性,本身并不蕴含任何的价值意义。其价值的体现,是操纵者的价值观的物化。个体要成为有效的信息处理者,需要具备一定的信息素养,以合理的信息观指导信息生活,才能正确处理物质、意识与信息的联系和关系,才能发挥信息及信息技术合理合法的作用。① 因此,信息素养成为现代人必备的素养。信息素养主要包括信息意识、信息知识、信息能力和信息品质等四个方面。

(2)互联网已经成为思想文化信息的集散地和社会舆论的放大器。西方国家借助互联网技术优势,经常利用互联网对我国进行歪曲报道和政治煽动。思想政治教育工作者要提高运用互联网进行思想政治教育意识和技能,密切关注网络语境下的传播动态,探讨热点、难点、焦点问题的成因,又分析应对策略,积极主动地撰写正面教育引导的网络文章,或以博客、微博形式与教育对象交流互动,及时反驳网上消极反动的言论,形成良好的网络教育氛围,以正视听,杜绝各种流言、谣言传播的可能,拓展思想政治教育的覆盖面,提高思想政治教育的实效性。

高校是网络思想政治教育的重点区域,应更加自觉地积极探索利用网络弘扬主旋律、进行校园思想政治教育活动。2000 年 9 月教育部《关于加强高等学校思想政治教育进网络工作的若干意见》出台,到 2004 年 8 月《中共中央国务院关于进一步加强和改进大学生思想政治教育的意见》颁发,进入新世纪,高校网络思想政治教育在理论和实践的结合上迈出了更大步伐。一些校园"红色网站"蓬勃兴起,日趋完善;"网络文明工程"深入实施,一批主题鲜明的教育网站和网页纷纷建立,通过提供大量积极健康、格调高雅、思想深刻立意新颖的影视娱乐作品,引导大学生在娱乐中受到思想的感染和心灵的震撼,向往崇高、远离低俗,自觉抵制不良思想和腐朽文化的侵蚀,提高明辨是非和道德选择的能力;网络思想政治教育队伍建设积极推进,他们利用校园电子布告栏系统,通过为大学生提供自由发表观点和讨论交流问题的平台来充分掌握大学生的思想政治状况。

与此同时,通过加强高校思想政治理论课多媒体教学,积极探索建立网上教学信息资源库,大学生思想政治教育自觉运用网络新技术,实现了教育教学内容和方式的现代化。在互联网这一新的技术平台上,课堂内外、学校内外、教师与学生之间、学生与学生之间,广泛联系在一起,借助于网络开放性、交互性、及时性等特点,有力增强了大学生思想政治教育的针对性与实效性、吸引力与感染力。极大地推动了高校思想政治教育主动占领网络新平台、新阵地、新渠道的力度、深度和广度。

(3)运用先进的技术手段进行信息监控。应完善管理,建立国家级信息监控机构,通过先进的技术手段,严密监控和检测国际互联网入口,严格过滤进入我国的信息,高校校园网设立防火墙,建立网络 110,安装网络信息净化器等,防止有害信息上网。建立防治网络犯罪和网

① 吴全会. 关于信息素养及信息哲学素养的思考[J]. 当代教育科学,2008(11).

上不良信息的专门网站和热线，屏蔽或删除不良信息。以保证及时发现并制止相关违法行为。

(4)工具理性与价值理性协同发展。人们膜拜互联网的非理性心理，实际上是工具理性无限膨胀而价值理性萎缩的表现。在思想政治教育中，首先确保用社会主义核心价值观统领人们的思想，力求实现理想目标的一元性，又要注重包容不同个体的异质思维，容纳其独特的人生奋斗，实现工具理性与价值理性协同发展，这也是构建和谐网络的题中应有之义。

六、积极引入心理咨询

将心理咨询引入思想政治教育，可以提高思想政治教育科学性、有效性。心理咨询与思想政治教育既有区别，又相互联系。

1.心理咨询与思想政治教育的区别

(1)理论基础和工作重心不同。心理咨询属于心理科学的范畴，其理论基础主要是咨询心理学、心理测量学等。心理咨询的工作着眼点是帮助来访者消除和缓和心理症状，调节情绪、平衡心态、矫正行为，促进其人格向健康、协调的方向发展，侧重受教育者心理层面。思想政治教育属于社会意识形态的领域和范畴，其工作着眼点在于提高人的思想政治觉悟和道德品质，调动人们的积极性，侧重于思想层面。

(2)研究的模式和工作方法不同。心理咨询的基本模式是生物—心理—社会医学模式，它的出发点是考察来访者有没有精神障碍、人格的发展是否健全、社会适应能力是否具备。思想政治教育是与政治—伦理学模式相联系的。心理咨询重在聆听、疏导。心理咨询一般是等特来访者自愿接受咨询，来访者与咨询者之间关系平等，以来访者为中心，对咨询内容保密。思想政治教育重在传授、灌输。通常采用主动方式，根据工作的需要来实施教育，并努力促进其教育对象的转变。

(3)评价工作效果的标准不同。心理咨询包括心理障碍、心理适应、心理发展咨询三大方面，工作内容几乎涉及生活的所有方面，如专业与职业的选择，人际关系的调整，工作学习、婚姻家庭等方面出现的心理问题等。思想政治教育包括政治教育、思想教育、品德教育和个性心理健康教育。衡量心理咨询工作成效的标准，是促进来访者心理健康的程度。衡量思想政治教育工作的标准是看受教育者的思想觉悟和认识能力提高的程度。

2.心理咨询与思想政治教育的联系

(1)工作目标的一致性。两者的根本目标都是为了把受教育者培养成德、智、体、美全面发展的社会主义建设的合格人才。心理咨询与思想政治教育工作在实施的过程中，尽管工作侧重点有所不同，但都是教育的组成部分，必须符合我国教育工作的根本目标。

(2)工作内容的相关性。一个人良好的思想政治品德素质的形成与一个人的心理健康状况联系密切。一方面，心理健康的人更易于接受思想政治教育，并能内化为自己的信念，外化为自己的行为。另一方面，一些错误思想、不良品德往往是在不健康的心态下形成或表现出来的，其中有些违法乱纪的行为本身就是心理障碍的结果。

(3)功能上的互动性。两者在功能上相辅相成，相互渗透。一方面，思想政治教育具有某些咨询的功能，需要根据工作对象的思想态度和心理状态，通过协商、交谈的形式，提供某种启发、建议，以求改变其不明确的思想态度。在思想政治教育工作中常常使用的个别谈心法，类似于个体心理咨询。另一方面，心理咨询也有思想教育的功能。许多心理障碍的产生，或者是由于思想认识有问题，或者是由于思维方式出现了偏差。鉴于此，心理咨询强调心与心的沟通与交流，通过引导促使来访者改变其非逻辑的思维、错误的认知方法以及陈旧的人生哲学。

3.心理咨询与思想政治教育的有机结合

由于心理咨询与思想政治教育具有内在的、深层次的关联性，两者有结合的必要和可能。

(1)思想政治教育要从心理入手。首先，要掌握学生的个性心理特征，了解他们的兴趣、爱好、气质、性格等。对不同个性心理特征的学生要采用不同的工作方法。如进行批评教育时，对强气质型的学生可以严厉一些，这样易使他们受到震动，而对弱气质型的学生要更多一些肯定和鼓励，如果过于严厉，就会使他们丧失信心。其次，要了解学生的知识基础、思想观点和价值观念。思想政治教育的过程就是将外在的社会要求内化的过程。教育者在传输新的思想观念之前，先要了解学生头脑中已在发挥作用的观念，帮助学生摆脱思想上的困扰，引导他们接受正确的思想。许多教育者在工作中尝试了解学生的心理，但往往停留在经验阶段。思想政治教育可以借鉴心理咨询的做法，综合运用观察法、测量法、访谈法、问卷调查法等深入了解学生心理世界，增强思想政治教育的科学性和针对性。

(2)思想政治教育要拉近与学生的距离。在心理咨询中，咨询者和来访者的关系是非常重要的，平等人际关系的建立可以帮助来访者以更为合适的方式思考、行事，朝着积极的方向改变和完善自己。在以往的思想政治教育中，教育者是外在社会要求的倡导者，受教育者往往处于被动接受的地位，这样的关系容易使受教育者产生抵触情绪。情绪是认知的动力状态，抵触情绪阻碍认知的进步。因此，拉近与学生的距离，建立平等而良好的关系，应成为高校思想政治教育的普遍共识。在心理咨询中，共情是影响辅导关系的重要因素。所谓共情，是指像体验自身精神世界一样地去体验他人的精神世界，并把这种体验传达给他人。高校思想政治教育者可以通过理解、尊重、积极关注等共情态度，与学生寻求感情上的共鸣、心理上的贴近和心灵上的沟通，使思想政治教育更容易为学生接受，更容易达到教育目的。

(3)思想政治教育应采取群体教育与个体教育相结合的方式。人是社会的人，既有群体的共性心理，又有个性的心理特征。因此，心理咨询既要面向群体，又要注重个体。过去，思想政治教育一般都侧重于群体教育，对于个体的思想状况、思想转变情况缺少关心和了解。在新的历史条件下，人们思想日益活跃并呈现多样化态势，思想政治教育必须改变忽视个体教育的状况。每个学生个体思想的转变一定程度上意味着集体教育的成功，并反过来促进集体明确的思想观念的形成。

4.心理咨询与思想政治教育结合的认识误区

第一个误区是混淆人们的心理问题与思想问题。在现实生活中，思想问题与心理问题交织在一起，许多思想问题的背后有着复杂的心理因素，有些问题看似是思想道德问题，究其根源却是心理障碍所致。正因如此，有些心理问题可以通过思想教育的方式来解决，有些思想问题也可通过心理咨询来改变。尤其在一般性的思想、心理问题上，心理咨询因其不带政治立场、道德说教，而是关注咨询者本身的发展，因而更容易被受教育的学生所接受，更有效地解决了某些用以往的思想教育方法难以奏效的思想行为问题。当然，有的思想问题仅靠心理咨询是无法解决的，还必须依靠思想政治教育的理论来灌输实现。

第二个误区是认为心理咨询与思想政治教育关系不大。其理由一是心理咨询的对象是极个别“脑子有毛病”或有“神经病”的人，与思想政治教育无关。二是不用心理教育，思想政治教育照样可以开展。第一点理由是对心理教育的认识欠全面。从整体上看，心理辅导系统犹如一座金字塔，其最底层是普遍开展的面向全体学生的心理咨询，中层是对主动寻求帮助的有轻微心理问题的人进行的心理咨询和辅导，最上层是针对有较严重心理问题的人的心理治疗。心理咨询和心理治疗是专家和医生的工作，心理教育则是思想政治教育工作者的职责。教育工作者具有心理教育能力和心理咨询能力是时代的要求，是新时代教育者的必备素养。针对第二点理由，我们只要对具体事例进行深入分析就会发现，成功的思想工作无不具有心理调适和优化学生心理素质的作用，只不过某些教育者没有自觉意识到而已。如果能摆脱盲目状态，自觉运用心理学开展心理教育，思想政治教育就会避免不必要的失误而更有效。

第三个误区是认为思想政治教育过时了，应当让位于心理教育。心理教育与思想政治教育是相对独立的两种教育，加强心理咨询绝不意味着取代思想政治教育的地位。心理咨询与思想政治教育的目的各有侧重，心理咨询要解决的主要是提高心理素质、发挥心理潜能以及维护心理健康的问题，而思想政治教育解决的重点是思想领域、政治领域和道德观念中的是非善恶，提高人的思想政治觉悟和道德水平问题。一般的心理问题不可提到思想政治高度来对待，思想政治问题也不能归结为一般的心理品质问题。所以，我们在工作中加强心理咨询的同时，必须坚持思想政治教育的导向作用，必须始终把教育对象的人生观、价值观教育放在首位，才能正确把握教育的方向。

七、创造性开展高校思想政治理论课社会实践活动

我们党历来重视理论和实践结合，青年学生和人民群众结合的问题。新中国成立以后，毛主席强调“教育必须与生产劳动相结合”，将其视之为培养理论与实际结合、学用一致、全面发展的新人的根本途径和逐步消灭脑力劳动与体力劳动差别的重要措施，明确了理论与实践结合的服务对象和作用。改革开放之后，邓小平同志提出教育要“三个面向”和“整个教育事业必须同国民经济发展的要求相适应”的新理念，赋予理论与实践结合以现代化的时代特征，理论与实践结合的作用更加具体。江泽民同志在“教育与生产劳动相结合”的基础上，进一步提出“教育与社会实践相结合”，扩展形成了“两个结合”思想，使理论与实践结合的范围更为广泛，方式更为灵活。

胡锦涛总书记在庆祝清华大学建校100周年大会上对清华大学同学和全国青年学生提出三点希望，强调把文化知识学习和思想品德修养紧密结合起来，把创新思维和社会实践紧密结合起来，把全面发展和个性发展结合起来；2011年5月10日，胡锦涛总书记又回信北京大学研究生支教团，鼓励“向实践学习”。胡锦涛总书记的“三个结合”是一个科学完整的理论体系，阐述了新的成才观。把文化知识学习和思想品德修养紧密结合起来，是当代青年学生成长成才的方向和核心；把创新思维和社会实践紧密结合起来，是当代青年学生成长成才的必由之路；把全面发展和个性发展紧密结合起来，是当代青年学生成长成才的目标。创新思维和社会实践的紧密结合在“三个结合”体系中处于承上启下的关键环节，是另外两个结合产生、发展的动因和载体，它丰富了理论与实践结合的内涵，明晰了理论与实践结合的目标，突显了理论与实践结合的核心，提升了理论与实践结合的境界，体现了党和政府对创新人才的殷切期望，也符合创新人才的培养规律，是科学发展观和以人为本思想在教育方针上的生动反映。

青年学生的社会实践从内容可以分为情感体验型——参观、考察，理论研究型——社会调查，服务社会型——志愿服务、科技服务，以及培养能力型——挂职锻炼、岗位见习。社会实践是高校课堂教学活动的补充和延伸，既有一般意义上的社会实践的共性，又具有培养和教育人的特点，其主旨是让受教育者在社会实践中经风雨、见世面、受教育、长才干、作贡献。

把理论和社会实践紧密结合起来，不仅是创新时代对培养创新人才的呼唤，也是创新时代青年学生自身成长成才的需要和途径。它有利于青年学生观察社会，了解国情、体悟专业，坚定创新的正确方向；有利于青年学生锻炼毅力，培养品德，疏导心理，提供创新的不竭动力；有利于青年学生深化知识，增长才干，激发潜能，铸就创新的坚实基础；有利于青年学生恪守职业道德，担当社会责任，坚定理想信念，激发创新的持久热情。

新时期受教育者社会实践的开展应在尊重思想政治理论课社会实践教学规律的前提下，基于时代的特点，尝试适度运用市场化手段，经营思想政治理论课社会实践教学，以降低成本，提高效益。

1. 观念开放化

(1)树立思想政治理论课社会实践教学资源观。扩大实践领域，整合高校内受教育者素质拓展、假期“三下乡”、专业实践等相关实践活动，挖掘其思想政治教育内涵，使思想政治理论课社会实践教学与其他相关实践活动兼容，借助新的载体，实现多位一体。

(2)树立思想政治理论课社会实践教学双赢观。全方位挖掘高校和实践基地各自蕴含的优势，以思想政治理论课实践为平台，各取所需，各有所得，实现优势互补、互利双赢，改变目前思想政治理论课社会实践教学中高校单方付出，基地消极被动应付，实践教学难以持续发展的现象。

2. 管理综合化

高校思想政治理论课社会实践教学量大面宽，内容复杂，牵涉面广。为减少和防止各部门间的相互扯皮推诿现象，高校应设立思想政治理论课社会实践教学领导小组，由思想政治理论课教师、政治辅导员、班主任、党团干部，及各有关职能部门负责人组成。将分散于各个部门的权力协调整合，统一规划管理。就内部而言，包括思想政治理论课实践类课程的开设，各项制度的制定、完善，活动的组织、指导、考核，经费的管理、使用，研究的策划、实施；就外部而言，包括与相关单位的沟通、协调，基地的选择、建设，经验的宣传、交流等，以打破狭隘封闭的运作模式，建立广泛的联动机制，拓宽协调范围，强化协调力度。

3. 内容系统化

根据高校思想政治理论新课程体系中各课程内容的特点，应相应确定实践教学的不同重点。各高校要立足自身特点，充分挖掘和利用地缘思想政治理论实践资源，编写校本课程，拍摄资料片、电影、电视剧，整合各具主题特色的实践线路，形成模块化、菜单式的思想政治理论课社会实践教学资源库。在完成思想政治理论课基本教学任务的前提下，思想政治理论课教师根据学生的专业特点，自由选择组合实践教学资源，进行与学生所学专业知识相匹配、相融合的处方化实践教学，以增强思想政治理论课的针对性、实效性。

4. 指导团队化

高校仅依靠专职思想政治理论课教师指导实践教学往往捉襟见肘，力不从心。应树立大德育意识，从校内外根据学术特长、工作关系，建立专兼职全员参与、全面渗透、全程贯通的指导模式。每门课程由若干教师组成团队化的指导师资队伍，指导师资的专业构成与工作内容相互关联补充，形成合力，以保证对实践教学的有效指导。要在受教育者中进行马克思主义认识论、开设相关课程和学术讲座，培养大学生从事社会实践的的能力。

5. 地点基地化

有了社会实践基地，受教育者思想政治教育实践性教学就有相对固定的对象、相对适宜的内容以及相对稳定的检验标准，并能组织规模化的实践教学，使受教育者受到多方位、多角度的锻炼。就效果而言，基地式实践教学具有无可比拟的优越性。

在市场经济条件下，基地的建设和维持成本却愈来愈高，这是制约高校实践基地发展的瓶颈因素。为克服资金不足的困难，可采用股份制形式，相邻高校联合投资，也可引入社会资本入股。实现基地共建，校际兼容。建成后的思想政治理论课实践基地应立体开发，一地多用，提高利用率。在首先满足高校思想政治理论课社会实践教学的前提下，将其进一步建成调研基地、专业技能培训基地、科研成果试验及推广基地。高校可充分发挥自身的智力资源优势，通过技术指导、培训等途径，减轻基地建设和运营中高校单向付出，平面使用造成的沉重负担，实现优势互补、互利双赢，以地养地，以使基地发挥最大的教育效益、社会效益和经济效益。

6. 准备模拟化

借助现代化电教媒体技术，是一种经济高效的实践教学校内准备方式。如在校园网上设立“思想政治理论课社会实践教学主页”，公布实践计划、实践内容、实践程序和规范；对考察对象的详细内容、背景材料，可通过播放录像、电影、电视剧等，使学生在观摩后获得相关的铺垫知识，有利于实践活动的高质量进行；还可搜集本学校历届学生实践教学生活片段及典型事例，整理录制成花絮集锦，供在校学生随时随地上网观摩、学习。因为有较强的可比性、参照性，故往往产生强烈的感召力，学生能够积极主动地学习模仿；有些实践活动，指导教师可以通过网上观看学生上传的实践实况，提出指导意见，评定考核成绩。节省了实践指导师资，降低了指导成本。

7. 时间分散化

高校应利用寒暑假期，将大型思想政治理论课社会实践教学活动与受教育者假期社会活实践动相融合，连续有序进行，不同假期根据学习内容的差异而相应调整和确定重点。思想政治理论课社会实践教学与学生假期社会实践活动整合，降低了思想政治理论课社会实践教学成本。如假期支教式的思想政治理论课社会实践教学，错开了高峰期，减少了对中小学正常教学秩序的冲击，中小学校提供食宿、备课、试讲条件的困难相对减小。这一举措既完成了思想政治理论课社会实践教学任务，又在一定区域和一定程度上缓解了中小学师资短缺的困难，受到落后地区中小学和群众的欢迎。其他诸如普法、技术推广、医疗服务、文艺演出等形式的实践活动，也只有充分考虑群众的生产生活方式和实际需求，灵活组织，才能既真正惠及群众，又发挥该形式的思想政治教育意蕴。

8. 考核弹性化

目前高校思想政治理论课社会实践教学因大学生数量庞大，不仅难以组织，而且由于实践基地少、容量有限，容易造成人满为患、不堪重负的困境。必须改革传统思想政治理论课社会实践教学中的“大锅饭”现象，建立滚动式筛选制度。即将实践教学活动学分化，不同的实践活动对应相应的学分，规定实践活动应达到的总学分，成立专门的实践考核认证机构。人员由高校思想政治理论课教师、辅导员、团干部等组成。新生入校后在必须参加学校统一组织的重大集体活动的前提下，允许其根据自身实际，灵活机动，不拘一格地进行实践活动，累计思想政治理论课实践学分。达到规定的学分标准后，经本人申请，由学校实践考核认证机构定期审核，合格者发给证书，可免于参加类似的思想政治理论课社会实践教学活动。这样能充分调动学生的积极性，使他们根据自身实际，从容渐进，分阶段、多侧面、广角度地进行实践，有利于克服形式单一、进程与要求刻板产生的弊端，也扩大了实践范围，丰富了实践形式。

八、体现思想政治教育的人文属性

我国思想政治教育强调政治性、社会性具有历史的合理性。但随着社会发展和人类进步，人自身的发展问题越来越凸显为核心、迫切的问题。单纯囿于政治、社会视角研究思想政治教育，单纯以政治性、社会性的思想政治教育理论指导思想政治教育实践，已经显示出“解题低效或失效”的弊端，也不完全符合“以人为本”为核心的科学发展观的要求。马克思主义哲学中蕴含着科学而丰富的人学思想，思想政治教育与马克思主义人学有着密切的逻辑关联。虽然思想政治教育可以为政治服务、为社会服务，但它作为一种教育活动，又有其“建设人自身”的根本属性，这种属性在社会主义制度下、在“以人为本”为核心的科学发展观要求下更需要进一步展现出来。因此,研究思想政治教育,既要运用“社会需要”“政治需要”等社会学、政治学研究视角考察其满足社会与阶级需求的一面,更需要运用人学研究视角回到思想政治教育本身去追寻它的属人性,尊重人的主体地位,关注人的精神诉求,激发人的创造潜能,促进人的全面发展。这不仅有利于思想政治教育学科理论体系的进一步完善,开辟思想政治教育理论研究的领域,而且可以对思想政治教育实践产生深刻而持久的影响和推动。

一是从只将受教育者视为客体向主客体角色兼具转变。尊重人格是思想政治教育的根本原则。哲学视野中的人格是人的主体性在主体身上的集中表现,是人作为活动主体的一种资格。人要获得真正独立的人格,就必须在对象性关系中保持自身的自主性、能动性和创造性。完整的人格具有多方面的特征,其中,创造、发展的需要和能力是完整人格的根本特征,从这个意义上说,完整人格的实现就是人的全面而自由的发展,是把人作为目的而发展。思想政治教育的人格原则,是指作为思想政治教育主体的教育者,将受教育者也视为教育主体,充分尊重他们的主体地位,注意调动其自我教育的积极性,来实现思想政治教育目标的行为准则。在思想政治教育过程中,一般而言,教育者是教育主体,受教育者是教育客体。但是,人都具有主观能动性即主体性,受教育者不仅仅是教育客体,也是积极认知和主动行为的主体。思想政治教育要取得教育的预期效果,就必须将教育者的教育主导作用有效地转化为受教育者的主体效应。尊重人格作为思想政治教育的根本原则贯穿整个思想政治教育过程的始终。思想政治教育要以提高受教育者的自我教育能力为主,充分发掘受教育者的创造力和积极性,积极大胆引导,做自我教育的促进者。

二是从只注重说理向情理交融转变。相信真理的力量,注重用科学的理论来说服人、武装人,这是马克思主义思想政治教育的重要特征。它与那种诉诸感情、热衷冥想、追求狂热,并千方百计避开人们的理性判断,使人深陷其中而不能自拔的歪理邪说和迷信宣传的非理性主义有着本质的区别。但是,注重说理教育并不是只承认说理教育,反对非理性主义也并不等于忽视人们的非理性因素和需要。我们中国有注重情理结合的历史文化传统,讲究“入情入理”“合情合理”。对于思想政治工作来说,它面临的问题并不总是纯粹的思想和理性的问题,很大程度上和情绪和感情相交织,是价值观和价值感的问题。帮助人们解决一些感情上的困扰,有助于解决其思想上的困惑。古人云:“感人心者,莫先乎情。”教育者在思想政治教育工作中要善于应用充满情感与爱的语言,注重交流过程中所形成的主体际关系,把思想政治教育演变为教育双方人格对话、情感碰撞、体验交流的生命场,凸现主体间的精神沟通、视觉融合、道德同情等关系。用真诚、热情、坦率换来信任,缩短与受教育者的距离。这样受教育者才会“亲其师,信其道”。把教育者的要求转化为内心必然,逐渐转向自我教育。

三是从只讲大道理向大小道理相结合转变。道理有大道理和小道理之分。大道理是党和国家的道理,是社会和单位的道理;小道理是个人的道理。从价值导向讲,当然首先是大道理高于小道理,小道理服从大道理。但是,在集体主义中也包含有正当的个人利益和人的合理的个性空间,是集体利益与个人利益的统一。马克思主义认为,评价人的价值,应从社会对人的待遇和人对社会的贡献两个方面，并以后者为主作为标准。一方面，个人应树立服务社会的志向和具备服务社会的才能；另一方面，社会要为个人实现人生价值创造必要的条件。不仅要在广度上而且应在深度上满足人的需要，即应全面地、综合性地、多层次地满足人的需要。马克思主义把人的需要又分为物质需要、精神需要等若干方面。物质需要是人类生存的第一条件，人同时也离不开社会需要。思想政治教育不仅要注重人的物质需要，而且也不能忽视与社会结构、社会关系和生产力状况相关的社会需要；既要注意解决低层次需要的矛盾，又要注意高层次需要的矛盾。以前的思想政治教育往往偏重远离群众现实的大道理，忽视了受教育者的利益和现实需要，因而缺乏吸引力，也无法调动受教育者的热情与积极性。在市场经济条件下的思想政治工作中，要关注基层、关注过程、关注细节，真正做到从群众中来到群众中去，急群众之所急，想群众之所想，应群众之所需，办群众之所盼，充分了解与切实满足受教育者的真实需求。要充分重视小道理的作用，关注个人的利益和个人的需要，关心个人的前途和个人的发展。当然，在讲小道理的时候，也不能走到另一个极端。似乎大道理都是空洞无用的，只有小道理才能贴近对象。这显然也是不对的。大道理要理直气壮地讲，但同时不能忽视小道理的存在。要把大道理与小道理联系起来，把讲大道理与讲小道理结合起来，尊重人、关心人、发展人和激励人。

四是从只允许一种思想向包容和引领各种不同思想转变。以前是在相对封闭的环境中进行思想政治教育的。那时社会的思想也比较单一，所以往往是只允许一种主流思想存在，稍微有不同声音，就如临大敌，视为异端。现在社会进入了信息化的时代，处在完全开放的多元价值观和海量的信息环境中，多样化的思想观点的存在是现代社会生活的常态。他们是不同社会群体的不同利益诉求表现，并非是对主流意识形态的威胁，而是对主流意识形态的有益补充。当然，强调包容并不等于放任和迁就，要用科学的理论、正确的舆论、高尚的精神和优秀的作品去武装、引导、塑造和鼓舞教育客体，尽可能地促进不合理思想和观点的转化。

现代思想政治教育的本性不再是管理、控制、约束，而是对人性的唤醒和对人性的尊重。思想政治工作者必须调整自己的理念与方法，适应环境的变化，并找到发挥自身作用的方式方法。要以包容的心态，允许并尊重教育对象的异质思维，理解不同的看法和观点产生的必然性与合理性。从一味地讲道理，转变为组织大家共同探讨道理、寻求最大共识。充分发挥主流思想的影响力，对多元多样的思想观点和社会思潮进行引领。“成功的意识形态必须在解释外部条件的可观察到的变化时保持灵活的适应性和包容性，才能与时俱进地不断自我更新，从而赢得成员的持续认同与忠诚。”①

九、强化思想政治工作者的专业优势

新的思想政治教育模式，对思想政治工作者的素质要求由传统的政治优势变为专业优势。

① 沈湘平.合法性与意识形态建设[J].天津社会科学，2002(1).

思想政治工作者不能再局限于做一般的政治工作者，而要加强学习，走专家化道路，努力成为站得高、看得远，懂理论、有思想的思想政治工作者。

思想政治教育是一门科学，在思想政治教育理论和实践中贯穿和体现的真理性、规律性。作为现代思想政治教育实践经验的理论概括的现代思想政治教育学，是一个具有必然的内在联系的科学体系。思想政治教育学的科学性主要是历史和逻辑赋予的，科学性的论证并不等于科学化的实现。要实现思想政治教育科学化，就必须系统地学习和研究思想政治教育学这门科学。思想政治工作者应当从横向拓展和纵向升华两种途径完善自身素质。

一是横向拓展。思想政治教育学是综合运用多门学科的研究成果的应用科学，其发展既是继承与创新的统一，又是日益突破和超越学科自身边界化的束缚，它以其新兴的横向学科的生机与活力，不断吸收和运用哲学、管理学、心理学、系统科学、社会学等学科的最新成果，促进理论不断创新。因而，思想政治教育者要摒弃狭隘的学科意识，采取兼容并包的态度，进行跨学科的探索，大胆吸收和借鉴反映时代要求，体现时代进步的自然科学和社会科学文明成果，不断拓展思想政治教育学理论的深度与广度，为促进现代思想政治教育的创新奠定坚实的理论基础。

二是纵向升华。坚持以马克思主义哲学为指导，是党的思想政治教育的根本。马克思主义哲学为思想政治教育提供世界观、方法论、价值观的指导。尤其是现当代世界哲学发展取得许多新的成就，如本质论、本体论、主体性、交往活动论、过程论、平衡论、价值论、系统论、结构论、中介论、结合论、层次论等理论的研究成果，都具有深刻的方法论意义。思想政治教育学要从经验型升华为科学型的理论体系，就必须运用现代哲学的成果对自己的重大理论和实践问题进行哲学的沉思。当从哲学的视角来度量现代思想政治教育学科理论体系的建构时，有助于思想政治教育者摆脱经验事实的纠缠，跳出思想政治教育本身狭小圈子，在更高层次和更广阔的范围内，对现代思想政治教育的重大理论和实践问题进行哲学沉思，从而使现代思想政治教育学理论获得纵向升华。

思考题

1. 思想政治教育方法的概念是什么？
2. 思想政治教育方法论体系的结构是什么？
3. 思想政治教育方法存在的主要问题及原因是什么？
4. 简要介绍现代思想政治教育方法的发展趋势。

第五章 比较思想政治教育学

思想政治教育学是一门年轻的学科，而比较思想政治教育学更是这一年轻学科中的新领域。比较思想政治教育本质上是对思想政治教育的反思和再造，是以国际化视野借鉴、修正和发展思想政治教育理论，有着其独特的学科属性，必须据此选择恰当的研究原则和方法，并通过研究方法的创新、研究视域的优化和学术范式的构建提升其学术品位。资本主义的思想政治教育与社会主义的思想政治教育在内容上有着本质区别。但教育方式、教育手段等反映一般教育规律的成分，是人类共同的文明成果，也有许多共同之处，可以互相借鉴。

第一节 比较思想政治教育学的发展

思想政治教育比较研究的提出，是在20世纪80年代中后期。当时，思想政治教育专业内学科门类已经初步建立，整个专业在科学化、理论化方面取得了一定进展，这就为比较研究的提出创造了有利条件。

一、比较思想政治教育学的发展阶段

比较思想政治教育学的学科建设经历了前期准备、国别研究以及对比分析三个发展阶段。

1. 前期准备阶段

思想政治教育的比较研究是在我国改革开放的背景下提出的，十一届三中全会以后，有人开始陆续介绍国外，特别是西方国家的企业管理、企业教育、企业文化，学校的学生管理、校园文化等内容，并逐渐对思想政治教育等方面有所涉及。国家教委于1988年6月在广州召开的思想政治教育专业会议上，酝酿并提出了把思想政治教育比较研究的内容正式列入教材编写计划，这是该学科第一次以“比较思想政治教育”的名称正式出现。

学科概念提出后，首先作了一些前期准备工作：配备了教学与研究人员，进行了资料的搜集和整理，组织人员出国考察访问，对一些主要国家和地区的思想政治教育情况进行了基本分析等。首都师范大学会同华东师范大学、中山大学等有关院校的教师，承担了比较思想政治教育的教材编写任务，开始学科基础建设。一些院校经过酝酿准备，还先后为本科生、双学位生以及硕士研究生开设了这门课。这一时期的思想政治教育专业硕士研究生招生目录中，也开始设立比较思想政治教育的研究方向。

2. 国别研究阶段

从20世纪90年代初开始，比较思想政治教育学的学科建设主要在国别研究方面展开。

一些学者对主要国家和地区，特别是西方主要资本主义国家的思想政治教育情况进行了介绍、分析和评价，陆续发表了一些论文。文章内容涉及国外思想政治教育的概念与内容、地位与作用、途径与方式等。总的来说，这些介绍为我国思想政治教育研究与外部世界的信息交流、为进一步深入研究提供了线索和材料。

国家教委和一些省市还列出重点科研项目，加强思想政治教育的国别以及地区研究。如武汉大学承担的国家教委科研项目“美国高校道德教育研究”，福建师范大学承担的省市“八五”重点项目“海峡两岸青年道德观的比较研究”和“港台青年思想研究”，中国赴新加坡精神文明考察团编写出版了《新加坡的精神文明》(1993年1月出版)等。

同时，这一学科教材的建设也已经初见成效。1995年9月，由国家教委思想政治工作司组编，苏崇德、邱伟光、张孝宜和秦英君等合作编写的我国第一本《比较思想政治教育学》教材，由高等教育出版社出版发行。首都师范大学受原国家教委思想政治工作司委托，于同年10月在北京举办了全国比较思想政治教育研讨会。在这次会议上，学科名称正式确定为“比较思想政治教育学”。但教材的编写以及学科的建设限于国别研究，与真正意义上的比较研究还有距离。

这一时期，清华大学人文社会科学学院在为第二学士学位生和硕士研究生设专题讲座的基础上，由樊富珉教授主编了国别及地区研究的内部教材——《比较思想政治教育研究》(1998年6月清华大学出版社出版)。与此同时，中国青年政治学院也在进行国别及地区方面的研究。陈立思主编的《当代世界的思想政治教育》一书于1999年4月中国人民大学出版社出版。

3. 对比分析阶段

在国别研究的基础上，比较思想政治教育学的研究进入了对比分析阶段。如中山大学的郑永廷教授就中西方思想政治教育的模式进行了对比分析，并就我国现代思想政治教育模式作了探索。由教育部社政司组编的《比较思想政治教育学》教材，为比较研究构建了一个新的框架。

新编《比较思想政治教育学》教材，吸收、综合了学科领域现有材料和学术观点，为这一学科设计了一个新的且比较完整的框架。全书采用了通观比较、专题比较、综合比较三种方法，进行了阐述、分析和对比。该书分别阐述了思想政治教育比较研究的基本理论，对不同国家思想政治教育进行通观比较(包括历史沿革、内容、形式、理论、方法和效果等)，按不同国家思想政治教育的问题进行专题比较(包括思想政治教育的地位和作用、理论基础、培养目标、主要内容、实施方法，家庭、学校、社区的作用，宗教、社会舆论的作用等)，对各国思想政治教育进行综合比较(包括思想政治教育的普遍性，思想政治教育的特殊性，思想政治教育方法的多样性，等等)。

二、比较思想政治教育学的研究范式层级

比较思想政治教育学的研究范式包括四个方面:第一层级范式是世界上不同的民族、国家、时代的思想政治教育的事实;第二层级范式是这些事实之间的相互关系,指它们之间的渊源、交流借鉴、影响等;第三层级范式是通过对跨越民族、国家、时代、语言界限的思想政治教育的事实和关系的研究,探讨在文化多样性条件下思想政治教育的共同本质、规律特征;第四层级范式是不同的思想政治教育系统之间如何“对话”,它们的概念、范畴如何“翻译”、如何进行“意义转换”。从“事实研究”层级范式到“关系研究”层级范式到“本质和规律研究”阶段再到“翻译研究”层级范式。比较研究的这四个层级范式,在时间上依次展开,在空间中又是并列的,在实践研究中,这些理论和方法往往交叉地或者综合地使用。我国的比较思想政治教育学研究目前大多数停留在“事实研究”层级,“关系研究”和“本质和规律研究”还比较零散,“翻译研究”基本未展开。

第二节 比较思想政治教育学的学科属性

比较思想政治教育本质上是对思想政治教育的反思和再造,是更高水平的抽象研究,有着其独特的学科属性。

一、比较思想政治教育学的学科特点

“比较思想政治教育”的学科特点大体上可归纳为开放性、居间性、综合性。

第一,比较思想政治教育学的开放性特点。这包含两层含义:首先在研究范围上是开放的。它横跨思想政治教育学原理、方法论、原著选读、历史(思想政治教育史和思想政治教育理论史)各门课程,甚至进一步扩展到与它们相关的教育学、社会学、心理学、政治学、管理学、传播学等学科领域,吸收它们的理论、方法和成果,随着它们的进步而不断扩大自己的视野。其次是有全球视野。比较思想政治教育学一般不做一个国家或者一个民族内部的比较,它要做的是不同的国家、民族、文化之间的比较。过去我们用“国际视野”这个提法,现在为什么要改用“全球视野”呢?这是因为在全球化时代出现了新的情况。过去,“国家”是国际社会生活的唯一主体,所以一切关系都是“国际”关系。即使是“放眼全球”,也仍然是“国际视野”。而现在,国际行为的主体已经多样化了,除了国家,还有像欧盟这样的地区联盟和联合国这样的全球性政府间组织、跨国公司、跨国的公民社会组织等。这些新的行为主体,大多数同时也是思想政治教育的新主体。欧盟早已实现了内部的政治经济一体化,现在又开始迈出了统一外交和防务的步伐。欧盟非常重视“欧洲公民”的培养,采取多种方式、投入大量的金钱来推动“欧洲公民意识教育”的开展。联合国也不是“世界政府”,而是一个政府间组织,但是联合国是一个拥有 191 个成员国的庞大的系统,通过复杂的机构、组织、制度、机制甚至法律,在全球范围、

在人类生活中发挥着巨大的影响，其中包括对思想政治教育的影响。现在，已经形成了全球、地区、国家、地方四级的全球性思想政治教育新格局。

第二，比较思想政治教育学的居间性特点。“居间性”是指某事物的边界比较模糊，处于有联系的另外两个事物之间、又反映了它们之间的联系的状态。由于人与人的交往，产生了“主体间性”；由于文化的交流、传播、碰撞、融合，产生了“跨”文化的“综合文化”；由于学科之间的交叉渗透，产生了交叉学科、边缘学科、横断学科；由于越来越广泛的“对话”产生大量的“翻译”行为，带来了解释学中的“视域重合”和“意义叠加”，等等。在文化多元化、交往频繁的时代，既然有“文化间距”的存在，又有克服甚至消解“文化间距”的需要，就会有“居间性”的出现。“居间”可以是在历史之间、文化之间、社会之间、主体之间、学科之间、理论与实践之间等。“居间”是“跨越”，也是“超越”；是交流、对话，也是互动、融合。

第三，比较思想政治教育学的综合性特点。比较研究是以客观上存在多种文化即有“文化多样性”为前提的。由于文化与民族、国家、时代有密切的关系，所以比较研究大多采用了民族比较、国家比较、历史比较以及综合比较等形式。比较思想政治教育学是把比较研究的方法运用到思想政治教育领域的产物。需要注意的是，“思想政治教育比较”与“思想政治教育学”内涵不尽相同。前者的重心在于“比较研究”，强调的是方法特征而非研究对象的规定性，重在运用比较的方法去研究一个个专题，“比”的结果是“问题”及其相应的答案，不可能形成体系，更谈不上建立起一个学科。它的本性就是在追逐问题，它的任务更侧重于发现“新知”，视角更偏向实践前沿。而后者的重心或者目标，在于建立“比较思想政治教育学”。有了“学”，才会有“学科”，学科下面又会发展出一系列的课程，围绕主干形成若干研究方向。它综合使用多学科的知识、理论和方法，拥有比较大的学术空间。因此，比较思想政治教育学的研究的课题是广泛的，虽然各国对思想政治教育的称谓不同，但是相关的教育活动并不缺乏。德育、道德教育、公民教育、政治教育、政治社会化、宗教教育，等等，都应该纳入比较思想政治教育研究的视野。在它的基础上可以逐步提炼出规律、范畴，由具体上升到抽象。这是该学科内在逻辑发展的必然结果。

二、比较思想政治教育学的研究对象

比较思想政治教育学的研究对象应该包括四个方面：一是世界上不同的民族、国家、时代的思想政治教育的事实；二是这些事实之间的相互关系，指它们之间的渊源、交流借鉴、影响等；三是通过对跨越民族、国家、时代、语言界限的思想政治教育的事实和关系的研究，探讨在文化多样性条件下思想政治教育的共同本质、规律特征；四是不同的思想政治教育系统之间如何“对话”，它们的概念、范畴如何“翻译”、如何进行“意义转换”。比较思想政治教育学研究思想政治教育的共同本质、规律特征，主要是运用比较研究的方法，而思想政治教育学原理主要是运用抽象概括的方法。

三、比较思想政治教育学的研究类型

思想政治教育比较研究类型大致有三种：一是历时态的比较，这种比较侧重于从历史纵向上弄清不同历史时期思想政治教育发展的时代特征、内在理路、主要内涵；二是共时态的比较，这种比较侧重于将同时期不同国家、地区、民族的思想政治教育进行比较，寻找其共性与差异，比如中国与美国、中国与日本思想政治教育的比较，资本主义国家与社会主义国家思想政治教育的比较；三是以“问题”为中心的比较，即把比较研究的焦点放在不同时空形态思想政治教育的理论与实践问题，比如不同时空形态下思想政治教育的内容、地位、方法、模式、结构等方面的比较。

四、比较思想政治教育学的构成层次

第一，核心层次，即思想政治教育本身。从范围来看，思想政治教育既有学校的也有家庭的、军队的、企业的、农村的、社区的。其中，学校思想政治教育是比较思想政治教育研究的重点，其教育目标、教育内容、教育途径与方法、师生关系和教学模式、教学效果等，又是其中的核心内容。

第二，中间层次，即教育系统的管理体制、运行机制、教育政策和教育理论流派。思想政治教育也是教育的一部分，总是受一定的教育思想理论指导的，不同的教育理论流派对于思想政治教育的理论与实践都会产生一定的影响。而一个国家的教育管理体制与机制，以及教育政策当中，也包括着一定的指导思想和教育理念，对于思想政治教育史是具有直接的指导作用，对于思想政治教育的发展具有重要影响。

第三，外围层次，即思想政治教育的宏观环境。这是把思想政治教育当作一个整体来研究，其研究对象是思想政治教育赖以存在的社会背景，目的在于掌握思想政治教育的宏观背景，包括政治、经济和文化发展状况。如果说对于思想政治教育本身的研究是回答“是什么”的话，外围层次主要回答“为什么是这样”的问题，它直接涉及到对思想政治教育的评价。

第三节　比较思想政治教育学的原则和方法

思想政治教育主要涉及社会意识领域的社会实践活动，是种观念上层建筑，其内容和表现形式如何，取决于一定的社会存在和经济基础。因此，研究一国(地区)的思想政治教育，首先必须研究该国(地区)思想政治教育所依存并扎根于其中的社会现实基础和历史文化传统。思想政治教育比较研究是一项系统工程，需要有战略思维和整体部署，不能只关注一点，不及其余。因此，必须根据思想政治教育比较研究的内在属性与规律，科学把握政治教育比较研究的内在结构体系，选择恰当的研究原则和方法。

一、比较思想政治教育学的原则

第一，整体性原则。思想政治教育属于上层建筑的范畴，免不了会受到经济基础的决定性影响。要深化比较思想政治教育的研究，就必须考虑到经济基础的这种影响。既要研究思想政治教育本身，也要研究与思想政治教育相关的政治、经济、文化、社会等因素；既要研究思想政治教育状况“怎么样”，还要研究“为什么是这样”。只有从宏观整体上把握思想政治教育的背景和状况，方能做到胸中有全局，把握大态势。

第二，客观性原则。思想政治教育学是一门年轻的学科，而比较思想政治教育学更是这一年轻学科中的新领域。因为对是否存在着思想政治教育比较研究的客观基础这一问题，曾经存在较大争议。有人一度认为西方国家没有思想政治教育，因此，它们之间的比较研究就无从谈起；还有人认为，中国和西方国家实行不同的社会制度，思想政治教育没有可比性。事实上，思想政治教育不是哪一个阶级的专利而是人类阶级社会中一项普遍的实践活动。虽然许多国家不一定有思想政治教育之名，思想政治教育或被冠之以不同的名称，但却有思想政治教育之实，而且已形成系统的思想政治教育理论。不同社会制度下思想政治教育的目标、内容虽然有着本质差别，但就思想政治教育的目标而言，都是为本阶级培养所需的各种人才。培养目标上的共性奠定了思想政治教育比较的前提条件。比较思想政治教育研究的主要功能是以国际化视野借鉴、修正和发展思想政治教育理论，他的学科特性更加需要研究者研究方法的创新、研究视域的优化和学术范式的构建。如果我们对这些熟视无睹，就会忽略对思想政治教育一般规律的探索，从而影响我们的思想教育工作的创新和发展。只要我们不为“名”所困，就应该承认思想政治工作的普遍性，进而对各国的具体实践进行比较分析研究，以便更好地掌握思想政治工作的一般规律和发展趋势。

客观的原则还要求要全面而不偏颇。没有调查，就没有发言权，没有正确的调查，同样也没有发言权。如果一个国家既有道德教育，又有公民教育，还有宗教教育，那么在搜集材料的时候就应该都纳入视野，全面介绍，不能顾此失彼。在评价一个国家的思想政治教育时，更要保持客观公正的态度，不能以先入为主的心态对分析对象抱有偏见。既要对其取得的成绩进行充分肯定，也要对其不足进行实事求是的评价。只有这样，才能“取人之长，补己之短”。

第三，分类性原则。这是与整体性相对应的原则，强调从微观和连续性上考察思想政治教育的脉络。从对象分类来看，思想政治教育分为学校思想政治教育、企业思想政治教育、军队思想政治教育、农村思想政治教育、青年思想政治教育、特殊群体的思想政治教育，等等，学校思想政治教育又有小学、中学和大学之分。对于不同的对象，思想政治教育的目标、内容、方法也不尽相同。在进行比较思想政治教育时，需要根据各自要求进行有针对性的比较和鉴别，不能采用“一锅煮”的办法。这种做法的好处在于，我们可以清楚地看到一个国家在不同年龄层次对于德育（或公民教育）目标、内容以及课程设置的不同安排，其连续性和层次性十分清楚。这对于当前我国思想政治教育特别是学校思想政治教育具有重要的借鉴意义。

第四，历史性原则。在不同的国家、同一国家的不同历史时期，思想政治教育的目标是不同的，与此相适应，思想政治教育的内容和任务、课程设置也不尽相同。无论是教育目标，还是教育任务、教育内容和课程设置，其确定的依据都是当时当地的社会历史条件和文化教育条件。“人类始终只提出自己能够解决的任务，因为只要仔细考察就可以发现，任务本身，只有在解决它的物质条件已经存在或者至少是在生成过程中的时候，才会产生。[①] 随着时代的发展，各国在教育改革方而不断推出新的举措，这就需要对原来的材料进行更新。正是这种新旧材料的更新，才使思想政治教育呈现出完整的发展脉络。因此，在进行比较思想政治教育研究时，必须重视其思想政治教育产生的社会需要和历史条件，以发展的眼光，对思想政治教育发展的历史线索进行梳理，找出内在关联，并根据其过去和现在的状况预测其未来的发展趋势。

第五，质量统一原则。质的比较就是要抓住不同时空形态下思想政治教育本质属性的元素进行比较，被比较的参数必须能够正确反映不同思想政治教育的质的规定性。比如将社会主义国家与资本主义国家思想政治教育进行比较，就要抓住两种不同制度理念下思想政治教育的理论基础、价值取向、现实土壤、主要内涵等方面进行比较。这样的比较有深度、力度，理论才算彻底、才能说服人。量的比较就是要抓住思想政治教育的量的规定性进行比较，从量的比较中深化质的比较。量的比较必须要注意所比较的对象在某些质的方面必须具有“家族相似性”，比如对于企业的价值观进行比较研究时，所比较的企业必须属于同种类型，将国有企业与外资企业的价值观进行比较，就没有多大意义。在思想政治教育的比较研究中，质的比较是量的比较的起点与前提，量的比较是质的比较的深化。

第六，纵横结合原则。对于思想政治教育中的某个问题或者若干问题，在不同历史时期产生、发展、变化的历史形态进行比较，理清其发展的历史轨迹、划分其历史阶段、把握其发展趋势，就属于典型的纵向比较。这种比较由于涉及到许多历史事件、历史人物，因此，要特别注意运用唯物史观对历史资料进行搜集、整理与分析，做到去粗取精、去伪存真、由此及彼、由表及里。对于思想政治教育中的某个问题，按照一定的标准进行同时期的横切面比较，比如对于中日战后大学生道德教育价值取向的比较等，就是典型的横向比较。这种比较问题集中、研究深入、现实感强、认可度高。

二、比较思想政治教育学的方法

第一，静态研究和动态研究。静态研究主要是“共时性”的，研究某时期或者某阶段思想政治教育的情况；动态研究则是“历时性”的，研究某国家或地区思想政治教育的某个方面的历史发展和演进状况。动静结合，有利于把握思想政治教育的发展规律。

第二，过程研究与效果研究。过程研究主要关注怎么做的，效果研究则是研究这做法产生的反响。这两者对于评价一个国家或地区的思想政治教育都非常重要，特别是效果研究，需要

① 马克思恩格斯选集：第2卷[M].北京：人民出版社，1995：33.

一个指标体系来反映。比如对于国家发展的促进作用、树立社会风气、促进个体发展，等等。

第三，异同性比较研究与评价性比较研究。这是比较思想政治教育研究不同的阶段。通过对一个国家或地区思想政治教育状况的事实描述，可以提供一个比较完整的现象图景，但还不属于比较本身；异同性比较涉及到把不同国家和地区的思想政治教育的某方面或若干方面进行比较，找出其中的相同和不同之处，从中寻找思想政治教育的规律；评价性比较是根据一定的立场和标准，对某国家或地区思想政治教育的做法及其得失进行评述，以期探讨可供借鉴的资源为我所用。

第四，现象研究与本质研究。现象是人们认识事物的入口与起点，比较分析思想政治教育的一些非本质属性，将为探索和研究思想政治教育的本质因素打下坚实的基础，但是，现象有真象和假象之分，现象的比较有可能是片面甚至是错误的，因此，不能停留于现象的比较，还必须提升到本质比较的层次。本质比较就是要抓住本质性因素进行比较，从而深化对现象各异的思想政治教育的认识。当然，由于人们认识能力的限制，对思想政治教育本质的认识是个不断拓展和深化的过程。

第四节　比较思想政治教育学的研究视域

在现代性视域中，“比较”已超越简单字面意义上的肤浅含义，代表着一种“现代文化需求和学术精神的方法取向”。[①] 比较或者说比较意识衍生成为一种普遍的学科意识和价值理念。基于现实需要，要调整和优化比较思想政治教育的研究视域，提升其学术品位。

一、了解思想政治教育学科发展的总体趋势

比较思想政治教育要通过对思想政治教育的比较研究，更加深刻地认识思想政治教育的本质特征和基本规律。比较思想政治教育研究要服从和服务于思想政治教育学科和实践领域的发展，通过对国外思想政治教育基本事实和信息的研究，加强国内思想政治教育理论研究和实践操作。所以，比较思想政治教育学者应该熟悉思想政治教育的基本原理和基本问题，清楚学科发展空白领域、前沿领域、攻坚领域，有针对性地展开国外思想政治教育的研究，填补空白、占领前沿、实施攻坚。

作为比较思想政治教育学者，应该更清楚对于本学科的发展来说，真正有价值的空白地带在哪里、真正属于前沿性的领域是什么、真正需要攻坚的课题有哪些。目前，思想政治教育学原理面临着突出的理论问题：如何概括多学科背景下的思想政治教育学基础理论，如何重新理解和界定思想政治教育的本质和要求，如何处理思想政治教育主体的多样性和客体的复杂性及其关系，怎样适应并因势利导思想政治教育环境的新变化，如何说明更新思想政治教育方法

① 陈跃红.现代性视域与文学“比较”的多重意蕴[J].中国比较文学，2007(2).

的内在理据和具体内容，如何利用和开发思想政治教育载体的新功能，如何建立思想政治教育评估的机制，如何处理思想政治教育资源的严重流失。思想政治教育学原理的发展在这些问题的困扰下举步维艰。而这些问题，恰恰也是比较思想政治教育的重要课题和突破口，带着思想政治教育的基本问题和突出问题，展开思想政治教育的比较研究，我们的目光将更敏锐，针对性将更强，问题意识更清晰。

比较思想政治教育学对于研究者的理论水平包括外语水平要求都更高，要求研究者对于思想政治教育和思想政治教育学的理解更具体、更深刻，视野更开阔。只有这样，才有可能胜任思想政治教育的比较研究。

二、选择相对熟悉的研究国度

目前，比较思想政治教育的研究相对还是集中在国别研究上。在起步阶段，比较研究如果不建立在全面深入的国别研究和区域研究的基础上，比较的简单化、表层化就不可能避免。因此，我们只能选择一个主攻国别或区域展开思想政治教育的比较研究。不过这不是狭隘的封闭的国别或区域研究，而是在比较视野下进行的开放的国别研究。

基于比较思想政治教育相对薄弱的研究现状，要大力提倡和鼓励学者进行国别研究。很显然，我们目前的国别研究在很大程度上局限于发达国家和欧美地区。对于亚洲地区、拉美地区以及其他的绝大部分国家和地区，甚至对目前的社会主义国家我们都缺乏一种必要的了解和关注。对于苏联思想政治教育的宝贵经验和沉痛教训，我们也没有展开深入的具体研究。这当然有语言障碍和缺乏人才的因素，但是，研究的整体布局和专门引导的不足有着不可推卸的责任。

比较思想政治教育研究者要有一个相对熟悉的主攻国度，但是又不能只关心、只了解自己研究的国度，要把国别研究放在国际乃至全球视野中进行定位和考察。主攻一个国家的思想政治教育，掌握基本研究方法，获得一定的研究经验，取得基本成果之后，要加强跟踪研究、深入研究和比较研究，突破简单的、单纯的国别研究，展开比较研究。

三、界定明确的研究领域

比较思想政治教育研究者都应根据自己的学术兴趣、学术背景，确立自己的主攻领域或专题。比较思想政治教育学要尽快相对明确地界定出思想政治教育的相关领域和研究专题，以便于展开具体研究。

现在的比较思想政治教育研究者中很多人还没有形成相对稳定的主攻领域或专题，往往是什么热搞什么，哪个国家或哪个专题的材料多就写哪个，什么都可以谈，但是都很难谈得深、谈得到位，无法作深入的、多侧面的思考。近年来，致力于公民教育研究和政治社会化研究的学者经过长期积累和系统研究，已经取得了丰厚的研究成果。缺乏主攻领域和研究专题，不仅不利于学术的发展，也不利于研究者学术的成长。

四、选准基本的立足点

比较思想政治教育学者只要进行了比较思想政治教育研究，他的研究实践就会体现学科内在的思维逻辑和基本框架，包含某种立足点，并且这种立足点总会以不同的形式或隐或显地在他的研究过程和研究结论及其表述中表达出来，成为他的主攻视角。

立足点是比较思想政治教育学研究中带有决定性的因素。比较思想政治教育研究的科学性不仅取决于研究者所持的方法论以及他对具体研究方法的运用，而且还要取决于他立于何地、以怎样的视角来审视他的研究对象，并且后者在一定程度上比方法问题更加具有根本性和决定性。比较思想政治教育研究者研究某个国家或区域的思想政治教育时，既可以从社会学的视角进行研究，也可以从政治学角度进行研究，还可以从文化学角度进行研究，甚至还可以从教育学的角度展开研究，这就是立足点的差异。

任何思想政治教育现象都是历史文化的产物，文化和政治文化在很大程度上是比较思想政治教育学用以分析和认识各种思想政治教育现象及其相互关系的基本凭借物和出发点。比较思想政治教育学研究先天地要在跨文化的视野中审视不同民族、国家的思想政治教育现象，跨文化研究是它的基本特性。正是凭借对不同民族国家思想政治教育现象所有产生和存在的不同文化背景及其相互关系的分析研究，比较思想政治教育学才真正得以分析研究不同文化传统中的思想政治教育现象及其相互关系。

对同一个思想政治教育现象或事实进行研究，研究者还要根据自己的特点、研究领域或主题来确立自己的主攻视角，主攻视角的价值在于通过自己独特的视角或方法，避免重复研究。所以，研究者一方面要确立自己的主攻视角，另一方面又要有从多角度、运用多种方法思考和解决问题的意识，尽可能地对研究对象进行多视角的透视。如果每个研究者都有相对独特的视角，通过积累和合作将获得关于研究对象全面立体的认识。

五、正确处理学科的中国特色与国际共性之间的关系

如果仅就学科名称的用语而言，思想政治教育的确是中国学科体系中所特有的学科，自然带有突出的中国特色；然而，就其所指称的实践活动领域而言，却并非中国所独有，而是世界各国社会共有的现象，从学科视角看，也应具有国际共通性。因此，思想政治教育学科建设的自主创新，不是关起门来搞唯我独有的建设，也不是主张学科封闭，排斥对其他学科的借鉴。思想政治教育学科不仅需要探索中国特色，体现中国气派，还应当具有世界视野和胸襟。

思想政治教育学科不仅需要探讨其一般规律，也应当对其他国家的此类活动的特殊规律进行深入探讨，以寻求借鉴。同时，思想政治教育学科还应当探讨与其他国家就这一领域进行理论对接、经验交流与教育合作的可能性以及具体路径，做好制度、活动方式等方面的替代性话语的梳理。

由于思想政治教育学研究的是处于一定社会关系中的人的政治思想，人的思想受到各种

社会因素的影响，是复杂多变的，因此，从一定意义上讲，只有国别的、民族的思想政治教育学，没有完全意义上的全球普适的国际化的思想政治教育学。对国外的道德理论和方法，只应鉴之，不应摹之，更不应以其代之。思想政治教育学科建设必须立足本土，从特有的客观实际出发，而不能盲目地照搬国外的理论成果。国外的理论成果适用于其社会实践，移植到中国则可能水土不服、食洋不化。

然而，在借鉴他国经验时，一些学者在学术研究中往往未能科学地辨析这些外域的思想理论成果与当代中国思想政治教育的历史传统、本质属性、现实要求之间的距离，陷入方法论上的误区：一是表面化地用中国的标准去评价他国，认为与此不同的观点或做法是别国的不足之处，而不是去努力寻求他国特有规律的启示。二是盲目借鉴和移植国外理论成果，并简单地根据这些思想理论中的一些论点和主张来指责、评论当代中国的思想政治教育，并依此开出自己医治中国思想政治教育的各式各样的“处方”，谋求所谓的思想政治教育国际化的实现，使思想政治教育的理论研究丧失应有的独立品性。①

因此，必须校正这种方法论缺陷，真正进入别国经验教训之中去发现思想政治教育的实践规律。只有这样，才能既将他国先进、适用、有效的经验引入中国的思想政治教育实践之中，也通过理论译介以及制度、活动的国际传播等方式，改变其他国家公民对中国思想政治教育的印象，消除其误解，逐步为思想政治教育学科树立良好的国际形象。

第五节　比较思想政治教育学的研究意义

面对全球化趋势，思想政治教育不仅要积极寻找与传统优秀文化的转换点，而且要与国际思想政治教育体系接轨。思想政治教育是文化教育的组成部分，因此它也是跨文化教育的重要内容。联合国教科文组织在《教育对文化发展的贡献》文件中明确提出了“跨文化教育”，并指出跨文化是“关于不同文化的知识和理解，以及在一国内部各种文化成分之间和世界各国不同文化之间建立积极的交流和充实的关系。”开展跨文化交流，有利于促进对文化多样性的尊重、理解和丰富，养成宽容、平等和开放的心态，形成积极、有效的跨文化交往，消解跨文化隔阂与冲突。世界上许多国家不一定有思想政治教育之名，但却有思想政治教育之实，这些国家在各种名目下做了大量的实质性的工作。如果我们为“名”所困，对这些熟视无睹，就会忽略对思想政治教育一般规律的探索，从而影响我们的思想教育工作的创新和发展。

1. 研究国外的思想教育可以推动我国思想政治教育基本理论的研究和学科体系建设的完备

要建立起一门科学的“思想政治教育学”，只研究某一类型的一国或几国的理论和实践是远远不够的。我们应该承认思想政治工作的普遍性，进而对各国的具体实践进行比较分析研

① 沈壮海. 思想政治教育的文化视野[M]. 北京：人民出版社，2005：324.

究。开展国外思想政治教育的研究是思想政治教育学科建设中一项十分紧迫的任务，对于实践工作也有非常重要的参考借鉴意义。通过了解不同国家和地区思想政治教育的历史、现状、特点和发展趋势，通过比较、鉴别、吸收，可以取长补短，加深对思想政治教育普遍规律和共同本质的认识，以便更好地掌握思想政治工作的一般规律和发展趋势，促进我国思想政治教育的进一步加强和发展。必须深入接触各个国家和地区的不同类型的思想政治教育，了解人们是如何学习和移植相关学科如心理学、教育学、社会学、政治学的成果，并将其运用于思想政治教育实践的；了解各个国家和地区在思想政治教育实践中取得的成就及面临的困难和问题，提醒我们及时地把握住一些根本性的趋势和苗头，以修正理论上的偏颇和失误，或者探寻到理论研究的新领域、新课题，继而确定思想政治教育中的热点、难点、重点问题。从而增强内涵的先进性和科学性，增强体系的完整性，增强内在逻辑的严谨性，建立起既合一般理论、又有中国特色和时代特点的科学体系。

2.研究国外的思想政治教育有助于划清马克思主义同反马克思主义的界限

党的十七届四中全会提出建设马克思主义学习型政党，要求全党用马克思主义立场、观点和方法分析和解决当前面临的各种问题，把中国特色社会主义伟大事业不断推向前进。而加强社会主义主流意识形态建设，抵制和批判各种反马克思主义思潮，就是我们实现这一伟大使命的一个重要方面。只有坚持马克思主义指导，建设好社会主义的主流意识形态，中国特色社会主义才能健康发展。

当前，意识形态领域并不平静。从国际看，随着经济全球化、世界多极化不断发展，世界范围内各种思想文化交流、交融、交锋趋势日益加强。一些西方国家凭借其经济、科技优势加紧对发展中国家进行思想文化和意识形态渗透，对马克思主义发动各种攻击。我国是社会主义大国，坚持以马克思主义作为立党立国的根本指导思想，一直是西方敌对势力进行“西化”和“分化”的重点。从国内看，随着改革开放的不断深入，各种社会思潮大量涌现，社会意识呈现多样化态势，正确的思想与错误的思想、进步的观念与落后的观念相互交织，有益的文化与腐朽的文化同时并存，而国内少数别有用心的人又与国际“西化”“分化”势力相配合，大肆攻击马克思主义，这在一定程度上引起人们思想的混乱，干扰了中国特色社会主义的发展，马克思主义同各种反马克思主义思潮的斗争和交锋。当前，这种交锋在我国主要集中在以下五个问题上：要不要坚持马克思主义在意识形态领域的指导地位，要不要坚持中国特色社会主义发展道路，要不要坚持中国共产党的领导，要不要坚持公有制为主体、多种所有制经济共同发展的基本经济制度，要不要坚持中国特色社会主义民主政治制度。这五个问题，涉及我国经济社会发展的指导思想、方向道路、领导核心、经济体制、政治制度等，是关系当代中国前途和命运的根本问题。在这些问题上，我们必须立场坚定、旗帜鲜明，毫不动摇地坚持“一面旗帜、一条道路、一个理论体系”，坚决抵制各种反马克思主义的错误思潮。

自觉划清马克思主义同反马克思主义界限必须坚持以下原则：

(1)坚持正确信念。20 世纪 90 年代初，世界社会主义在一些国家遭到严重挫折，马克思主义也受到大肆攻击。在历史剧变面前，一些人幸灾乐祸，一些人丧失信心。面对这种复杂情况，邓小平同志坚定地说："一些国家出现严重曲折，社会主义好像被削弱了，但人民经受锻炼，从中吸收教训，将促使社会主义向着更加健康的方向发展。因此，不要惊慌失措，不要认为马克思主义就消失了，没用了，失败了。哪有这回事！"中国特色社会主义的健康发展，充分证明了邓小平同志这一论述的正确性，充分证明了马克思主义并未过时，而仍然具有强大的生命力。今天，在世界多极化和经济全球化深入发展，国际国内各方面矛盾和问题相互交织、相互作用，各种不稳定不确定因素明显增加的情况下，我们更应保持对马克思主义的坚定信仰、对中国特色社会主义的坚定信念、对改革开放和社会主义现代化建设的坚定信心。

(2)坚持与时俱进。在什么是马克思主义、怎样对待马克思主义的问题上，有两种截然不同的态度。一种是教条主义的态度，即把马克思主义经典作家的个别词句和具体论断当作一成不变的教条，看起来好像很"坚持"，实际上却背离了马克思主义的实质。这种态度不仅不能坚持马克思主义，反而只会窒息马克思主义的发展；不但在理论上是错误的，而且在实践上会给党和国家造成严重危害。在这方面，我们有过非常惨痛的教训。另一种是与时俱进的态度，即强调坚持马克思主义不能拘泥于具体词句，而是要掌握基本原理，并把它同具体实际结合起来，研究新情况，解决新问题，不断在实践中丰富和发展马克思主义。无疑，我们应当采取后一种态度，自觉做到"三个解放出来"和"四个分清"：把思想认识从那些不合时宜的观念、做法和体制的束缚中解放出来，从对马克思主义的错误的和教条式的理解中解放出来，从主观主义和形而上学的桎梏中解放出来；分清哪些是必须长期坚持的马克思主义基本原理，哪些是需要结合新的实际加以丰富发展的理论判断，哪些是必须破除的对马克思主义的教条式的理解，哪些是必须澄清的附加在马克思主义名下的错误观点，坚持在思想上不断有新解放、实践上不断有新创造、理论上不断有新发展，不断推进马克思主义中国化，使马克思主义在中国大地上始终保持勃勃生机。

(3)坚持实践标准。实践是检验真理的唯一标准，也是区分马克思主义同反马克思主义的重要标准。各种反马克思主义思潮之所以是错误的，归根到底是由于它们在当代中国的实践中是行不通的。而中国特色社会主义理论体系之所以能在党和国家事业发展中起到根本指导作用，根本原因就在于它是产生于我国改革开放的伟大实践并被实践所证明了的科学理论。实践发展永无止境，理论创新也永无止境。我们应始终以改革发展中的实际问题、以我们正在做的事情为中心，着眼于马克思主义理论的运用，着眼于对实际问题的理论思考，着眼于新的实践和新的发展，不断把人民群众创造的实践经验升华为理论成果，坚持在实践中检验真理、发展真理，用发展着的马克思主义指导新的实践。

(4)坚持理论武装。理论创新每推进一步，理论武装工作就要跟进一步。自觉划清马克思主义同反马克思主义的界限，一个重要目的就是要用中国特色社会主义理论体系武装全党、教育人民。中国特色社会主义理论体系是马克思主义中国化最新成果，是党最可宝贵的政治和精神财富，是扎根于当代中国的科学社会主义。我们要深入开展中国特色社会主义理论体系的宣传普及工作，坚持用科学理论析事明理、解疑释惑，用科学理论统一认识、凝聚力量，不断推进马克思主义中国化、时代化、大众化，真正使中国特色社会主义理论体系为广大干部群众所理解、所掌握，成为认识世界和改造世界的强大思想武器，成为发展中国特色社会主义的强大精神动力。

3. 研究国外的思想政治教育可以推动思想政治教育实际工作的改善和加强

思想政治教育理论上的进步和突破，必然会反映到实践中并对实践产生推动作用；另一方面西方国家在思想政治教育上的具体做法、先进经验、面临问题、应对策略，经过我们深入地了解、评价和借鉴，并结合中国的具体情况，必将更加拓宽我们思想政治工作的形式和渠道。

第六节　中外思想政治教育主要异同比较

由于不同国家的历史传统、意识形态、经济、科技、文化的发展水平以及社会要求不同，各国的思想政治教育培养也存在差别，特别是资本主义的思想政治教育与社会主义的思想政治教育在内容上有着本质区别。但教育方式、教育手段等反映一般教育规律的成分，是人类共同的文明成果，也有许多共同之处，彼此可以互相借鉴。

一、中外思想政治教育的共性

1. 高度重视思想政治教育，坚持“意识形态化”

西方发达资本主义国家在总结吸收自身发展的经验教训基础上，对思想政治教育的重要性已经达成共识，都将思想政治教育视为国家为实现其目标而采取的意识形态手段，纷纷采取措施，宣扬资本主义价值观，强化其主流意识形态。以美国为例，20 世纪 20 年代，美国科学技术的迅猛发展使其在物质领域取得巨大成就，从而使科学技术教育在学校教育中逐步居于核心地位，而思想政治教育受到削弱，公民道德堕落的现象日益增加。20 世纪 80 年代，美国政府意识到问题的严重性，开始重新重视学生道德教育。1987 年，美国全国学校联合会向美国教育部提出“在公立学校塑造品格”的计划，要在美国学校教育中加强道德教育；1988 年，美国联邦教育部部长向总统递交的五年教育改革的总结报告强调：为了使学生“增强成功的民族精神”“富有爱国主义精神”，必须在“道德课”“纪律秩序”和“勤奋学习”三个方面取得显著改进；原美国总统乔治·布什在《重视优等教育》一文中也指出，“必须把道德价值观的培养和家庭参与重新纳入教育计划”。1989 年和 1996 年的美国两次高峰会议及 1997 年的总统《国情咨文》中均强调了青少年道德品质的重要性；2002 年 3 月美国发布的《美国联邦教育部 2002—2007 年工作要点》重申，要加强学生的思想政治教育，培养新时期负责任的具有爱国主义精神的高素质公民。

日本早在明治维新时期就设立了“修身课”对学生进行思想政治教育。然而，第二次世界大战后特别是近年来，日本青少年思想政治教育水平严重下降，出现德育危机。自 20 世纪 80

年代以来，日本重新掀起了加强思想政治教育的热潮。1984年，中曾根康弘曾指出："教育荒废"的现象实际上是青少年"心灵荒废"的表现，呼吁全社会动员起来关心青少年思想政治教育。1988年，日本临时教育审议会在其发表的教改报告中指出，"能否培养出在道德情操和创造方面都足以承担起21世纪的日本的年轻一代，将决定未来的命运，当务之急是要加强学校的道德教育。日本文部省1988年度教育白皮书强调："道德教育在培养心灵丰富的人的过程中，担负着极其重要的作用。"

西方发达资本主义国家在强化本国思想政治教育，宣扬资本主义价值观的同时，从未停止过对社会主义国家的思想文化进行渗透，特别是通过各种方式对青少年施加其价值标准、社会制度、理想信念等方面的影响。西方国家大肆进行反共、反社会主义的宣传教育，对社会主义国家进行演变、颠覆、西化、分化等活动，值得我们高度关注。

2. 思想政治教育目标与国家目标、教育目标的一致性

一个国家的思想政治教育目标，是其思想政治教育性质的集中体现。思想政治教育目标统摄了思想政治教育的理论和方法，为其规定了发展方向；思想政治教育的理论和方法服从、服务于思想政治教育目标，是其具体内容的展开。就广义角度而言，各国思想政治教育目标设定的内涵和国家目标保持一致，都是将公民培养成为有益于社会发展、顺应国家政治进步方向、体现本国意识形态特点的人才。就狭义而言，思想政治教育是学校教育的一部分，故各国思想政治教育目标的设定也和学校教育目标一致。

美国以培养爱国、修养、诺言、恢复伦理道德、纪律的"国民精神"，以及对国家履行义务的"责任公民"作为教育目标，努力激发学生的民族自豪感和责任感，形成包括爱国教育、法制教育、文明市民教育、价值观教育和心理教育在内的目标体系。英国以"德行、智慧、礼仪和学问"为出发点，培养学生的社会意识和公民意识、奉献精神，以及勇敢、诚实、无私的优良品质，树立与社会价值取向一致的价值观、人生态度和信念。法国、德国等欧洲国家都以确立民族自尊心、自豪感、民族精神、社会责任感为人格塑造目标。日本素来提倡以培养完善的人格为目的，使学生成为热爱真理与正义，注重劳动与责任，富有自主精神，身心健康的国民。近期修改的教育目标又增加了提高学生道德判断能力、丰富道德心灵和培养道德实践能力的内容。

3. 思想政治教育目标设立的层次性

任何一个国家的目标都是长期目标和近期目标的结合，因此，为国家政治服务的思想政治教育培养目标，肯定也要围绕国家目标、国家任务的长期性与现实性来进行设定。思想政治教育培养目标的设定，必须考虑人们现实的思想政治状况差异，加以区别对待。思想政治教育是针对人的思想政治状况而进行的教育实践活动。由于处于不同年龄阶段的人，其认知能力、思维能力的发展程度不同，而且人又总是处于一定的时间和空间环境中，人们的思想政治觉悟水平总是呈现出一定的差异性，因此，各国思想政治教育培养目标的设立都致力追求适应人们的认知水平和思想政治觉悟，呈现出一定的层次性。

在美国，思想政治教育内容和目标都是分层次的，不同阶段、不同年龄的人有不同的内容

和教育目标。在中小学阶段主要进行道德教育，大学阶段则主要以知识性教育为载体，通过大量开设各种相关的人文社会科学方面的课程，帮助学生站在一个新的高度去理解和把握他们所提倡的价值观。另外，同一教育主题，也根据人的认识发展不同阶段采取不同的内容和形式，如爱国主义教育，小学阶段讲故事、做游戏；中学阶段讲历史，参观博物馆、白宫、旅游等社会实践活动；到大学阶段讲理论。这样，资产阶级的价值观、人生观由浅入深渗透到人们的意识中去，并不断加以强化，最终达到根深蒂固。

在日本，思想政治教育是以"道德教育"的面貌出现的，道德教育目标非常明确，作为一个国民要求具有强烈的爱国主义，爱护与尊敬象征国家的标志，养成优良的民族特性。日本学校又根据国家的要求，制定出各自的更为具体的道德教育目标，从而使抽象的概念变得实际、具体而明确。对于道德教育的内容，日本学校不仅根据小学、初中、高中、大学的不同特点，有着非常具体的规定，而且还按照学生身心发展规律与特征，对每一阶段又有着相应的规定，如小学道德教育内容以两年为一阶段作出相应的规定，教育内容具有明确的层次性。

4.思想政治教育注重对健全人格和群体意识、团结协作精神的培养

各国都将健全人格作为思想政治教育目标的重要内容。中国把"有理想、有道德、有文化、有纪律"的"四有"新人纳入思想政治教育目标，新加坡的思想政治教育目标中渗透着良好公民的深刻含义，日本也倡导"尊重人的精神，创造富有个性的文化，培养自主性的日本人"，提出"教育的目的不仅在于适应国家和社会的要求，开发人的能力，而且还在于培养形成国家和社会的主体的人本身"。韩国也把"健全、民主"内容列入思想政治教育目标。注重健全人格的培养和人的素质的提高，增强青年一代的道德意识和社会的凝聚力，已成为各国的共识。随着社会的发展，社会对人们的群体意识和团结协作精神提出了更高的要求。近几十年来，各国思想政治教育的侧重点已由过去的追求个性自由、"个人本位"向群体道德意识转化，纷纷把群体意识、团结协作精神的培养作为思想政治教育的目标。

心理咨询作为指导帮助学生健康成长、排除心理障碍的必要手段，在发达国家学校思想教育中的作用举足轻重，心理咨询机构遍及高校校园。心理咨询通过开展各种形式心理教育、团体心理训练活动、咨询服务、心理治疗等，加强学生对集体的情感适应、责任心，树立在人际交往和竞争环境中的自信心，培养专业兴趣，正确地审视自己，客观地评价他人，提高学生的自我意识水平和自律能力。如美国大学中心的咨询专家全面为学生提供发展咨询、适应咨询、障碍咨询和学习指导、就业指导等。咨询机构的任务是致力于提高个人的价值，保护个人的尊严，挖掘个人的潜能，提高人的独特性，从而为社会提供服务。日本近80%的学校建有心理咨询机构，并设立了专门的大学生咨询协会。其他发达国家的高校心理咨询机构都是学校组织结构不可或缺的部分。学校对咨询机构的经费做专门安排，对工作人员的聘用也有严格规定。

5.思想政治教育日益具有明显的时代性和全球性

思想政治教育目标必须反映人类的共同要求，并体现出时代特点。随着科学技术的现代化和全球经济的一体化，人类社会面临着越来越多的共同社会道德问题。众多国家都强调把

人类普遍的价值观作为道德教育的根本目标。不仅要培养青年一代具有爱国主义精神，而且要培养他们成为致力于全球安全的国际主义者。另外，人类社会在发展过程中形成的共同价值观和道德观，已成为人们都必须遵守的“游戏规则”。要培养适应经济全球化需要的新型人才，必须把全球性和时代性作为制定道德教育目标的重要参照。

6.思想政治教育将青年作为重点培养对象

把青少年作为思想政治教育培养目标的重点对象，对国家的独立与完整、生存与发展尤为重要。很多国家的思想政治教育最早就是为青少年设立的，通过学校教育，扩展至家庭教育、社会教育，采用各种内容、手段、形式，使青少年符合培养目标的要求。

第一，理论认知，具体形象。价值观、道德观的树立靠社会环境的影响，更要进行理论认知，才能使信念更牢固、行为更自觉、判断能力和实践能力更强。国外很多高校设立了思想政治教育理论认知课程，如美国很多高校规定，任何专业的本科学生，前两年必须学好文化基础课，并把西方思想史、美国现代文明、政治-哲学-经济等学科作为必修基础课。日本东京大学设有教养学科，进行跨学科教育和科学研究，使学生在掌握专业知识的同时提高个人素养。教养学科的共同课包括东洋思想、人类行动学、民族学、现代科学论、社会哲学、法学和政治学理论等。有些学校设有讲座课或开展学术活动，施教者广泛，既有教授、社会名人，也有政府官员、企业家。无论是规定的课程，还是松散的学术活动，其特点是理论联系实际，方式具体形象，灵活多样。主要方式有：澄清法，即由教师或学生选择思想政治教育专题，专题所涉及的各个主体(教师、专家、家长等)与学生一起思考、讨论，引导学生作出评判，并分析比较他人的观点选择、阐明自己的观点；道德发展阶段法，即教学中通过两难故事方法，使学生得出自己的假设见解，再进行检验推理考察这一见解，不求得出一致的结论，旨在活跃学生思想；讨论法，即针对一些道德现象，鼓励学生发表不同的道德观点，通过讨论刺激对问题的认知意识冲突，提高道德观念；公正团体法，即在学生团体中形成民主风气，教师在团体中推行亲社会的标准，组织成员在关怀、责任、义务等方面提出要求，建立团体道德风气，增强学生对团体的认同感和责任感；班级规则法，即让学生参与制定学校的规则和纪律，帮助他们了解规则的本质、道德判断标准和公民的权利、义务，提高对不良现象的反应能力和自律能力。实行这些方法的步骤是：设计要解决的课题，规定围绕课题所完成的任务，理论与实际相结合的讨论和价值观、道德观的讲授等。

第二，寓德于教，学科渗透。各高校非常注重发挥各学科、各种学术活动对思想政治教育的“载道作用”和“渗透作用”。自由教育、博雅教育和普通课程中内涵的理性的与道德的因素，对于学生道德发展必然会产生积极的影响。美国不仅重视人文课程对思想政治教育的渗透，而且越来越鼓励自然知识传授与思想政治教育的结合。要求每一门主修专业，都应从历史、社会和伦理学的角度进行学习和研究，学生在每门专业课学习中都要回答三个问题，即这个领域的历史和传统是什么，它所涉及的社会和经济问题是什么，要面对哪些伦理和道德问题。很多专业要求学生必须通过职业道德考试。

7.将传授知识和发展能力、外部塑造和发挥内在潜力的有机结合

一是活跃生活,注重实效。以情景和活动为中心的各种校园生活,可以通过学生自发自主的创意,自觉自愿的参与,营造民主、平等、宽松、和谐的氛围,使学生保持最佳的心态,培养成熟的主体意识。学生可以根据不同的兴趣爱好、感性经验、气质特征选择活动项目,更加积极主动地融入实践过程,生动活泼、全面自由地展现个性。这样,思想政治教育才能符合学生的意愿、情感、个性差异,做到因人施教,体现思想政治教育主体性教育的特点,促进学生适应性和幸福感的增长和自信、自知、自尊人格品质的形成。校园活动主要有丰富多彩、灵活多样的学术活动、文艺与体育活动,各种纪念性、宣传性活动以及社团活动等。如美国的校园生活不只是在校内,走出校门、投入社会也是丰富校园生活的重要途径。社会活动一般分为两种类型:一类是具有社会发展和政治意义的活动,如保护环境、维护生态平衡、参加竞选、要求和平、反对战争、捍卫国家经济安全、保护民族利益等。另一类是服务性活动,包括扶贫救困、扶老助残、公益性义务服务等。美国大多数学生都自愿参加这些活动。为保证活动的连续性、实效性和制度化,有些州还通过专门法案,并拨专款进行支持和推行。同时建立了跨学校、跨地区的联盟,指导、协调社会实践活动,为活动创造外部条件,提供服务。有组织、有计划地走向社会,广泛开展社会实践,引导了学生自我教育,培养学生的公民意识、社会责任感和历史责任感。

二是营造环境,形成合力。影响人的道德情操、个性品德的环境因素很多,与学校有关的因素主要是教育因素、社会因素和自然因素。教育因素是学校的教育理念、管理风格、纪律规则、学习研究风气、教师榜样、教育者的态度、人际交往方式、解决问题的方法和习惯、沟通信息的模式、与社会交往的形式等。社会因素是指学校所在地的社会制度、经济环境、文化背景、道德风貌、法律规则、交往和沟通习惯等。自然因素是指校园、教室、实验室、图书馆、操场、宿舍、食堂和其他公共活动场所等。环境对人的思想政治教育培养既有显性约束力,又具有隐性感染力。为此国外很多学校投入了大量的人力和物力营造校内外环境。如在校内完善制度,优化风气,加强校报、广播、影视、网络建设,美化校园环境等。在校外普遍设立纪念馆、博物馆、弘扬民族精神风貌和宣传道德理念的标志物,以及具有暗示效果的活动等。如美国的旧金山,许多街道都以华盛顿、杰佛逊等重要历史人物命名,以至整个旧金山的街道几乎成了美国名人志。这种环境和场所从不同的角度和侧面体现着“美国精神”,许多学生正是在自然的生活中,接受了无形的道德教育。

二、各国思想政治教育的区别

1.思想政治教育的政治性不同

社会制度不同,国家任务不同,思想政治教育自然也就不同。西方国家注重开放,呈现出多元化、多样化的特点。如美国致力于培养积极进取的爱国精神,能对国家尽义务的“负责任的公民”;德国注重培养具有向世界开放的人格的人;法国致力于使人成为有自律性的自由人;而日本要培养“致力于和平、民主、对国际社会做出贡献、富有独立性的日本人”。我国思想政

治教育的目标是为了培养面向现代化、面向世界、面向未来，有理想、有道德、有文化、有纪律的“三向”“四有”新人，它体现了中国特色社会主义思想政治教育的本质。而西方国家的思想政治教育则是培养服务和忠诚于资产阶级占统治地位的社会的“合格公民”。从表面上看，西方各国思想政治教育目标仅仅是道德准则和行为规范的标准，但实际上是以隐蔽的形式体现其政治性要求，是要实现各国的阶级利益和政治目标。

2. 思想政治教育与道德教育的关系不同

中国具有政治主导社会的文化传统，政治目标直接介入，对德育进行价值定位。中国历来强调德育的政治功能，即“学而优则仕”的价值理想。德育的根本功能是为了培养具有与封建社会相适应的伦理道德的人才，即“修身齐家治国平天下”的伦理价值境界和政治理想境界。今天的思想政治教育，就是要教育和引导学生树立中国特色社会主义共同理想、辩证唯物主义和历史唯物主义的世界观、为人民服务的人生观和集体主义的价值观，树立共同理想和精神支柱。培养学生对社会主义的信仰和对中国共产党的热爱，成为一个热爱祖国、政治合格的人，是我国学校思想政治教育的重要任务。西方的德育具有与理性目标对接的特点。西方的德育虽然其中含有政治内容，但道德教育与政治思想教育从根本上是泾渭分明的。众所周知，宗教是西方文化的基础，宗教对西方德育的影响使得西方道德教育存在一种向内心探索的理性传统。这种理性传统不仅成就了西方发达的自然科学，也塑造了道德教育的科学精神，即培养人探究真理、探索未知、求知求真的信心和勇气。

3. 思想政治教育的实质不同

西方思想政治目标理论基本上是沿袭“人本主义”和“科学主义”两大思潮而展开的。“人本主义”强调思想政治教育目标设定上的“个体本位论”，以内在的、个人的发展，即个体需要为“标的”；“科学主义”则强调思想政治教育目标设定上的“社会本位论”，以适应外在的、社会的发展，即社会需要为宗旨。由于各国思想政治教育目标设置时依据的理论基础不同，目标的具体内容也有差异。我国是社会主义国家，以马克思列宁主义、毛泽东思想、邓小平理论和“三个代表”重要思想为指导，主张个人利益服从集体和国家的利益，主要强调以“社会为本”即“社会第一”，思想政治教育目标追求的是群体价值和社会价值，其核心在于重视家、国本位的整体利益，强调家、国利益高于个人利益，视个人利益服从国家利益为崇高的美德。美国思想政治教育的理论基础主要是实用主义哲学。其他欧洲国家，其理论基础主要源自以洛克和卢梭为代表的“天赋人权论”“社会契约论”等。在日本，新加坡和韩国，其理论基础既受中国儒家学说的影响，又受西方思想政治教育理论的影响，并根据需要对国外各种理论选择性地加以吸收和借鉴。

4. 思想政治教育的民族文化传统不同

一定社会的道德不仅具有阶级性，而且有其深刻的历史性、民族性。各国都非常重视从本国、本民族的历史中挖掘思想政治教育资源，因此，各国的思想政治教育目标也充分反映了民族道德文化传统。各国思想政治教育目标所体现的内容，正是各民族文化积淀的再现，各国思想政治教育目标的差异实际上是民族文化差异的客观反映。

一是群体性价值倾向与个体性价值倾向的区别。中国传统文化以德育为中心，育人至上。中国传统德育注重强调个体向群体、国家社会的融入与贡献，认为国家集体的利益是个体价值的出发点和归宿。因而集体主义教育往往贯穿道德教育的始终，具有根本性的价值目标定位，如“天下兴亡、匹夫有责”，就是要培养年轻一代自觉自愿地将个人命运投入到宏大的社会运动和国家社会整体进步的事业中去，淡化个体追求。而西方文化以个人主义和科学技术主义为中心，西方德育强化个体的重要性，强调个体对于国家社会的自主性和独立性，追求个体不可侵犯、不可替代的权利实现与个性解放。因此，西方道德教育重在培养年轻一代在自然和社会环境中的独立生存能力，在与命运抗争中个体自动性、积极性及创造性的发挥，注重勇敢顽强、坚忍不拔、开拓进取精神的培养。追求知识是西方文化的一大特色，也是西方文化的一大优势。但它长于“获取知识”，短于“获得生存价值”，创造了海量的知识和技术，获得了巨额财富。但同时，也引发对立、分裂、冲突、战争和灾难。

二是义利观的区别。中国文化对道德的定义强调个人对他人、对社会的责任和义务。君臣、父子、夫妻、兄弟、朋友之间，都相互承担着对对方的责任和义务。而这些责任和义务，是用仁爱、忠孝、礼义、伦常等概念界定下来的，并作为人们行为和交往的基本规范。在这种道德准则下，义往往先于利，一切违背这一准则的行为，则视为不道德。而西方对道德的解释似乎是完全相反的。由于西方文化传统历来重视个体和主体性，因此，对道德的定义往往受制于这个文化传统的思维方式系统，强调社会对个人权利的保护与尊重。人与人的交往，必须以不侵犯他人的权利为前提。这些个人的权利即人权，是通过机会平等、言论自由、个性独立、私人财产和隐私不受侵犯、选举权与知情权等概念来界定表达的。因此，一切触犯他人权利的行为，就视为不道德。在这种道德观下，人们的交往往往是利重于义。

三是“伦理”价值倾向和“法理”价值倾向的区别。中国的道德教育传统具有重“伦理”的价值取向，它注重人间秩序的和谐，鼓励自我进行道德超越，其最高原则是“仁”；西方道德教育传统的价值取向则偏重“法理”，着眼人的行为下限，其最高原则是“公正”。中国人确信价值之源内含于心，充分相信人的道德自觉能力。通过“反求诸己”来实现“明人伦，成圣贤”的道德理想；西方人认定人具有“原罪”，而向外寻找价值之潭，通过接受神示（上帝）诫命来洗刷罪恶，净化灵魂。中国的道德教育由于对道德的期待具有一种不切实际的崇高的追求，而对道德的修养也由此过分强调人性光辉的一面，而忽略了阴暗的一面，因此存在盲目乐观、过分强调自修、修心、内圣外王的倾向。而西方文化由于对人性的低估和不信任，因此对道德的教育往往求助于外在的制约力量，因此会有独立于人类社会的绝对真理的存在，因此西方才会普遍信仰宗教和法律。

5.思想政治教育的运作特征不同

不同国家的思想政治教育具有不同特征。由于美国是一个拥有大量移民的国家，因此美国思想政治教育具有同化型的运作特点，通过不断吸收他国优秀文化来维持世界大文化之国的地位;英国为维持民族悠久的传统和声名,因此其思想政治教育目标具有传统型的运作特点;德国由于非常注重对上帝的虔诚和对人性的磨练,因此其思想政治教育目标有人性型运作特点;日本作为第二次世界大战后迅速崛起的国家,非常重视培养塑造其群体共存共荣的精神的重要性,因此其思想政治教育目标具有强调合作的集体型运作特点;法国德育则注重对学生自律、民主的公民意识的培养,因而其目标体系中有民主法治型的特征。

三、中外思想政治教育比较给我们的启示

1.始终坚持思想政治教育目标的阶级性和政治性

要坚持中国特色,设计思想政治教育内容。从思想政治教育的国际比较可以看出,个人主义不仅是资产阶级的伦理道德原则,而且是资产阶级整个意识形态的最集中的表现。在西方,个人主义不仅是社会存在的精神支柱,而且是思想政治教育的灵魂。我们是社会主义国家,坚持的是集体主义的价值观,集体主义是我国思想政治教育的灵魂。要把教育的方向性、实践性、思想性、科学性统一起来,以"五爱""三德"教育为基础,以社会主义、集体主义、爱国主义教育、社会责任感教育、艰苦创业精神教育为核心,以走中国特色社会主义道路的思想和信念教育为宗旨,以培养"四有"新人为基本内容,全面贯彻落实我国精神文明建设的指导思想、指导方针和根本任务。

2.弘扬中华民族优秀的道德传统

由于各国文化传统和历史背景的不同,导致了教育目标侧重点的不同,实施也存在差异。思想政治教育必须尊重本国的历史与传统,否则就会因丧失民族性而失去根基。各国思想政治教育一条成功的经验就是把培养热爱祖国、忠诚国家的公民作为重点。我们应当学习借鉴这一经验,反省过去突出政治而轻视甚至简单否定传统文化的做法,将思想政治教育植根于源远流长的民族文化之中,大力弘扬优秀民族文化,培养富有爱国热情和民族精神的新一代青年。

3.注意设置思想政治教育的层次性目标

思想政治教育只能从现实出发,构建多层次、多序列的教育目标体系。应将先进性与层次性相结合,针对不同年龄、不同性别、不同行业、不同阶层的人群,确立层次性的目标和差异性的教育方式,采取各种不同形式把握和引导他们的思想动态,切忌强求一律,模式化、单一化。当前我国的思想政治教育目标属于培养"模范公民"的层次。但是,仅有这个层次还是不够的,思想政治教育需要分层次进行。现阶段,我国思想政治教育工作可以分为两个层次:最低层次是培养合格公民,使受教育对象具备爱国、遵纪守法、心态健康、积极参与社会主义现代化建设的道德境界;最高层次是培养模范公民,使受教育对象具备共产主义理想和中华民族传统美德,具备为人民服务和为社会主义现代化建设献身的精神。同时,每个层次目标的实现应分层次推进,以认知目标为先导,以情感目标为基础,以行为目标为重点,并坚持三者的统一。这样,思想政治教育才会循序渐进,更加落到实处,实效性才能得到提高。

4. 突出受教育者的主体价值和能动作用，重视隐性教育和全方位渗透

如何实现思想政治教育由“他律”向“自律”、由“约束”向“自觉”的转向，如何切实增强人们对思想政治教育的认同感和归属感，是加强和改进思想政治教育面临的首要问题。要突破单纯靠悬空理论讲述，背诵一些抽象化、概念化和教条化的经典论断的教育模式的束缚，在充分把握人们的思想变化和瞬息万变的国际形势基础上，认真研究新形势下思想政治教育的规律和特点，传统的大规模群众性的灌输方式要向现代的小型个体方式转化，突击运动式的单向灌输方式要向日常多层面的双向交流方式转化。将做群众思想工作和解决实际问题相结合，把理想信念教育、党的路线方针政策的教育渗透到经济建设、企业管理、农村改革和军队管理的各个领域和各个环节，及时回答热点和难点问题，以群众喜闻乐见的方式展开宣传教育。注重信息技术对人们思想意识、价值取向和道德选择的渗透作用，及时将新闻媒体、出版物和互联网等大众传媒的舆论宣传纳入思想政治教育，通过现代传媒对社会主流价值观念的引导、对典型人物的推介，以间接的、内隐的、渗透的方式开展思想政治教育，促使人们不断进行自我反思、自我教育和自我建构，推动受教育者的政治化和社会化进程。

5. 实现向“以人为本”的回归，使思想政治教育切实服务于人民群众

“以人为本”是思想政治教育的本质体现。思想政治教育中“以人为本”的落实，应体现在以下方面：第一，教育全民化。改革开放以来，经济体制改革和产业结构的不断调整，促使我国出现了剧烈的社会阶层分化和贫富差距，思想政治教育对象呈现多样化和复杂化，应基于不断变化的新形势，根据不同利益群体的心理特点及接受能力展开教育，广泛实施对广大农民、军人、工人和大学生等群体的全民思想教育，使每一位社会成员都成为教育的受益主体。第二，教育平等化。思想政治教育应抛弃“我讲你记”“我说你听”的传统教育方式，应由教育者把教育内容置于群众所处的环境中，从受教育者的角度去理解他们的情感，切实满足群众的各种要求。在平等交流的过程中，充分肯定人民群众的历史主体地位和主动精神，既教育人、引导人、鼓舞人、鞭策人，又尊重人、关心人和帮助人，促使群众成为“自我教育、自我反思和自我发展”的主体。第三，教育深刻化。随着人民群众生活条件的改善和对生活质量的日益重视，思想政治教育要注重满足人民群众精神文化层次的需求，引导人们精神世界的建构，认识生命、生活、价值和幸福的真正意义，唤起对真、善、美的热爱，增强自立、自信、自重品性。

6. 建构思想政治教育的合力网和立体化运行机制

思想政治教育是一项“系统工程”，非单一群体所能完成。改革开放以来，经过不断的探索与促进，党的思想政治教育合力逐渐形成。在中央的正确领导下，党政工团齐抓共管、统一管理，政府、学校、家庭和社会相互协调、相互作用，思想政治教育模式呈现全民、全方位、全过程的教育合力网和立体化运行机制。要充分认识到社会大环境的影响，充分认识到发挥各种教育渠道合力的重要性，既注重发挥文化的社会教育功能，广泛开展丰富多彩、健康有益的群众性活动，又充分发挥新闻媒体的舆论导向功能和网络的宣传平台作用，还积极利用典型模范人物对社会主流价值观念的昭示和率先垂范作用，加强引导和示范。在坚持各种教育渠道多管

齐下、齐抓共管，全方位推进社会主义新农村建设、社会管理、企业改革和高校建设等各领域的思想政治教育建设，充分发挥主渠道、主战场和主阵地作用，形成了横向到边、纵向到底、多维度、多层次的辐射网。在整个合力网中，党中央特别注重营造思想政治教育的氛围，保持思想政治教育强烈的渗透性和持久性，使人们在良好的氛围中，经受精神的洗礼、人性的熏陶，从而不断提升自身的思想境界，推动人们自觉践行社会主流价值观念。

7. 思想政治教育体系要开放，积极借鉴吸收西方的合理内容

中西方的思想政治教育在理论与实践中都形成了富有各自特色的主体内容，我们不能固步自封，应在坚持和弘扬自己的特点与优势的前提下，以世界眼光，在更为宽广的视域中积极借鉴吸收西方的合理内容，对我国的思想政治教育进行自觉反思和重新构建。

(1)我国思想政治教育中应该坚持和弘扬的特色内容。一是政治导向。政治导向在教育中的先行地位，是我国思想政治教育的一大特色。因为中国是典型的政治主导型的社会，政治思想往往具有先天的权威性，因此对人的思想政治教育要进行政治导向上的“准入式”塑造。如坚持社会主义制度、四项基本原则、培育“四有”新人、热爱中国共产党，这些都是中国思想政治教育的重要内容。将政治导向作为思想政治教育的重要内容，重在个人对国家和社会的终极责任的履行和承担，体现了对社会制度的最高认同。二是价值观塑造。价值观说到底是是非观念，即人对待社会的根本的判别曲直的思想体系。中国的思想政治教育也同样将价值观塑造作为其题中应有之义。如以马克思主义作为塑造教育对象思想价值体系的主导，以社会主义道德理想熏陶国人的内心世界，以“五爱”和集体主义思想鼓舞和引导人的行为规范和价值取向等。这种价值观教育将思想与行为上的统一视为最高价值准则。

(2)西方思想政治教育中值得我国借鉴的特色内容。一是公民教育。这一内容带有欧洲自文艺复兴和启蒙运动以来对社会契约精神和个人权利的觉醒性质传统。就是要将人教育成为一个有合乎本国社会政治经济制度所需要的遵纪守法的观念和行为，明确公民的义务和责任，且忠诚服务于国家的、适合本国文化的“合格公民”。“公民”概念系西方民法系统的核心概念，规定了个体的人与社会和政府的关系，虽然天赋人权，但是为了社会更为合理、高效地运转，需要一个组织如政府来代表个体人行使权利，因此个人就要出让一部分权利。而公民教育就是暗合了这一诉求，教育人们要理性地看待这一权利的出让，同时也会理性地看待政府在拥有公共权力之时也要处理公共事务并为公众谋取公共利益。如美国的公民教育比较突出，通过强大的国家机器、新闻传媒、优秀的教育机制，培养一代青年认同美国的奋斗史、西部创业、服兵役，并认同美国自由、平等、博爱的终极国家观。二是人格教育。西方社会普遍重视人的心理和人格，西方哲学史上大量存在以此为研究对象的学派，并著书立说，形成了精深的理论，为西方的人格教育打下了坚实的思想基础。西方的诸多教育家都认为加强健康人格的教育和指导将有助于人的全面发展。在西方社会，个人的独立、平等、自由的意识，乐观进取的精神，良好的人际关系和心理素质被认为是健康人格的重要表现。因此，西方社会将人格教育作为思想政治教育中不可替代、不可复制的一项内容。将人格教育作为思想政治教育内容，体现了

西方文化从个体出发、从人性出发，逐步构建社会健康秩序、国家正义精神的文化经验传统。

坚定的阶级立场和鲜明的政治导向是我国思想政治教育的特点和优势，但思想政治教育既有政治色彩，也应闪现道德的光芒。道德较之于政治，与日常生活联系更紧密，更具有基础性、普适性和亲和性，其作用也更为稳定和恒久。由于我们国家一度过分强调思想政治教育的政治功能，只重知识传授和规范约束而缺乏意义引领，忽视了其道德教化意蕴，道德教育逐渐脱离群众，远离现实生活。因没有坚实的道德做基础，所谓的政治教育是虚无飘渺的，并使思想政治教育与民众产生了距离感，削弱了其亲和力和感染力。而且我国思想政治教育序列与学生的心理和认知发展水平不匹配，给涉世未深的小学生进行政治教育，却给具有独立思考能力的大学生进行行为养成教育，导致知识与品德严重背离。西方的公民教育与人格教育是我们的缺项，我们应当借鉴和吸收其中的合理因素和科学成分，对自己进行有益的补充。

思考题

1. 比较思想政治教育学的学科特点是什么？
2. 比较思想政治教育学的研究原则是什么？
3. 比较思想政治教育学的研究方法是什么？
4. 比较中外思想政治教育的主要异同。

第六章　思想政治教育学研究

改革开放以来，思想政治教育研究以科学化、学科化、体系化和精细化路线推进，实现了从经验积累、理论探索到理论形成与开拓，再到理论发展与创新的程度。但是，面对时代的新要求，思想政治教育理论研究的局限和实践缺陷日益成为思想政治教育学科发展与进步的深层障碍，妨碍了学科基本理论体系的建构和学术品位的提升。思想政治教育学科迫切需要更新研究理路，改进研究方法，提高研究水平。思想政治教育研究存在的问题在思想政治教育专业大学生毕业论文写作中也有反映，需要科学指导和严格规范。

第一节　思想政治教育学研究的发展阶段

改革开放以来，思想政治教育研究基于学科建设生态与学科建设主题的发展变化、基于对社会发展需要的理解与把握，呈现出不同的阶段性特征，以科学化、学科化、体系化、精细化推进，构成了思想政治教育研究的基本线路。

1. 以科学化为主题的研究时期(1978—1984 年)

伴随着改革开放和社会主义现代化建设帷幕的开启和建设实践的推进，伴随着"向科学进军"口号在中华大地上的喊响及其向中国社会各个领域的渗化，同时也伴随着人们对思想政治教育历史发展中光荣与曲折、肯定与误解等的重新思考，"科学化"迅速成为改革开放新时期思想政治教育理论与实践的核心命题。从 1980 年起，全军政治工作会议对政治工作科学化的强调、第一机械工业部和全国机械工会发起的关于思想政治工作科学化的研讨、《光明日报》组织的关于思想政治工作科学化的讨论，等等，都直接推动着思想政治教育研究对自身"科学化"问题的思考。钱学森先生也于此期著文，将思想政治的科学称为马克思主义德育学，并指出这门科学属于现代社会科学。此期的研究成果，数量还谈不上非常丰富，但多围绕"科学化"这一核心命题从不同角度展开，努力揭示思想政治教育的科学性，并以此力图澄清人们对思想政治教育的种种误解和成见，揭示其在现代社会科学中的地位及在改革开放和社会主义现代化建设进程中的重要作用，探讨思想政治教育科学化的方法和途径等。思想政治教育"科学化"的探讨，是改革开放以来思想政治教育研究学术发展的重要起点。

2. 以学科化为主题的研究时期(1984—1996 年)

思想政治教育"科学化"的探讨，也直接推动了思想政治教育的学科建设，成为思想政治教育迈入学科化建设阶段的重要思想先声、舆论先导，也为思想政治教育的学科建设奠定了一定的理论准备。1984 年 4 月 13 日，教育部颁发《关于在 12 所院校设置思想政治教育专业的意见》，并于当年在 12 所院校开办专业，招收学生，标志着思想政治教育学科的正式创设。从那时起，思想政治教育学科建设，筚路蓝缕，探赜索隐，走过了不平凡的发展历程。与一般学科的建设与发展过程不同的是，思想政治教育学科的建设呈现出鲜明的跨越式发展的特征。它从本科专业初创到试招硕士研究生，仅仅用了 4 年时间，从试招硕士研究生到获批正式作为新的学科专业（马克思主义理论与思想政治教育）的重要组成部分可以招收博士研究生，仅用了 8 年时间。支撑起这种跨越式发展的，是我们党的思想政治教育的优良传统、政治优势和经验积累，是中国特色社会主义事业发展所蕴含的对这一学科的强劲社会需求，同时也包括这一学科领域学者倾力推进的以学科化为主题的科学研究。与此相应，“学科化”便成为这一时期思想政治教育研究的重要指向和主题。此期以“学科化”为主题的思想政治教育研究，在较短的时间内比较全面地构建起了以思想政治教育原理、思想政治教育方法论、思想政治教育发展史、比较思想政治教育，及相关领域思想政治教育研究等为基本内容的思想政治教育专业人才培养的教材体系，也基于这种教材体系的建设大体确定了思想政治教育的学科边界和学术领域。

3. *以体系化为主题的研究时期（1997—2005 年）*

1997 年，马克思主义理论与思想政治教育专业首批博士研究生正式招生入学。从那时起，一直到 2005 年 12 月 23 日国务院学位委员会、教育部《关于调整增设马克思主义理论一级学科及所属二级学科的通知》的发布，思想政治教育的学科建设是在马克思主义理论与思想政治教育学科建设的整体推进中进行的。博士研究生的培养，使得思想政治教育学科形成了从本科生到博士生这一完整的人才培养体系，也推动着思想政治教育研究在以“学科化”为主题的基础上，进一步深化发展。这种深化发展的重要特征，即思想政治教育研究向体系化方向的迅速推进。此期思想政治教育研究以体系化为主题的学术发展，体现在研究中“学术体系构建意识”的更加鲜明和强烈，也体现在研究成果的体系化特点愈益明显。以思想政治教育原理、思想政治教育发展史、思想政治教育方法论、比较思想政治教育及不同领域思想政治教育研究为主要内容的教材体系建设成果更加丰富；从整体上看，研究成果形态从“以学科化为主题的研究时期”教材为主转向专著为主，但就内容而言专著多为教材体系所涉内容的专门性展开，或可谓之为教材体系的专著化发展；不少博士研究生也纷纷沿着教材体系所提出的基本概念、基本命题出发确立博士学位论文选题范围或具体选题，从而也实际地推动着思想政治教育研究的体系化发展。

4. *以精细化为主题的研究时期（2006 年以来）*

2006 年 1 月，国务院学位委员会正式进行马克思主义理论一级学科授权点的评审，标志着马克思主义理论一级学科建设的正式推进。与此相应，思想政治教育学科进入了作为马克思主义理论学科中单独的二级学科进行建设的新阶段。精细化发展的程度，是一个学科学术发展成熟程度的重要标尺，2006 年以来的思想政治教育研究，正基于改革开放以来思想政治教育研究的学术创造和积累,而呈现出愈益明晰的精细化特征。实际上,精细化是一个不断推进的过程,在学术的常态发展过程中,日益精细,是一般性的规律。一是因为多年来的学术创造与积累为当下研究的精细化发展奠定了学术基础,二是因为社会需要我们就相关问题作出更加深入细致的分析与回应。此外,还有一个重要的原因在于思想政治教育由马克思主义理论与思想政治教育学科中的一个研究方向,转化为一个单独的、应当包含若干相互关联研究方向的学科后,为这一学科学术研究的精细化发展提供了学科制度方面的催化与保障。

第二节 思想政治教育学研究现状分析

思想政治教育研究经过四个阶段的研究,实现了从经验积累、理论探索到理论形成与开拓,再到理论发展与创新的程度。但是,面对现代科学技术的迅猛发展,面对相关学科的科学化进程,面对思想政治教育学科发展的内在要求,思想政治教育理论研究的局限和实践缺陷日益成为思想政治教育学科发展与进步的深层障碍,妨碍了学科基本理论体系的建构和学术品位的提升。思想政治教育学科迫切需要更新研究理路,改进研究方法,提高研究水平。这既是时代发展的客观要求,是学科建设的逻辑必然,也是研究者的理论自觉。

一、思想政治教育研究取得的成绩

1.研究领域相对稳定

改革开放以来的思想政治教育研究,大致可以划分为思想政治教育基础理论研究、思想政治教育方法论研究、思想政治教育发展史研究、思想政治教育比较研究、领域思想政治教育研究、思想政治教育重大现实问题研究、思想政治教育跨学科研究七个大的研究领域。这些研究领域,从思想政治教育学科初创之期便基本形成,至今仍然相对稳定。这些研究领域,多是在思想政治教育学科创设之初所确立的教材建设任务的基础上逐渐演化形成的。学科创建之初的教材体系建设,大体确定了思想政治教育的学科边界和学术领域。

2.研究范式相对确定

在数十年的发展历程中,思想政治教育研究形成了相对确定和成熟的研究范式,确立了以探讨诸种思想政治教育现象,揭示思想政治教育规律,丰富和完善思想政治教育理论体系、学科体系为核心的学术旨趣;确立了思想政治教育主体(或教育者)、客体(或教育对象)、内容、过程、方法、环境等为主要内容的核心概念系统,基于这种概念系统及其运用,形成了以逻辑研究、理论演绎为主的研究方法和叙述方法,等等。研究范式的相对确定和成熟,使得思想政治教育理论研究得以紧扣相对独立、相对稳定的研究对象,在既有的学术疆域内精耕细作,不断将业已取得的研究成果推向深入,实现精细化的发展。“研究范式……主要是为以后将参与实践而成为特定科学共同体成员的学生准备的。因为他将要加入的共同体,其成员都是从相同的模型中学到这一学科领域的基础的,他之后的实践将很少会在基本前提上发生争议。以共同范式为基础进行研究的人，都承诺同样的规则和标准从事科学实践。科学实践所产生的这种承诺和明显的一致是常规科学的先决条件，亦即一个特定研究传统的发生与延续的先决条件"。[①] 因此，研究范式的相对确定和成熟，也使得改革开放以来思想政治教育研究领域的相对稳定这一特征得以强化。[②]

3. 研究成果相对集中

在思想政治教育基础理论研究、思想政治教育方法论研究、思想政治教育发展史研究、思想政治教育比较研究、领域思想政治教育研究、思想政治教育重大现实问题研究、思想政治教育跨学科研究七个研究领域中，改革开放以来我们所取得的研究成果主要集中在思想政治教育基础理论研究、领域思想政治教育研究两个方面。这两方面的研究成果数量分别涉及到思想政治教育基础理论的研究，即关于思想政治教育理论基础研究和思想政治教育原理研究。思想政治教育理论基础的研究，主要是以作为思想政治教育理论基础的马克思主义基本原理以及马克思主义思想政治教育理论为研究对象而开展的研究；思想政治教育原理的研究，主要是以马克思主义为指导、以思想政治教育这种特殊的实践活动为研究对象、以揭示这种特殊实践活动客观规律为目的而展开的研究。这方面的研究成果论域主要集中于传统的学校思想政治教育领域，特别是高校思想政治教育、学生事务管理等方面，成果的运用情况也大体如此。

二、思想政治教育研究存在的问题

1. 研究的"无根性"

缺乏独立自主的学科归属和学术品格，是思想政治教育研究存在的首要问题。尽管在学术建制上作为一门独立学科已经成为客观事实，但思想政治教育在规模扩张的同时，内涵发展严重滞后，研究成果中缺乏系统坚实的本学科理论基础，不具有明显的自身特点的研究对象、研究角度以及表达思想的话语体系。由于对思想政治教育学科定位的迷茫而产生"漂泊"状态，对其他学科理论深度地依恋和依赖。研究论文中对哲学、教育学、政治学等学科偏好，甚至出现对思想政治教育学科的替代倾向。其突出表现是研究选题过于宽泛。一些高校思想政治教育专业本科生、硕士研究生、博士研究生毕业论文的选题已经超出学科的研究领域，有些毕业生论文的选题偏离学科甚远。论文的内容多为宏大叙述式的泛泛研究，犹如一篇时事政治学习和宣讲材料。

思想政治教育论文的"无根性"导致研究者产生"去学科感"，从思想政治教育的价值负载和研究者的价值涉入两方面看，不仅其他学科的研究者，甚至有些以思想政治教育学为专业的学者，也对思想政治教育学成为一门学科的可能性表示质疑，认为它至多是一门应用的具有宣传特性的学科，够不上严格意义上的学术性学科。

① 托马斯·库恩. 科学革命的结构[M]. 北京：北京大学出版社，2003：9－10.

② 沈壮海. 论思想政治教育理论研究的新范式与新形态[J]. 思想理论教育导刊，2007(2).

2.研究结构不合理

从目前思想政治教育学科研究的成果看，在思想政治教育比较研究、理论基础研究、发展史研究、方法论研究等学术研究方向，虽然有一些研究成果出现，但就研究成果的数量与质量而言，仍属研究比较薄弱的研究方向。其他各个领域中存在的相关研究对象涉及不够。导致研究结构不合理，重复研究比例高。特别是对社会变迁、社会发展过程中出现的大量新问题缺乏足够的敏感性，对重大理论和现实问题的切入程度还不够深入，无法及时地进行理论和对策回应，体现出研究活动的“内圈性”和封闭性特点。另外，在现有对重大现实问题的研究中，目前的著作主要集中在学校思想政治教育、市场经济与思想政治教育、全球化与思想政治教育、网络与思想政治教育等四个方面。目前学界关于领域思想政治教育的研究成果大多集中在高校思想政治教育研究方面，而对于高校之外极其广阔的其他社会领域，涉足相对不多。

这一现象说明研究者专业知识面狭窄，缺乏学术创新和社会责任自觉担当的意识与能力，对生动发展着的社会实践的关注度不够广阔，对社会发展和建设过程中出现的大量需要解释的新问题缺乏理论敏感性、捕捉力和对策回应力，致使话语权越来越弱小，制约了思想政治教育的社会价值的发挥。

这种现象的出现还可能与人们对思想政治教育学科的服务性理解有关。一般地说，所有学科都应当具有服务社会的功能。思想政治教育学科的服务功能是不言而喻的，思想政治教育是一项范围广泛的社会活动，不应拘泥于学校抑或高校思想政治课程教学、思想政治工作。问题是，思想政治教育学科凭什么服务？服务于社会的哪个领域？精神文化领域中哪些是思想政治教育学科可能做到的？很多人对此存在误解，认为思想政治教育学科只是为了培养从事学校思想政治教育的人才，甚至在就业方面，也被窄化为中小学思想政治课、高校思想政治理论课教师和辅导员。然而，在广阔的社会领域，机关、社区、企业、军队、农村都需要大量的思想政治工作，也都需要人们对这些领域的思想政治教育进行深入研究，遗憾的是，目前这些都未能成为思想政治教育学科关注的重要方面。在教育主管部门、高校与地方宣传部门、社区思想工作部门之间，在高校师范类与非师范类思想政治教育专业之间，无论是论域、论题还是话语体系、话语的传播方式等方面都存在着明显的差异。前者更强调学校思想政治教育，后者更强调社会思想政治工作；前者主要以传授思想政治(理论)课教学内容的系统知识、培养思想政治(理论)课的教学能力为己任，不少学校已将思想政治教育专业学生的教师专业化培养作为努力的方向，后者虽曾定位于培养共青团工作、企业或社区思想政治工作能力，但在形势发生变化后尚未确立恰当的新定位，且因就业压力之故，在学校思想政治教育与社会思想政治工作以及其他相关方向之间游移难定；在教育内容上，前者基本沿袭原政教专业的课程设置，未考虑更广泛的社会需求。这些都反映出思想政治教育学科过于重视学校思想政治教育而忽视社会思想政治教育的倾向。这种研究现状不仅与学科发展要求不符合，而且与社会发展要求不适应，必须及时、有效地予以纠正。

3.研究队伍层次不齐

思想政治教育的蓬勃发展，与研究队伍的全力以赴，呕心沥血的奉献精神分不开。但是，不可否认的是，一部分思想政治教育学科研究者“出身”于社会科学、人文学科的其他学科或自然科学学科。由于原有学科的知识背景不同，他们在思想政治教育学科的研究中，固着于原有学科的思维方式，使其明显地带着他们原有学科的思维习惯和知识系统，使他们惯于运用原来学科的概念诠释思想政治教育领域的问题，用原有的知识系统架构思想政治教育的学科体系。随着近年来思想政治教育学科建设的推进，思想政治教育理论研究队伍中由校门到校门的、纯学生身份出身的教师越来越多，他们或者从事思想政治教育实际工作的经历不足，或者根本没有从事思想政治教育实际工作的经历，缺乏思想政治教育工作的实践体验。①

有些研究者对思想政治教育学科的价值认同度不高，他们虽然在从事思想政治教育学科的教学和研究，但对思想政治教育学科的自信心不足，认为思想政治教育不具备构成一门学科的充分要素。因而降低了理论自觉的高度，缺乏严谨的学术规范，研究理路和研究方法，在研究中表现出随意、空泛、庸俗等弊端，导致了思想政治教育学科陷入既“成果丰硕”又“营养不良”的困境。显然，没有对学科的热爱与对学科价值的关注和认同，将严重制约思想政治教育研究的发展。

4.学术思维缺失

在当前的研究中，学术思维的缺乏极大地困扰着思想政治教育学的发展。如满足于注释、汇编与组合，而将思想政治教育学实质上演化为“寻章摘句”之学；不击问题、止步于形式而将思想政治教育学实质上演化为修辞写作之学；回避社会现实、陶醉于自我思辨，从概念中来到概念中去，论题越来越玄，论证越来越繁琐，越来越小众化，将思想政治教育学实质上演化为空洞玄学；人云亦云、不假思索而将思想政治教育学实质上演化为宣传之学，等等，都是学术思维缺失的表现。

5.学术争鸣匮乏

思想政治教育研究领域的学术批评和学术争鸣不多，围绕某一重要问题展开学术争鸣更少，研究者经常的状态是忙于自己观点的阐述，无暇旁顾，或有意无意地回避与他人的论争，这事实上已经成为思想政治教育一种默认的研究模式。缺乏学术批评和学术争论，理论讨论阻隔、观点碰撞不足，导致了学术的平庸和困顿，抑制了学术创新思想的产生和发展，使思想政治教育学科缺乏应有的生机和活力。

思想政治教育学科建设存在研究水平尚待提高，学科研究偏重于经验型和思辨性的问题，实证性的、客观分析的研究不足，基础理论研究薄弱，学科发展缺乏相应的学科群。② 思想政治教育研究中学科建设共同关注的核心理论问题尚没有得到充分的讨论和清理。

---

① 沈壮海.思想政治教育的文化视[M].北京:人民出版社,2005:323-324.

② 倪愫襄,李斌雄.思想政治教育学科的回顾和展望[J].学校党建与思想教育,2005(1).

6. 问题意识淡化

从事思想政治教育的研究者中，真正占有第一手资料，并进行多角度的以问题为取向的实证分析较少，对实践中的问题还没有从经验中进行理论抽象和理论思考的思维习惯，研究论文缺少理论的视角和理论的深度，理论提升不足，普遍推广性低，应用性不强。还有一部分思想政治教育理论研究者不能正确地理解学术性与政治性的关系，刻意保持与现实、与思想政治教育实践的距离，以期通过这种方式保持自己作为一个学者的独立思维，提升自己研究的学术性。使得一些思想政治教育的理论研究逐渐游离于思想政治教育实践之外，失去其实践性，失去对思想政治教育实践独特矛盾的感知、理解和把握。[①] 思想政治教育一旦不能真切地解读社会的文化生存和生活诉求，就必然导致其自身的生命力和创造力遭到极大破坏。

三、改进和加强的对策

1. 坚持马克思主义的指导地位

思想政治教育是属于意识形态领域的社会实践，具有鲜明的社会属性、阶级属性。任何国家为了维系它所实行的社会制度、维护社会的稳定、推进经济和社会的发展，以及培养青少年一代，都十分重视意识形态领域的工作。一个时期以来，在思想政治教育研究中出现了“去意识形态化”“去政治化”的学风，也就是去掉马克思主义意识形态和共产党的党性原则，以西方的概念和话语体系加以取代。这种学风使马克思主义的声音在思想政治教育研究领域有所淡化，对思想政治教育研究产生了消极影响。

意识形态既是一个哲学范畴，也是一个政治学范畴。意识形态是一定阶级利益的观念表现，是一定阶级的政治理想、价值标准和行为规范的思想基础，阶级性是意识形态的本质特征，只是不同社会制度的国家意识形态的具体性质、内容和表现形式不同而已。抹杀意识形态的阶级性，企图建立一种超阶级的、脱离现实的政治经济关系的意识形态，只能是一种幻想，或者是一种欺骗。

资本主义国家的学者否认意识形态的阶级性，企图降低科学社会主义的革命性，掩盖无产阶级意识形态和资产阶级意识形态的对抗性，既是在新的历史条件下对无产阶级意识形态斗争的新形式，也反映了意识形态领域斗争的复杂性。我国是当今世界最大的社会主义国家，必然会长期面对各种敌对势力在意识形态领域的渗透活动。我们要清醒地看到“去意识形态化”“去政治化”的思潮和倾向对于社会主义事业的危害性。

从不同社会制度国家的意识形态工作中得到某些启示，结合我国的实际为我所用，是有益的。但是，我国建设社会主义核心价值体系的基本内容是：“马克思主义指导思想，中国特色社会主义共同理想，以爱国主义为核心的民族精神和以改革创新为核心的时代精神，社会主义荣辱观。”与资产阶级的意识形态有本质区别，两者具有明显的排他性。西方敌对势力对我国实

① 沈壮海. 思想政治教育的文化视[M]. 北京：人民出版社，2005：324.

施西化、分化的政治图谋，就是企图动摇马克思主义在我国意识形态领域的指导地位，搞乱人们的思想，公开或隐蔽地传播其社会政治理念、价值观念，鼓吹西方社会政治制度，宣扬美国生活方式，疏离人们与本国文化传统和民族精神的联系。

只要世界上存在社会主义和资本主义两种社会制度、就必然存在两种意识形态的对抗和较量。如果背离马克思主义的指导和中国特色社会主义的政治方向，就必然受到资产阶级政治理想、价值准则、道德观念、行为规范的蛊惑和诱导，陷入资本主义意识形态的迷途。

2. 正确发挥对社会主义市场经济的指导作用

我国实行社会主义市场经济体制，社会主义是目标，具有明确的指向性；市场经济是手段，具有极大的自发性。两者之间有相适应的一面，市场经济的利益机制，可以在更大程度上驱动人们的积极性，有利于经济的发展，符合以经济建设为中心的要求。但经济利益一旦成为人们衡量一切的价值尺度，特别是成为人生价值取向，就会以谋取个人利益为人生目的；利益最大化的理念导致不择手段地攫取财富，就会危害社会安全和人民群众的切身利益；经济发展的成果不能为人民共享，就会拉大贫富差距，与实现共同富裕的目标背道而驰，等等，又与社会主义指向性要求有不相适应的一面。

当前，在思想政治教育的实践和理论研究中，不加区别地强调一切都要适应市场经济发展的要求，就有片面性，难免陷入误区，弱化了思想政治教育的现实作用，导致思想政治教育实践面临许多困扰。如何驾驭市场经济沿着社会主义的指向发展，运用市场经济手段达到实现社会主义的规定目标，既发挥市场经济的长处，又发挥社会主义制度的优越性，两者协调一致，这是需要在中国特色社会主义理论与实践的发展进程中探索解决的根本性问题，也是赋予思想政治教育科学研究的历史重任。

3. 增强自觉的学术精神

学术精神的本质是崇尚真理、讲求科学，在科学实践和论证的基础上发现真理、发展真理。学术研究需要研究者认真求实的学术精神、严谨严格的治学风格。学术研究于研究者不仅是职业，也是事业和志业，研究者对学术研究需常怀敬畏之心，才能做到端正学风，求真、求实、自省、自警，尊重学术。思想政治教育研究只有带着高度的责任感和使命感，才能自觉担当学术责任和社会责任，聚焦关乎时代发展的大问题，将基础理论与实际工作并重，学科建设与政策建言同行。通过自己的研究推进思想政治教育的发展和繁荣。力戒浮躁心态，不断进行思想政治教育研究的反思、批判、自省，树立学术创新意识，增强思想政治教育的学术品位、文化品位，不断推陈出新，返本开新，推进思想政治教育研究的深入发展。在思想政治教育研究中，要正确地把握几个关系：一是坚持中国特色社会主义政治方向，又不脱离初级阶段社会实际；二是坚持马克思主义（即辩证唯物主义、历史唯物主义）基本立场、观点、方法，又与时俱进拓展思路和眼光；三是坚持理论的原则性，又理解政策的灵活性，把握两者的辩证关系；四是既要作发展战略性思考，又要落到阶段性实践目标上。

4.谋求学科的规范发展

目前,思想政治教育学科的研究已经开始从粗放式、自发式、经验式的发展转向精细化、自觉式、科学化的规范发展。提倡规范式发展,就是在学术活动过程中遵守学术研究的一般规则。思想政治教育学科发展应该具有相对明晰的研究方向、相对稳定的研究对象、相对固定的研究领域和相对明确的研究方法的需要。只有规范发展,才能遏制学术混乱与无序,才能真正繁荣思想政治教育学科、促进思想政治教育理论和实践创新,促使思想政治教育在原有基础上更系统地发展。

谋求思想政治教育学科的规范发展,需要处理好学科的独立品性与借鉴发展的关系。一要有"学科意识"。所谓"学科意识",是指研究者和学界同仁需将思想政治教育作为独立的学科,从学科的高度予以建设与对待,将之作为学者的学术基地和精神家园,避免随意突破学科边界、混淆概念、刻求新意的学风;二要打破学科壁垒,不能有"门户之见"。所谓打破学科壁垒,是指思想政治教育学者需有博大的胸怀、开放的视野,借鉴其他学科的有益成果,开拓国际领域。在有效"整合"中实现创新,不断深化对思想政治教育发展自身规律的认识,构建思想政治教育独立的学科体系。三要优化学科研究方向和方法。思想政治教育学在学科建设中既要着重搞好时代感、现实性强的应用课题研究,又要加强实践基础上的基础理论研究;既要抓好主干学科的课题研究,又要抓好分支学科的课题研究;既要搞好以发展学生智力因素为主的分支学科课题研究,又要大力开展以发展学生非智力因素为主的分支学科课题研究。学科建设只有达到发展智力因素和发展非智力因素研究的有机统一,才能指导思想政治教育实践,促进学生知、情、意、信、行的均衡发展,培养出理论与实践统一、知行合一、品德优良的人才,使学生不仅学会做事,而且首先学会做人并学会创造。科研方法的创新是学科体系和学术观点创新的关键条件。要坚持理论与实践统一、真理性与价值性统一、工具价值与目的价值统一,基础研究、应用研究、咨询研究相结合。

5.建立学术的争鸣机制

坚持一元化指导与多样性共存的方针。在坚持马克思主义指导地位的前提下,要尊重差异、包容多样,积极引导社会思潮。既坚持"一元统领""协调有序",又坚持"兼容共生""和而不同",在包容多样中形成"思想共识",引导社会思潮向积极健康的方向发展。要坚持"双百"方针,严格区分学术问题和政治问题的界限。既不能把一般的学术问题当作政治问题,也不能把不同的学术观点之争、把学术理论探讨中的失误视为反马克思主义。特别是在改革开放和建立与完善社会主义市场经济体制过程中,新情况新问题不断出现,需要我们解放思想,勇于创新,提出一些马克思主义经典作家没有讲过的思想和观点。只要是有利于完善和发展社会主义制度的,我们就应该鼓励而不能视为是反马克思主义的。因此,在科学研究中,一方面应鼓励大胆探索,锐意创新,另一方面对那些真正反马克思主义的观点,要旗帜鲜明地抵制和批评。许多学科发展的历史启示我们,真理经由争论得来,学术批评和学术争鸣是推进学术发展和学科建设的关键。谋求思想政治教育学科的健康发展,提高思想政治教育的研究水平离不开学术争鸣和学术批评。思想政治教育研究者应保持宽广的学术视野和宽容的学术心态，通过学术争鸣和学术批评，积极进行平等的学术商榷和深度切磋，进行充分的学术交流、观点碰撞、思想交锋，达到互相取长补短，相得益彰的目的，避免曲解和误解，推动思想政治教育研究增进理论共识，提高学术品位，实现学术繁荣。

6. 转换研究方式

(1)树立问题意识。研究方式的重审与转换是成熟理论通常的发展模式。随着社会的不断发展与学科研究的日渐深化，思想政治教育研究面临着研究方式的重审与转换。思想政治教育的研究方式通常有两种方式：一是理论式研究。即从抽象的、理论的层次和角度对思想政治教育学科进行研究。二是问题式研究。注重从实践的、实证的、实效性角度对思想政治教育进行研究。思想政治教育的实际工作者和管理部门，多采取经验概括、案例分析、工作总结的研究方式。以上两种思想政治教育的研究方式各有其内在的合理性和必要性，同时也都存在着自身潜在的、隐性的不足。两者结合，优势互补，才能处理好把握理论与面向现实、借鉴继承与发展创新的关系，才能使思想政治教育适应社会实践发展的现实需要，谋求思想政治教育学科更好更快地发展。

思想政治教育学的生命力彰显于其对社会生活的积极影响程度。面对当今中国社会生活领域日益深刻而广泛的变革，面对社会利益群体、社会阶层的日益多样化发展，思想政治教育研究应更大程度地向广阔的社会领域开放。思想政治教育研究者要有高度的社会责任感和历史使命感，坚持理论联系实际，树立问题意识，跟踪理论与实践前沿，以深入研究重大理论和实际问题为主攻方向，将个人的学术兴趣与社会的需要结合起来，将学术责任与社会责任结合起来，将繁荣发展思想政治教育学科体系的过程与发挥思想政治教育学的社会作用、促进社会的全面发展与进步结合起来，在对社会价值观念系统多样化态势的深刻而真切的感知与把握中，敏锐地捕捉实践发展提出的崭新问题、真切关注新需求，并努力做出有针对性、有说服力的回应，更加有力地助益于社会主义核心价值体系的建设。拓展思想政治教育的研究视野，增强思想政治教育研究服务实践发展的能力。

(2)构建实践机制。有生命力的思想政治教育研究，无法来自书斋之中的冥想和本本中的寻章摘句，而只能来自对思想政治教育实践的深刻体验和理性升华。随着思想政治教育学科化发展程度的不断提升，应当及时构建思想政治教育研究人才的实践参与或体验机制，有效沟通思想政治教育实践发展与理论研究之间的联系，使得研究者能够更多地在实践中而不是在本本中发现新问题、真问题，挖掘新材料，采集新数据，提出新观点，采用新方法，构建新理论。通过学以致用，学用相促，促使研究者的思维的独立性不断提高，思维的发散性不断扩大，思维的批判性不断自觉，以求真务实、不断创新的学术精神，探索思想政治教育的规律与发展问题；形成有利于创新的价值取向和志趣追求。这是思想政治教育学术发展的根本动力所在、营养源泉所在。

思想政治教育研究者在理论研究中，要以更大的自信与勇气，积极进入到更加广阔的哲学社会科学主流论坛。从本学科的视角，广泛参与哲学社会科学领域众多话题的探讨。以更加宽广的眼界和更加敏锐的意识，以我国改革开放和现代化建设为中心，着眼于马克思主义理论的运用，持守服务社会和人生的目标，真切关注社会主流意识形态和民众思想政治素质的提升。真正关注新问题、聚焦大问题、切准真问题，自主回应问题，与相关学科研究力量一道，共同参与到对这些重大理论和现实问题的研究与回应中，以充分发挥本学科认识世界、传承真理、创新理论、咨政育人、服务社会的作用，实现思想政治教育科学性与政治性的高度统一。

(3)探索交叉学科研究模式。当今社会，全球化正在改变和重构我们的生活方式，它不仅对当代中国政治、经济和文化产生深刻影响，而且对思想政治教育提出了严峻的考验。现实问题的复杂性使得思想政治教育研究不再局限于某一两门学科，而是需要更多的学科共同对话、协同攻关。因此，深刻分析和把握思想政治教育相关学科发展的新趋势，探索交叉学科的研究模式，成为思想政治教育创新发展的迫切需要。

学科交叉是思想政治教育创新发展的趋势。学科交叉是科学创新的时代特征。人类社会进入由大科学、高技术、大工程支撑大经济、大社会的新格局。人类正处在一个从解决彼此分隔的单一问题向解决跨学科、跨领域、跨层面的“问题群”转向的时代。随着科学技术向纵深方向发展，学科之间表现出既高度分化又高度综合的大趋势，学科的交叉融合成为科技发展的时代特征和创新源泉。思想政治教育要完成推动素质教育深入发展的光荣使命，发挥其特殊的功能，必须很好地顺应这种趋势，突破原有的思维方式和实践维度，贯通思路，整合知识，推动创新；必须要借鉴吸收其他学科的知识体系，在相关学科发展拉动和促进下，实现理论来源、知识体系和实践方法等方面的突破。我们开展思想政治教育工作的大环境已经发生了巨大的变化，历史与现实、传统与现代、物质与精神、本土文化与西方文明，各种观念和思潮交织在一起，单一的学科知识已经不足以很好地处理各种纷繁复杂的问题，需要多学科的知识体系融入到思想政治教育工作中来。思想政治教育是一门综合性学科，本身就存在着交叉融合的趋向，随着马克思主义理论一级学科的确立，思想政治教育与多学科交叉、融合的趋势将会进一步加强，多学科之间相互配合、相互支撑的局面将会进一步形成。

思想政治教育问题的多维性需要学科交叉。思想政治教育所要解决的问题是教育对象全面发展和健康成长过程中面临的种种问题，这些问题涉及的内容多、范围广、难度大，仅靠一个学科难以胜任和完成，需要从多学科视角寻求对策；在遇到实际问题时，自觉地从宏观视野通过学科的交叉研究，谋求解决问题的新思路与新方法。特别是学校思想政治教育是以最具活力和创新精神的青年学生为对象的复杂系统工程，这就决定了学校思想政治教育必须具备交叉学科的视野，才能推动研究和实践工作不断进步。思想政治教育问题的多维性、多样性和单一学科的独特性、专门性，产生了差距和矛盾，解决客观存在的复杂多维的思想政治教育问题往往需要多学科、跨学科的共同合作，需要不同学科之间的相互交叉和融合。

思想政治教育的创新发展需要学科交叉。首先，学科交叉将进一步拓展思想政治教育研究的范围和层面。思想政治教育的创新发展，要求大胆吸收和借鉴反映时代要求、体现时代进步的自然科学和社会科学文明成果。其次,学科交叉将进一步丰富思想政治教育的研究视野和实践方法。推动思想政治教育的跨学科研究将有助于丰富思想政治教育学科体系,加深对思想政治教育交叉性、综合性等特征的认识和把握,同时,通过比较、借鉴其他学科的理论与方法,吸收有益的要素,完善思想政治教育学科体系,进而开辟思想政治教育新的研究领域,拓展思想政治教育新的研究视野。再者,学科交叉将进一步促进思想政治教育学科的建设和繁荣。学科交叉作为一种研究背景和研究趋势,要求思想政治教育保持贯通性,具备整合性。学科交叉研究作为一种研究方法,必将拓宽思想政治教育学科的实践基础,推动思想政治教育实效的改善。交叉学科作为一种新的学科形态,能够促进思想政治教育学科的领域发展、形态发展以及功能发展。交叉学科作为一种教育方法,有利于培养全面发展的人才。要更好地实现高校思想政治教育的科学发展,思想政治教育工作者必须要有坚实的学科理论基础,掌握与思想政治教育学科紧密相关的诸多学科知识,能够运用多种学科知识和方法去观察、分析各种思想政治教育现象,并在各种知识的碰撞中拓展思路。

科学运用多学科理论,推进思想政治教育工作创新。运用多学科理论与方法推动思想政治教育创新发展需要强化问题意识、开放意识和培育意识。思想政治教育本身综合性强,与哲学、教育学、伦理学、管理学、心理学、社会学等学科都有着密不可分的联系。在运用多学科理论与方法的时候,要把握思想政治教育的政治方向,坚守思想政治教育的学科自信,要坚持研究主体上的开放性,要扎实推进交叉学科教育,建立交叉学科研究平台,营造学科交叉的学术环境。思想政治教育要强调多学科理论与方法的综合运用,要打破常规,树立多学科协同攻关的意识,破解发展难题。

加强思想政治教育工作队伍建设,形成和强化教育合力。培养思想政治教育队伍的专业化是思想政治教育工作创新的必然要求。应进一步提升高校思想政治教育工作队伍的学术研究水平、实践能力,同时大力发展人文等相关学科专业教师对思想政治教育学科领域的探索和研究。还应考虑如何有效地将相关学科领域的优秀学术人才引入本学科学术领域,进一步壮大本学科学术研究的新生力量。理论工作者与管理工作者要密切配合,相互协作,建立有效的合作机制,形成和强化教育合力,丰富和发展思想政治教育方法,构建和完善思想政治教育理论体系。只有把理论工作者的科学研究和实务工作者的行动研究结合起来,采取多元、多样、多种取向共同融合的发展路径,实现优势互补,协调联动,既在加强改进思想政治教育、提高实效性中推动理论创新和学科发展,又要在发展完善思想政治教育学科理论体系中更好地为思想政治教育服务。才能从多个层面推动思想政治教育的科学发展,推进其学术研究视野的积极拓展,为加强改进思想政治教育、为坚持和巩固马克思主义在意识形态领域的指导地位,提供有力的学科支撑。

拓宽多学科的视野,探索把自然科学相关理论方法引入思想政治教育实践中的途径与方法。思想政治教育属于人文社会科学研究的范畴,但自然科学的相关理论与方法对解决思想政治教育面临的问题有着不可替代的价值。工程思维的思想政治教育应用,即按照工程思维的特点，思想政治教育创新工程的进行必须具备一定的统筹性和方向性，思想政治教育实施的方法和途径应根据实施效果进行必要的调整，达到过程可控制，可以采取工程方法，如数学建模、仿真计算、统计分析等对教育的效果进行评估。计算机学科发展的“微型化”“移动性”趋势，使思想政治教育“第三课堂”成为现实；计算机学科发展的“智能化”趋势，使“虚拟实践”成为可能；计算机学科发展的“多媒体”趋势，使思想政治教育“眼球之争”更趋白热化，所以应建设思想政治教育网军队伍，并开展“人机结合”科学研究。

积极跟踪学科发展前沿，以多学科的理论方法变革为依托，促进思想政治教育的理论创新和实践发展。思想政治教育工作要坚持继承与创新结合，丰富与发展并进，依托思想政治教育本身的实践活动和实践经验，保持与时俱进的理论品质，借鉴相关学科的理论与方法，进而实现理论和实践的创新。一方面，在思想政治教育的学术研究中，要注重积极借鉴相关学科的从研究内容到研究方法、研究思维的新发展、新成果，根据本学科学术发展的需要，及时转化和消化到本学科领域，为本学科的学术发展提供新的知识积累、新的方法论借鉴和新的思维启发。另一方面，对思想政治教育领域内的重大理论和现实问题的研究，可以考虑吸纳相关学科领域的研究力量参与，在多学科的共同参与中，增强学术研究回应思想政治教育领域重大理论和现实问题的能力，推进思想政治教育学术研究的新发展，实现思想政治教育工作由传统的经验型向现代的科学性转变。

虽然跨学科研究在思想政治教育学科建设中的作用明显，但其全面发展和广泛应用还有待于进一步努力。应更加注重跨学科研究思想政治教育的综合性、融合性和应用性，推动相关学科理论与思想政治教育学科有机结合，切实推动相关学科理论向思想政治教育学科的理论转化，才能不断增强思想政治教育的学科自信，才能形成具有自身独特学科特色的思想政治教育理论体系，才能不断推动思想政治教育学科的健康、持续发展。

第三节　思想政治教育专业大学生毕业论文

毕业论文是思想政治教育专业大学生专业学习的重要内容，能够检验学生综合素质，培养学生的科研意识，增强学生的实践技能。

1. 能够检验人才培养的综合素质

学生在校期间的各门课程的考试和考查只是对其单科知识的成绩考核，而毕业论文才是对其知识和能力的全面衡量和综合考核。通过毕业论文的写作与答辩，可体现出论文作者在该学科内，是否具有较宽的理论基础和系统深入的专业知识，是否具有较强的独立从事科学研究的潜力，是否具有良好的对科研成果进行总结归纳的能力，是否具备了应用相应的专业理论知识分析、解决现实问题的能力。因此，通过毕业论文的写作可反映作者的思维及才学素养。同时也可根据论文是否已达到国家学位条例对于学士学位的论文要求，检验学校的人才培养规格和目标。

2. 能够培养学生的科研意识

毕业论文的全过程是学生开展科学研究，接受科研训练，创造科研成果的过程。从毕业论文的选题到具体内容的实施，从文献检索到论文的写作完成，从论文的评审修改到参加答辩，学生无不感受浓厚的学术氛围。在完成论文的各部分进程中，学生都接触科学、感受科学、品味科学、走进科学，潜移默化地树立起严谨、求实、创新的科学作风，激励学生自觉地融入到科学研究的氛围。

3. 能够增强学生的实践技能

很多应用型的题目，要求学生必须理论联系实际，结合社会实践、毕业实习，培养自己运用专业理论知识发现问题、分析问题、解决问题的能力，这种训练是课堂教学无法替代的。

4. 能够提高学生的创新思维

本科毕业论文要求取得创新成果相对较难。但通过相关文献查阅和搜集，学生们能够学会提出问题和界定研究范围，了解前人研究现状，掌握所选题目的研究价值和现有研究的不足。通过资料的采集、整理和调查，并结合自己所掌握的知识，能够学生促使调动创新潜能，增强学生的创新精神和创新能力。

一、思想政治教育专业大学生毕业论文存在的问题

思想政治教育学是一门年轻的学科，还缺乏成熟的研究范式。从思想政治教育专业大学生毕业论文状况分析，普遍存在以下问题。

1. 论文选题

题目是论文的眉目。选题是毕业论文写作的首要环节，决定着研究、写作的基本方向，关系到毕业论文写作的成败。好的选题应该满足两个基本条件：一是价值性，能解决现实中存在的问题，在理论或实践上有所创新；二是可行性，即切合研究者自身实际，难易适中，具备研究所需的主客观条件。要确定好的选题，有赖于大学生的学识积累，对学术动态的关注，对学术信息的掌握和对社会实际的独到眼光。大学生毕业论文写作在选题环节上常常存在如下问题：

(1)主观随意，无的放矢。从方向的确定到范围的选择再到题目的拟定，都属于选题的基本内容，也是选题的基本过程。这个过程包含了极为艰辛的分析思考活动。有的大学生没有经过深思熟虑，不阅读资料文献，不做研究分析，在积累不厚实的情况下，随心所欲拟出题目，并急切地投入写作。

(2)好高骛远，贪大求全。有的大学生所选课题过大，超出了自己的实际能力，要完成这样的选题，除了做“文抄公”之外，是力所不及的。

(3)追赶新潮，专凑热闹。什么新潮、什么热门就选什么，如好些同学不顾自己的专长，结果写出来的东西大同小异、缺乏特色。

(4)过于冷僻，力不从心。有的同学本想以新取胜，但由于选题过于冷僻，难以收集到所需

资料，且研究功力不深，致使整个写作过程步履维艰、处处卡壳，十分被动。

2.论文资料

搜集和占有充足的资料是毕业论文写作的基础性工作。研究课题的发现和选择、创新灵感的激发、真知灼见的萌生、观点的分析论证，都应建立在广泛涉猎、获取丰富的信息资料的基础上。研究课题一旦确定下来，能否通过各种媒介、工具、渠道搜集到研究所需要的信息资料，关系到毕业论文能否做到言之有物。这是大学生毕业论文写作中最薄弱的一个环节，存在的问题有：

(1)心浮气躁，怕花力气。有些同学写作毕业论文不是为了提高自己的科研、写作能力，而只是为了应付差事，因此在写作过程中心浮气躁，怕花力气，懒于搜集信息资料，匆忙动笔。由于手头资料不足，视野狭窄，论文内容难免单薄贫乏、空洞无物。

(2)不得要领，盲目低效。有些同学没有掌握搜集信息资料的方法和技巧，不懂得怎样通过访谈、问卷调查获取实际材料，怎样借助工具书查找文献资料，怎样上网搜集信息资料，只是盲目地东翻西找，虽花费力不少却事倍功半，查找不到所需资料，写作活动进展缓慢、效率低下。

(3)重理论性资料，轻实例数据。毕业论文写作中的资料归为两类：一类是理论性资料，一类是客观性资料。理论性资料偏重于抽象的分析和阐述，客观性资料则偏重于具体的说明和实证。客观性资料一般为实例和数据，它对于增强论文的可读性和说服力具有重要作用。在写作实践中，一些同学重视理论性资料的收集却轻视实例和数据，很少使用案例来分析说明问题，显得空泛而不切实际，弱化了论文的实用价值。

3.分析研究

详细地占有信息资料只是写好毕业论文的前提条件，要形成独到新颖的观点，还要对感性的信息资料进行理性的分析。既要善于运用逻辑思维，更要善于运用创造性思维。该环节的问题主要有：

(1)懒于思考，满足于做“文抄公”。毕业论文的写作过程实际上是个学习研究的过程，而科学研究要有严谨的科学态度，要进行高强度的心智运作，要作认真的思考，这是毕业论文写作最艰苦的探索阶段。有些同学刻意找捷径，最轻松省事的做法就是“剪刀加浆糊”，从收集来的资料中东抄一段西抄一段，然后拼凑交差了事。

(2)就事论事，简单肤浅。毕业论文不是一般的议论文章，也不是经验总结，不能只停留在描述现象、事实的感性层面上，而应该具有一定的理论深度，能透过纷纭复杂的现象揭示出事物的本质和规律。有些同学不善于运用所学理论知识，对问题不进行深入的分析思考，只是罗列现象、就事论事，把些资料、事例堆积在一起，然后无关痛痒地议论几句，思维缺乏穿透力，显得简单肤浅。

(3)人云亦云，缺乏己见。学术论文要具有学术价值，就要有一定的独创性。毕业论文对独创性的要求虽然不像专业研究者的学术论文那样高，但优秀的毕业论文也必须具有一定的创意，具有一些新东西，如新的见解，新的思路，新的资料，新的视角。但许多同学的毕业论文人云亦云，缺乏独立的思考、独特的视角和独到的见解。

4. 提纲拟定

编拟写作提纲起着理清写作思路、构筑论文架构的作用。拟好了详细的提纲，理清了写作思路，论文写作便水到渠成。一些同学把编拟提纲当成负担，只拟个简单的提纲应付，写作时就只跟着感觉走，心中无数，思路混乱。

5. 初稿写作

毕业论文的初稿是前面各阶段研究、构思成果的物化形式。该环节的突出问题有：

(1)粗制滥造。一些同学由于对前期选题、集材、研究、构思不够重视，所下功夫不够，因而初稿写作缺乏坚实的基础，这样炮制出来的东西必然是粗制滥造的大杂烩。

(2)语言表达能力差。许多同学不讲究语法修辞，不懂逻辑规则，导致词不达意，句子不通顺，意思不连贯，语病连篇。

(3)论文格式欠规范。许多毕业论文存在着关键词缺失或标注失当，内容摘要概括不准确，文中引文、注释不合要求，没有参考文献，层次序数的使用不规范等问题。

6. 修改定稿

有些同学心急气躁，粗枝大叶，不重视论文修改，常常把初稿当定稿。只有精益求精，反复修改，精雕细刻，才能查漏补缺，提升层次。

7. 论文指导

论文质量与导师的有效指导之间存在高度相关性，如果导师在本学科领域研究不深、视野不宽，指导不力，论文质量会受到相应影响。

(1)高比例的兼职导师。思想政治教育学科兼职导师主要包括校内兼职和校外兼职两种情况，兼职导师在导师整体结构中占有相当比例。兼职导师中党政领导比较多，领导当兼职导师的现象在全国各高校普遍存在，党政领导虽然可以为专业发展提供有利的社会资源和信息资源，但由于其行政事务繁忙而指导学生研究的时间和精力得不到保障，从而可能影响论文的学术水平。

(2)跨学科指导。由于专业之间存在一定差别，并且其他专业教师的知识结构与思想政治教育专业所需要的理论要求之间存在一定距离，导师对学生的指导的权威性不够。

二、思想政治教育专业大学生毕业论文写作规范

(一)端正写作态度

近些年来，社会上急功近利的浮躁之风也影响到高校的学术研究，影响到毕业论文的指导和写作。不少思想政治教育专业的大学生对毕业论文的写作不加重视，草率马虎、敷衍了事，毕业论文质量粗糙低劣。要消除毕业论文写作中的种种问题，首先必须引导思想政治教育专

业的大学生充分认识毕业论文写作的意义，端正心态，力戒浮躁之风，变急功近利为脚踏实地，将做人与治学结合起来，完善人品和文品，这是根治毕业论文写作病的前提。

（二）强化毕业论文的指导

目前高校毕业论文的指导主要采取两种方式：一是开设毕业论文讲座，二是配备指导老师。开设毕业论文讲座，要注意防止单纯灌输论文写作知识、从理论到理论的“空对空”偏向，增强讲座的针对性和实用性。要注意引导学生关注社会现实、关注学术动态，针对专业实践中迫切需要解决的问题进行选题训练。要让学生懂得论文写作的基本程序、基本规范，学会辩证思维、系统思维、创造思维，掌握论文写作的方法和技巧。

同时，要严格遴选指导教师。要严格以思想性、专业性和学术性三条重要标准来遴选和聘任导师，增强其责任心，以严谨的治学态度为学生做出表率，使学生受到熏陶和教育。另一方面根据思想政治课学科论文的特点，加强与所指导学生的联系和互动，组织形式多样的社会调查和实践活动，增加讨论社会热点问题的参与机会，促进思想政治教育学科社会功能的充分发挥。

（三）科学选题

1. 选题的原则

（1）大小适中。题目不能太大，太大难于驾驭，写出来的毕业论文内容比较空洞肤浅；也不能太小，毕业论文题目范围过于狭窄，往往难以查找相关文献资料，感到无从下手，难以展开，要量力而行。

（2）现实性。毕业论文的选题要具备问题意识，才能使论文具有针对性和实际效益。思想政治教育学不同于一般的学校道德教育、心理教育，它具有综合性、广泛性和社会性的特点，也由此要求思想政治教育学科研究不应仅仅停留在学科理论体系的建构与完备上，而应当在解决现实问题、推进学科运用性发展上展示其特有功能，彰显学科优势。社会的变迁中出现的许多新问题需要思想政治教育学科去解释和应对。因此应突破现有的研究范围，推进由主导性“学校型研究”的单向视角向综合性“社会型研究”多维视角的研究转向，从学校狭小的空间走向社会更广阔的天空。要广泛关注社会，将现实存在问题作为出发点和落脚点，发挥理论价值和现实的指导意义或推动作用。

（3）可行性。毕业论文的写作是一种创造性劳动，不但要有个人的见解和主张，同时还需要具备一定的客观条件。难易程度和工作量要适当，充分考虑到在一定时间内获得成果的可能性。由于个人的主观、客观条件都各不相同，因此在选题时，应结合自己的特长、兴趣及所具备的客观条件来选题。可从以下方面来综合考虑：

一要有充足的资料来源。缺少资料的情况下，是很难写出高质量的论文的。选择一个可以获得丰富资料来源的课题，对课题深入研究与开展很有帮助。要有浓厚的研究兴趣，选择自己感兴趣的课题，可以激发自己研究的热情，调动自己的主动性和积极性，能够以专心、细心、恒心和耐心的积极心态去完成。

二要有素材储备。选择那些有知识积累、实践经历或经验积淀，能发挥自己特长的课题。

(4)追求创新。选题要有学术意识。首先，要从寻找科学研究的空白处和边缘领域中选题。有些领域还存在许多空白，前人没有专门研究过或虽已研究但尚无理想的结果，或者只是研究了个别部分、个别侧面。应有独特的眼光和超前的意识去思索，去发现，去研究。其次，要从寻找前人研究的不足处和错误处选题。在前人已提出来的研究课题中，许多虽已有初步的研究成果，但随着社会的不断发展，需要总结实践中的新经验，回答实践中的新问题，还有待于通过补充或纠正来丰富、完整和发展。再次，从一些学术界观点有分歧，有必要深入研究探讨的领域选题。最后，以新方法、新角度选题。思想政治教育学科研究已经形成了较为成熟、稳定的研究格局，取得了丰硕的成果。填补空白，纠正通说，对大多数本科生而言显得极不实际。可以考虑从新的角度或使用新的方法研究对象，另辟蹊径，往往给人耳目一新的感觉。

虽然思想政治教育学具有强烈的政治性、意识形态性，但是作为一门学科、一种研究活动，与意识形态以及意识形态的宣传还应该有一定的区别。研究者必须坚守学术人的独立人格，奉行学术研究的内在逻辑，在与中央保持高度一致的同时要与社会现实保持必要的张力，致力于追求真理、维护社会正义。思想政治教育研究者当然不能在与世隔绝的环境下进行学术研究，需要高度关注中央政策，密切注意社会现实和实践状态，但决不能把自身“锁定”在中央政策的诠释者和盲目辩护者的角色上，否则思想政治教育学就会随着政策的更替、实践的反复而失去自主进行理论批判和知识建构的能力，学术就会随着政策的变化而不断变化，从而出现思想政治教育学科性与“无学科性”的悖论、思想观点的权威性与“无权威性”的悖论。

2.选题的方法

思想政治教育的学术论文，主要是文本研究，因此，论文题目的获得主要还是从文本入手。所谓文本就是指资料。选题有一个过程，通常可以采取先选出一个大的研究方向，再围绕该研究方向查找文献资料，通过阅读、思考、分析材料，逐渐把毕业论文题目范围缩小，最后选定题目。一般常用以下两种方法：

(1)浏览捕捉法。这种方法就是在大致确定了方向后，通过对占有的资料快速大量的阅读，而后在分析、思考、比较中确定题目的方法。这里应注意几点：一是资料的占有应达到一定的数量。二是应集中时间进行浏览，在阅读中比较鉴别。三是对资料要作较全面的研究，主要的、次要的、不同角度的不同观点都要了解。最后在消化资料中厚积薄发，提出问题，寻找自己的研究点。这种方法可分以下步骤进行：

第一，阅读资料并做笔记。主要记录资料的纲目，对自己影响深刻的观点、论据、论证方法；记录自己的体会；有重点地摘抄，并要记下资料的来源出处以及页码。

第二，对阅读内容进行分类、排列、组合，寻找问题。材料可按以下方式分类：系统介绍有关问题研究发展概况的资料，对某一个问题研究情况的资料，对同一问题几种不同观点的资料，对某一问题研究最新的资料和成果等。

第三，比较资料与自己的体会。其目的是找出哪些体会资料中没有；哪些体会资料中已有，但自己有不同的看法；哪些体会和资料基本一致；哪些体会是在资料基础上的深化和发挥；等等。经过思考分析，及时记录下这些想法，再深入思考，题目就会逐渐清晰具体。

(2)追溯验证法。根据平时的知识积累和实践经验，先提出一种设想，继而通过资料来跟踪、追溯该"设想"的价值性、合理性、可行性。

第一，看设想是否与别人重复，如果完全重复，最好改变；如果重复只是部分就应调整范围，在非重复的方面着力研究。

第二，如果自己的想法别人没有论及或研究得很少，再分析自己的能力和条件，可行就确定，不可行就放弃，重新考虑。

第三，要重视"灵感"的出现。在阅读资料中，有时会产生一些朦胧的火花，会突然有所发现，对于这种灵感千万不要轻易放弃，它很可能是对某一问题研究积累的理性升华，应顺势捕捉，追溯开掘。

3.题目的设计

毕业论文的题目可以只有一个正题，也可由正题和副题组成。还可以由正题和副题、分标题组成。

(1)题目设计的要求。

第一，题目要有学术性。对本科生来说，这一点应该特别注意。像《对……问题的一点体会》，这样的题目显然不具有学术性，不能够用来做毕业论文的题目。

第二，题目要具体、明确。要将研究的问题准确地概括出来，反映出研究的深度和广度，反映出研究的性质。一篇毕业论文的题目，首先能标识出你的研究对象，使人一眼便知你研究的是什么；其次，还要能标识出你的研究视角，将自己的讨论限定在一定的范围。像《论马克思》这样的题目，就不具体明确，太笼统宽泛。

第三，题目要简洁、新颖。题目要用尽可能少的文字表达，一般不得超过20个汉字。要用创造性的题目来标识论文研究的问题，不要千篇一律，与别人的雷同，也不要过于呆板。即使和他人讨论的问题可能大致相同，观点也基本一致，也要在标题上尽可能体现自己的新颖和特色。

第四，分标题的内容要与总标题要相符，形成统一的指向，不能交叉矛盾。

(2)题目的基本结构。

第一种结构形式：《论(浅论、试论)＋宾语》。特别要注意，"宾语"应是"名词"或"名词性短语"，比如，《论马克思主义的幸福观》。其变体可以为《宾语＋论(浅论、试论)》，比如，《思想政治教学中的主体性浅论》。

第二种结构形式：正题加副题组成。

第三种结构形式：用判断句式。如：《从"劳动创造了美"看美的本质》等。

(四)资料收集

通过资料收集,研究者可以较为全面正确地掌握所要研究问题的实质和背景,确定论文研究方向;为论文研究提供科学的论证依据和研究方法;避免重复劳动,提高研究效益。

1.资料的等级

(1)一次性文献(原始文献)。包括专著、论文、调查报告、档案材料等以作者本人的时间为依据而创作的原始性文献,是直接记录事件经过、研究成果、新知识、新技术的文献,具有创造性,有很高的参考和借鉴价值。但其储存分散,不够系统,需要花较大功夫搜集整理。

(2)二次性文献(检索性文献)。对原始文献进行加工整理,使之系统化、条理化,通常称为检索性文献,一般包括题录、书目索引、提要和文摘等。

(3)三次性文献(参考性文献)。在利用二次性文献基础上,对某一范围和内容的一次性文献进行广泛深入地研究后,综合浓缩而成的为参考性文献,包括动态综述、专题评述、进展报告、数据手册、年度百科大全、专题研究报告等。

2.收集资料的原则

在材料收集过程中,可以遵循以下五字原则,即"定、广、新、精、真"。

(1)"定"是指有目的有针对性地收集材料。围绕论文选题方向查找资料,决定材料的取舍,这样才能做到有的放矢,事半功倍。否则漫无边际地收集资料,既浪费时间,且可能收集到的资料还都是些次要的、无关紧要的材料,以至于材料不能充分论证观点,写出的论文也必然是平淡无色彩。学生们在收集资料过程中往往忽略了这一点,而是根据自己的喜好选择材料,文中虽有丰富材料,但所选材料却与观点风马牛不相及,或不能充分表现主题,削弱了论文的质量。

(2)"广"是指占有材料力求广泛。要通过多种渠道,采用多种方法力求全面收集资料,尽可能的全面和详尽,只有全面地占有资料,才能让大量的材料来充分而有力地证明观点。一切真正有科学见解的好文章、著作都是在详细地收集、占有资料的基础上写成的。马克思写《资本论》时,参阅了当时各国有关经济问题的大量材料,参考的书籍就有1 500多本,所作的摘录和笔记至少100多本。列宁写《唯物主义和经验批判主义》,就翻读了西方当时900种有关哲学、物理学方面的著作和论文。占有了丰富的材料,写出的论文才可能会有广度和深度,达到言之有物,反之,材料不足,限制构思,写出的论文则贫乏无力。

(3)"新"是指掌握最新的研究动态、最新的观点。尤其提倡通过亲自调查获得第一手资料,这样的资料常常最有新意。材料越新越有助于产生新的思考,激发新的创造。这就要求学生在收集材料过程中必须做个有心人,学会细心观察和捕捉新的变化情况和新的问题,从别人没有涉及、没有发现的方面或问题去准备材料和选用材料,从而使论文立意新颖。强调选择新材料,并不是说完全舍弃老材料、旧材料,对旧材料、老材料巧妙选用,赋以新意,同样可以表现深刻新颖的思想,给人以新的感受和启发。

(4)“精”是指使用材料力求精当。用在论文里的材料要少而精，不要罗列材料，堆砌材料。要选用典型性、代表性的材料。典型材料能反映客观事物的本质和共性，触及问题的实质，说服力强，选择得好，能起到“以一当十”的作用。否则取材不当，容易淹没主题或使主题转移。学生在收集材料时，要注意分析研究，将材料分类排队，区分主次，精选出那些与自己的选题方向关系紧密、有影响的资料，对自己有启发的和在学术界尚处于争议的资料，重点保存和占有，对一般的次要的资料大体了解即可。

(5)“真”是指所选择的材料要绝对的真实准确。学术论文的特点是学术性与科学性，因此所选择的材料必须可靠无误，符合客观事实，建立在真实材料基础上才能得出正确结论。如果使用的材料虚假、有出入，将会使别人对文章的可靠性产生怀疑，这样削弱了材料对论点的说服力。学生在选择材料时应尽量挑选搜集第一手材料，即使是第一手材料，也应百般挑剔，仔细推敲，对所占有的材料，反复核对验证，保证确凿可靠，如有可能，进行亲自调查。如恩格斯的经典著述《英国工人阶级状况》，就得自于他对 18 世纪末 19 世纪初德、英、法等国资本主义社会的工人阶级斗争细致入微的观察，通过亲自访问工人，及亲身观察，而获得第一手可靠的材料。

3.收集资料的方法

(1)文献查阅。文献查阅是大学生获取资料的一个重要途径，主要可通过以下渠道：

图书。图书中论述的观点都比较成熟，能帮助学生比较系统、全面地了解某一问题。对于初涉研究领域的大学生来说，在开始做论文之前，很有必要找一些相关书籍来帮助学生对所选题目做一全方位的了解。

期刊。最新的科学研究成果很大一部分是通过期刊发表的，具有及时性，是学生掌握各种新知识、新理论和最新信息的重要途径。而且期刊是连续出版，对期刊的查阅，能帮助学生了解掌握某一方向的研究动态。

报纸。报纸是各种新信息的最迅速、最灵活的信急来源。它反映的各方面新动向往往能使学生从中捕捉到新的灵感。

会议文献。会议文献具有专业针对性强，反映信息系统的特点，通过会议文献能搜集到最新观点、最新材料、最新研究成果，而其中的许多信息是未公开发表，其他途径无法获得的。

学位论文。尤其要注重对硕士论文和博士论文的查阅。这两类论文选题一般较为新颖，研究扎实深入。特别是博士论文，具有一定的创新性，往往代表着该领域的前沿动态，具有较高的参考价值。

(2)网络资源搜索。从网络中获取所需资料已成为当今人们获得信息的最通用的一种途径。通过网络能以最快的速度查找到国内外比较新的资料。网络上有很多大型免费的社会科学和自然科学专用资料库，以及世界上各个方面如政治、经济、文化、教育等最新动态，可为论文撰写者查询资料提供方便。可通过以下途径来查找资料。

一是利用搜索引擎搜索与选题有关的网站及网页资料，如用“百度”可广泛搜索中文信息资源。

二是利用网上的国内高校网站和国内公共图书馆网站搜索资料。

三是利用中国科研网、中国学术会议在线、报刊网站、期刊网站、能收集到许多重要科研论文及会议文献。

(3)观察与实地调查。观察是一种重要的研究方法,通过细心的观察和感悟社会生活,可以获得各方面的信息,从中受到启发,发现值得研究的课题。

实地调查,是深入社会,针对选题方向,通过访谈、问卷、专家征询等方法获取有关数据、实例、典型经验等相关资料。古今学者向来对实地调查都非常重视,通过实地调查,才能得到非常有价值的资料。

在进行调查之前,必须制订一个周密的调查计划,以保证调查质量。调查计划应包括确定调查目的、调查对象、调查地域、调查方法、调查项目及编制调查表等几个方面。观察与实地调查是获得第一手资料的最佳途径。

3.资料的筛选

获得了数量可观的材料后,便要对材料进行筛选、分类,使材料条理化,系统化,能为论文所用。对材料的筛选,首先是对材料进行阅读,然后进行辨析,挑选出有用的资料。挑选资料的过程还应遵循“确凿、切题、典型、新颖、充分”的原则进行操作。

(1)阅读。学位论文必须在规定的时间提交,对所有材料都进行仔细阅读显然不切实际。因此在对相关资料进行阅读时要采用泛读与精读相结合的方法。

泛读。学位论文需要丰富的资料充实,只有广泛涉猎,才能从众多的文献资料中找到与选题有直接或间接关系的材料。泛读就是用速读法把所有的材料浏览一遍,对材料有个大致的了解,区分出重要材料和次要材料,相关材料和无关材料。具体方法是:读文章的内容提要、文章的两头、文章的大小标题、每段的关键句。对于书籍先看书名,再看目录,从目录中挑选有用的章节阅读即可。这样用很短的时间就能对一篇文章或一本书有个大概的了解。

精读。泛读之后,选出与题目有关的重要书籍、材料,进行仔细的阅读,弄清它的内容实质,论证的方式方法,对其中的重要结论、精辟论述要深入地、反复多次阅读。在精读过程中要勤于思考,善于发现问题,提出质疑,这样才能有所创新。

(2)辨析。学生写作毕业论文收集到的资料大部分是间接得来的,因而对收集来的资料进行质量上的评价和核实,确定材料是否真实准确就显得很有必要。资料的真实性和准确与否直接关系到论文的真实性和科学性。有些通过观察与实地调查所获得的第一手资料,在是否具有普遍性、典型性,是否反映了事物的本质问题上也需要进行辨析。通常可采用分析与比较的方法。分析,就是分析资料的逻辑关系,考察其科学性,将出现了矛盾或不合情理的地方的资料从中剔出;比较,则是把内容相似的材料做比较研究,比较它们的论点、论证、论据、数据、结果等,以确定材料的正误,优劣。在比较过程中,遇到观点对立、难以判定的资料时,先暂时将材料搁放,继续收集同类资料,待资料较为全面时再做判断。在辨明材料的真伪之后,才能选取真实的能充分论证观点的材料为论文所用。

选择材料过程中还要善于遵循“确凿、切题、典型、新颖、充分”的原则，做到在充分的材料中优选确凿的，在确凿的材料中优选切题的，在切题的材料中优选典型的，在典型的材料中优选新颖的。

（五）确定格局

格局是指论文的思路、框架、轮廓，是论文谋篇布局的脉络和轨道。格局的构建即是材料的组合，应根据材料拟制论文框架。论文框架最好在现有材料的基础上搭建，或遵循材料时间的先后、或因材料之间内部的逻辑关系等而定，多侧面、多层次地阐释文章的主题。如论文框架不是建立在已有材料基础上，论文写作过程中论点的阐述将没有资料支撑。

（六）撰写开题报告

开题报告是指为阐述、确定和审核毕业论文题目而做的专题书面报告，它是实施毕业论文课题研究的前瞻性计划和依据，是监督和保证论文质量的重要措施。

开题报告的内容一般包括：题目、立论依据（毕业论文选题的目的与意义、国内外研究现状）、研究方案（研究目标、研究内容、研究方法、研究过程、拟解决的关键问题及创新点）、条件分析（仪器设备、协作单位及分工、人员配置）等。

1. 开题报告的内容和格式

（1）毕业论文的选题目的与意义，即回答为什么要研究，交代研究的价值及需要背景。一般先谈现实需要——由存在的问题导出研究的实际意义，然后再谈理论及学术价值，要求具体、客观，切忌空洞无物。

（2）国内外研究现状，即文献综述。文献综述既是主观的又是客观的。客观是因为它反映了某学科相关研究材料，他人、前人的研究成果；主观是因为综述是对前人、他人成果的总结归纳，归纳是否准确，是文献综述最重要的部分。必须涵盖国内外近几年的最新学术成果，洞悉国内外研究动态，把握整个研究趋势。要以查阅文献为前提，所查阅的文献应与研究问题相关，但又不能过于局限。与问题无关则流散无穷；过于局限又违背了学科交叉、渗透原则，使视野狭隘，思维窒息。所谓综述的“综”即综合，综合某一学科领域在一定时期内的研究概况；“述”更多的并不是叙述，而是评述与述评，即要有作者自己的独特见解。要注重分析研究，善于发现问题，突出选题在当前研究中的位置、优势及突破点。综述的对象还可以是材料与方法等。文献综述所引用的主要参考文献应予著录，一方面可以反映作者立论的真实依据，另一方面也是对原著者创造性劳动的尊重。只有建立在别人研究的基础上，自己的研究才有可能做得扎实严谨，才有可能进一步创新。

（3）毕业论文研究方案。研究的目标。只有目标明确、重点突出，才能保证具体的研究方向，才能排除研究过程中各种因素的干扰。研究的内容。要根据研究目标来确定具体的研究内容，要求全面、详实、周密。研究的方法。思想政治教育学科的研究方法多种多样，如理论联系实际的方法、比较的方法（纵向比、横向比）、个案研究法、实证研究法等，要根据需要正确选用。即便是别人已研究过的课题，只要采取一个新的视角，采用一种新的方法，也常能得出创新的结论。研究的过程。整个研究在时间及顺序上的安排，要分阶段进行，对每一阶段的起止时间、相应的研究内容及成果均要有明确的规定，阶段之间不能间断，以保证研究进程的连续性。拟解决的关键问题。对可能遇到的最主要的、最根本的关键性困难与问题要有准确、科学的估计和判断，并采取可行的解决方法和措施。创新点。要突出重点，突出所选课题与同类其他研究的不同之处。

（4）毕业论文条件分析。要突出资料、仪器、设备等物质条件的优势。明确自己的知识结构和能力。

（七）毕业论文写作

1.严格遵循规范

按照毕业论文的样式、范式写作。所谓样式，不同专业的学术论文有自身的结构体系和表达方式，它与调查报告、观点综述等文体有明显的区别，在写作方法上不能混同。所谓范式，即按照学校关于毕业论文的技术性规范写作。如开题报告，论文的题目、关键词、中英文摘要、正文、注释、参考文献，还有字体、标题等。

2.精心写作

（1）紧扣主题。论述要以论题为核心展开论述，既不要离题万里，宽泛无边；也不要思路狭窄，囿于一点。文章要有层次，层次围绕主题，多层阐述主题。

（2）讲究科学。概念和观点准确、严密，不断章取义，不刻意追求形式上的标新立异，不使用那些虽然社会上一度流行，但学术界尚未公认的“新名词”和“新理论”。论文的阐述宜客观，一般采用第三人称叙述，尽量避免使用第一人称。

（3）注重逻辑。应当注意论证的严密性和知识的系统性，围绕主题，有序拓展，逐步深入，注意段落与章节之间的逻辑性，忌采取跳跃式的写法。

（4）理论联系实际。理论的表述要有的放矢，不能空对空，要针对现实问题进行理论分析。应有实例来说明观点，或从实例中引出问题，或从实例分析中得出结论。

（5）鼓励创新。论文力求要有新意。不能简单地重复前人的观点，而应当有自己的独立见解。文章内容的叙述要详略得当，要注意避免重复。对于有新意、有争论的观点则要讲深讲透。

（6）论据翔实。必须有充分、翔实的论据材料作为支持，旁征博引、多方佐证，是毕业论文有别于一般性议论文的特点。论据要充分，还须运用得当。材料的简单堆积会导致文章拖沓和杂乱无章。论文中引用别人的材料和数据，尽可能是第一手资料，或经过权威部门发布的资料，以经得起推敲和验证。引用资料要准确标明原始出处。现在各种媒体和书刊，特别是网络，为我们获取信息大开了方便之门，可以学习借鉴、博采众长，但决不可投机取巧、抄袭剽窃，这应该是大学生最基本的学术道德底线。引用和抄袭有个重要的区别标准，就是在整体上是不是有自己的观点，有没有自己的立论，别人的文献是不是作为自己观点的一个补充和引证。如果没有形成自己的观点和判断，完全是把别人的东西搬过来，堆砌起来，这就难免会有抄袭之嫌。如果有自己的观点，引用资料是为作者的观点作注脚，这就是合理的引注。

(7)文字流畅。毕业论文要采用专业术语和书面语言，文字要有学术味，同时又不要晦涩难懂，要恰当把握理论性和通俗性的关系。

(8)修改定稿。论文写作要坚持不懈，争取在连贯的时间内拿出初稿。对初稿不必求全责备，可"粗"一些，待全部初稿写成后，再进行细致的斟酌，反思写作意图是否表达清楚，基本论点和分论点是否准确、明确，材料用得是否恰当、有说服力，材料的安排与论证是否有逻辑效果，大小段落的结构是否完整、衔接自然，句子词语是否正确妥当，文章是否合乎规范。

(八)本科生毕业论文的基本格式

1. 毕业论文的文本要求

(1)标题。标题应以最恰当、最简明的词语反映论文中最重要的特定内容的逻辑组合，要求做到文与题贴切。标题中不使用非规范的缩略词、符号、代号和公式等，通常不采用问话的方式。题名所用的每一词语必须考虑到有助于关键词和编制题录、索引等二次文献可以提供检索的特定实用信息，中文标题字数一般不超过 20 个字。如果有些内容细节必须进入标题，则可分出主标题和副标题。标题应确切、简练、醒目，在能准确反映论文特定内容的前提下，越简短越好。

英文标题。英文题名以短语为主要形式，尤以名词短语最常见，即题名基本上由一个或几个名词加上其前置和(或)后置定语构成。短语型题名要确定好中心词，再进行前后修饰。各个词的顺序很重要，词序不当，会导致表达不准。题名一般不应是陈述句，因为题名主要起标示作用，而陈述句容易使题名具有判断式的语义，且陈述句不够精练和醒目，重点也不易突出。少数情况(评述性、综述性和驳斥性)下可以用疑问句做题名，因为疑问句可有探讨性语气，易引起读者兴趣。英文题名的字数一般应不超过 10 个实词。

中英文标题的一致性。同一篇论文，其英文题名与中文题名内容上应一致，但不等于说词语要一一对应。在许多情况下，个别非实质性的词可以省略或变动。两者用词虽有差别，但内容应是一致的。

标题中的冠词。近些年标题中的冠词有简化的趋势，凡可用可不用的冠词均可不用。

标题中的大小写。标题字母的大小写有三种格式。一是全部字母大写；二是全部字母大写，但当标题为 3 个或 4 个字母以下时，冠词、连词、介词全部小写；三是标题中第一个词的首字母大写，其余字母均小写。目前第二种格式用得最多，而第三种格式的使用有增多的趋势。

题名中的缩略词语。已得到整个业界或本行业人员公认的缩略词语，才可用于标题中，否则不要轻易使用。

(2)摘要。摘要是论文内容不加诠释和评论的简短陈述。摘要一般应说明研究工作目的、方法、结果和最终结论等,而重点是有独创性的结果和结论。摘要在论文完成之后提炼,应有独立性和自含性,即不阅读论文的全文,就能获得论文必要的信息,供读者确定有无必要阅读全文,也供文摘等二次文献采用。摘要句型应力求简单,慎用长句,要表意明白,无空泛、笼统、含混之词。不必使用“本文”“作者”等作为主语。摘要应是一篇完整的短文,不分段落。摘要应用第三人称的方法记述论文的性质和主题。通常不用图、表以及非公用的符号和术语。中文摘要字数为200字左右,外文摘要可以为250个左右实词。正文用中文撰写,则将中文摘要置于作者下面,将外文摘要置于中文关键词之后;正文用外文撰写,则将外文摘要置于作者下面,中文摘要置于英文关键词之后。

英文摘要的时态。英文摘要时态的运用以简练为佳,常用一般现在时、一般过去时,少用现在完成时、过去完成时,进行时态和其他复合时态基本不用。涉及到公认事实、自然规律、永恒真理等,要用一般现在时。

英文摘要的语态。采用何种语态,既要考虑摘要的特点,又要满足表达的需要。现在主张摘要中谓语动词尽量采用主动语态的越来越多,因其有助于文字清晰、简洁及表达有力。

英文摘要的人称。行文时最好不用第一人称,原来摘要的首句多用第三人称开头,现在倾向于采用更简洁的被动语态或原形动词开头。

英文摘要的完整性。目前,大多数作者在写英文摘要时,都是把论文前面的中文摘要直接翻译成英文。这种做法忽略了这样一个事实:由于论文是用中文写作的,中文读者在看了中文摘要后,不详之处还可以从论文全文中获得全面、详细的信息,但由于英文读者一般看不懂中文,英文摘要成了他唯一的信息源。因此,这里要特别提出并强调英文摘要的完整性,即英文摘要所提供的信息必须是完整的。因此,在写作英文摘要时,要避免过于笼统的、空洞无物的一般论述和结论。要尽量利用文章中的最具体的语言来阐述作者的方法、过程、结果和结论,这样既可以给读者一个清晰的思路,又可以使作者的论述言之有物、有根有据,使读者对作者的研究工作有一个清晰、全面的认识。另外,由于东、西方文化传统存在很大的差别,我国学者在写作论文时,一般不注重(或不敢)突出表现自己所做的贡献。这一点与西方的传统恰恰相反。西方的学者在写论文时总是很明确地突出自己的贡献,突出自己的创新、独到之处。西方的读者在阅读论文时也总是特别关注论文有什么创新独到之处,否则就认为论文是不值得读的。由于中、英文摘要的读者对象不同,论文中的中、英文摘要不必强求形式上的一致,应该用简洁、明确的语言将论文的目的(Purposes)、主要的研究过程(Procedures)及所采用的方法(Methods),由此得到的主要结果(Results)和得出的重要结论(Conclusions)表达清楚,并简要说明论文结果和结论的应用范围和应用情况。

(3)关键词。关键词是为了文献标引工作,从论文中选取出来用以表示全文主题内容信息,具有实质意义的词或术语,应尽量用《汉语主题词表》等词表提供的规范词。对表达论文主题内容，有两层含义：第一，从形式上看，关键词是从论文的题名、摘要和正文中选取出来的词汇，因而它是作者的自然语言，即作者本人使用的词汇。第二，从内容上看，关键词必须具有特定的实际意义，应当是名词或名词性词组。第三，从作用上看，关键词必须能够表达论文的主题内容，具有检索价值。由于关键词是直接从论文题目、摘要或正文中抽取的，这个词在文章中是什么字面形式，作为关键词仍是同样的字面形式，不需按某种要求进行规范。另外，每篇论文的关键词一般选取 3～5 个，另起一行，排在“摘要”的左下方，关键词之间用分隔号分开。

(4)正文。正文是毕业论文的核心部分，占据主要篇幅。思想政治教育本科生毕业论文字数不同学校有相应的规定，一般文科类为 6 000 字以上。考虑个别选题的特殊性，学生论文字数的要求也可适当变化。由于研究工作涉及的学科、选题、研究方法、工作进程、结果表达方式等有很大的差异，对正文内容不能作统一的规定。但是必须做到客观真实，准确完备，合乎逻辑，层次分明，简练可读。

文内标题序号。由于毕业论文是一篇结构严谨、篇幅较长的学术论文，为保证其结构合理、逻辑清晰，论文一般需要使用标题来标识，这就是文内标题。目前，我国社会科学论文文内标题层次序号大多都通行汉字阿拉伯字混用，为一(一)1(1)①，统称为五级标题。使用标题序号时应注意以下方面：

第一，如果结构较为复杂，五级标题都要使用，那么要按照一级到五级的顺序，不可先用二级再用一级。否则被视为标题使用不规范。

第二，五级标题中，其中一级、三级、四级是基本标题，论文结构不复杂时，二级和五级可以不使用，只用基本标题。

第三，汉字序号后面一般用逗号，如“第一，”；阿拉伯数字后面一般用公元点如“1.”；带括号的不用加符号如“(一)”；序号与正文之间一般空半格为宜。

必要时正文前面可以有引言，引言主要说明研究工作的目的、范围、对前人工作的评述以及理论分析、研究设想、研究方法、预期结果和意义等。该部分应言简意赅，不能与摘要雷同，也不能成为摘要的注释。

必要时正文后面可以有结论，论文的结论是最终的、总体的结论，不是正文中各段小结的简单重复。结论应该准确、完整、明确、精炼。如果不可能导出应有的结论，也可以没有结论而进行必要的讨论。可以在结论或讨论中提出建议、研究设想、尚待解决的问题等。

(5)参考文献。参考文献是指为撰写论文而引用的有关图书资料。参考文献在正文中的标注法和书后参考文献的著录格式应贯彻 GB/T 7714—2005《文后参考文献著录规则》。在正文中，引用文献资料论述某个观点时，应在所引用段落或句子的右上角，用方括弧进行角注，并用阿拉伯数字注明资料的出处。正文中进行角注的数字编号应与文后参考文献表中所列出的文献资料编号相对应。题号、摘要、关键词等不出现文献的角注。

参考文献的类型以单字母方式标识：M——图书、专著，C——论文集，N——报纸文章，J——期刊文章，D——学位论文，R——报告。(对于不属于上述的文献类型，采用字母“Z”标识。)

参考文献的格式及举例：

第一，期刊类。[序号]作者.篇名[J].刊名，出版年份，卷号(期号).举例：[1]邱柏生.试论思想政治教育二级学科建设的主要任务[J].思想教育研究，2010(4).

第二，专著类。[序号]作者.书名[M].出版地：出版者，出版年份：起止页码.举例：[2]张耀灿，郑永廷.现代思想政治教育学[M].北京：人民出版社，2006：324.

第三，报纸类。[序号]作者.篇名[N].报纸名，出版日期(版次).举例：[3]李大伦.经济全球化的重要性[N].光明日报，1998-12-27(3).

第四，论文集。[序号]作者.篇名[C].出版地：出版者，出版年份：起始页码.举例：[4]伍蠡甫.西方文论选[C].上海：上海译文出版社，1979：12-17.

第五，学位论文。[序号]作者.篇名[D].出版地：保存者，出版年份：起始页码.举例：[5]许敏.道德教育的人文本性[D].东南大学，2005：1-7.

第六，研究报告。[序号]作者.篇名[R].出版地：出版者，出版年份：起始页码.举例：[6]冯西桥.核反应堆压力管道与压力容器的LBB分析[R].北京：清华大学核能技术设计研究院，1997：9-10.

第七，条例。[序号]颁布单位.条例名称.发布日期.举例：[7]中华人民共和国科学技术委员会.科学技术期刊管理办法[Z].1991-06-05.

第八，译著。[序号]原著作者.书名[M].译者.出版地：出版社，出版年份：起止页码.举例：辜鸿铭.中国人的精神[M].宋小庆，黄兴涛，译.海口：海南出版社，2006：100.

(6)注释。注释是对论文正文中某一特定内容的进一步解释或补充说明。注释前面用圈码①②③等标识。

(7)谢辞。为表示对他人劳动的尊重，用简短的文字，向指导、帮助自己完成毕业论文的指导教师和其他人员致谢；向某某资助或支持的企业、组织或个人致谢；向协助完成研究工作，提供便利条件的组织或个人，提出建议和提供帮助的人致谢；向给予转载和引用权的资料、图片、文献、研究思想和设想的所有者致谢；向其他应感谢的组织或个人致谢。

2.关于毕业论文的打印要求(有特殊要求不受此限制)

(1)毕业论文要按规定格式用计算机打印，纸张为A4。

(2)毕业论文文本打印格式如下：

题名采用小二号黑体字，居中，段前段后1.5行。

作者姓名采用小四号楷体字，段前0.5行，段后1行。

“摘要”采用小五号黑体字(英文“Abstract”采用小五号“Times New Roman”字型，加粗)，加粗；摘要内容采用五号楷体字(英文采用小五号“Times New Roman”字型)。

“关键词”采用五号黑体字(英文“Key words”采用小五号“Times New Roman”字型，加粗)，加粗；关键词内容采用五号楷体字(英文采用小五号“Times New Roman”字型)，关键词之间空一格，不使用标点符号，段前段后0.5行。

章节题目采用四号黑体字，段前段后1行。

正文内容采用五号宋体字（英文采用五号“Times New Roman”字型）。“参考文献”采用五号黑体字（英文采用五号“Times NewRoman”字型，并加粗），段前段后1行，参考文献内容采用小五号楷体字（英文采用小五号“TimesNew Roman”字型）。

章节题目间、每节题目与正文间空一个标准行。

页面设置为上下2.54cm，左右3.17cm，装订线0.0cm，页眉1.5cm，页脚1.75cm。

页眉以小五号宋体字键入“学校名称＋毕业论文”，居中。

页码是全文排印连续页码，页脚插入页码，居中。

中文（外文）摘要、关键词、参考文献的行间距均为18磅。

正文选择格式段落为：固定值，行间距为18磅，段前、段后均为0磅。标题可适当选择加宽，设置为：段前、段后均为3磅。

毕业论文的正文章节序号、所有文字、图表、公式等，必须符合国家有关科学论文的要求和规定。

3.毕业论文的过程材料

毕业论文封面；毕业论文文本；毕业论文登记表（含论文提纲、说明书、指导教师评价意见、答辩小组评价意见、答辩记录、答辩组成员、系毕业论文领导小组意见）；毕业论文指导记实；毕业论文开题报告登记表；毕业论文草稿（一般为一、二、三稿）；毕业论文相关的电子材料等。毕业论文装订归档时，应按上列顺序将过程材料装订。

4.论文答辩及注意事项

（1）内容熟悉。作为将要参加论文答辩的同学，首先而且必须对自己所著的毕业论文内容有比较深刻的理解，而且要全面把握与论文相关的知识。答辩时不能照本宣读，要做到概括简要，言简意赅，词约旨丰，一语中的。

（2）图表穿插。图表不仅是一种直观的表达观点的方法，更是一种调节论文答辩会气氛的手段。在论文答辩过程中适当穿插图表或类似图表的其他媒介，不仅可以直观地表达论文的观点，而且可以促进评委对内容的接纳和吸收，从而提高论文答辩成绩。

（3）表达清晰。参与毕业论文答辩同学一般都是首次。他们论文答辩时难免紧张，说话速度往往越来越快，以致毕业答辩委员会成员听不清楚。故毕业答辩学生一定要注意在论文答辩过程中用词恰当，语速适度，有急有缓，有轻有重，语言流畅，口齿清楚。

（4）表情自然。在论文答辩时，应注意自己的目光与论文答辩委员会成员及会场上的同学们进行交流，用目光的投射很礼貌地将他们的神“拉”回来，使其对自己的回答产生兴趣。

（5）体态辅助。如果答辩者能在最初以良好的仪态和风度体现出良好的形象，就有了一个良好的开端。应不卑不亢，充满自信，又谦虚礼貌。切忌刻板保守，怯懦自卑或傲慢自负。

（6）时间紧凑。论文答辩会对答辩有时间要求，故在毕业论文答辩前应该对将要答辩的内容有时间上的估计。在毕业论文答辩过程中就一些关键内容灵活地减少或增加，以有效控制时间，在限定的时间从容结束。

（7）紧扣主题。答辩委员们一般就论文所涉及的问题进行提问，在回答问题时要抓住每个问题的“中心”“症结”和“关健”，要思考从哪一个角度去回答问题最好，应举什么例子来证明最恰当，整理成回答提纲，列成几个小标题，条分缕析，环环相扣，将精华与最富特色的部分表述出来。切忌主题不明，内容空泛，平平淡淡，没有重点。

5. 论文答辩的评价标准

评委老师一般从以下方面评价：第一，理论功底，即学科基础知识是否系统扎实。二是创新性，是否有不同程度的新突破。第三，结构的逻辑性。整个论文的架构是否有逻辑性，章节之间的逻辑性是否周严。第三，文献是否丰富，有无重大遗漏。论文所涉领域的重要文献是否都被涵盖，以判断阅读量够不够。第四，作者的写作水平。文字表述是否清晰、流畅，概念界定是否清楚等。最后，文章是否自己独立完成。

6. 毕业论文的成绩评定

成绩评定包括指导教师预评成绩、答辩小组评定成绩、答辩委员会终评成绩一般采用五级分制，即优、良、中、及格、不及格。评定成绩时应着重考察以下几个方面：

（1）基本理论、基本知识掌握的深度和广度。要看其是否符合思想政治教育学科的独特的研究对象、研究方法以及思想表达的话语体系。

（2）对文献资料的理解深刻程度，资料收集、实验方法、数据处理等方面的技能水平，引用的资料、数据是否正确、可靠。

（3）有关论证的结构是否符合科学性、逻辑性，是否清楚、正确、严密，方案是否具有可行性、创新性，毕业论文的难易程度、完成任务的情况等。

（4）独立分析和解决问题的能力。

（5）写作水平。

（6）答辩时回答问题的情况。

毕业论文等级的评定方法，对毕业论文写作活动具有很强的导向作用。重结果而轻过程的评定方法有很大的弊端，有失公允，会助长毕业论文写作中投机取巧、弄虚作假的不良风气。必须建立科学合理的毕业论文等级评定机制，变静态评价为静态与动态评价相结合，变重结果为结果与过程并重。在评定学生论文等级、拟写鉴定评语时不仅要对论文本身的水准作出评价，还要对写作者在研究、写作过程中的态度、精神和能力的进步作出评价。只有注重过程，全面评价，才能全面客观地反映一个学生的整体素质和综合能力。

思考题

1. 改革开放以来，思想政治教育研究分为哪几个发展阶段？
2. 思想政治教育研究取得了哪些成绩？
3. 思想政治教育研究还存在哪些问题？

第七章　思想政治教育学教师的职业素养

思想政治教育教师专业化发展是当前思想政治教育改革实践的当务之急，必须由理念到途径，探寻多维建设的路径。要建立健全科学的评价原则和评价方法，对思想政治教育效益做出比较全面、科学的评价。这既是思想政治教育工作者提高专业素质的依据和动力，也是思想政治教育实践和学科理论发展的必然要求。思想政治教育学教学科研名师的专业素养、治学方法和学术风范堪为思想政治教育工作者的表率。

第一节　思想政治教育学教师职业素养的内涵

思想政治教育的职业大致可以分成三种类型：第一类是从事思想政治教育与教学，第二类是从事思想政治工作和思想政治教育管理，第三类是从事意识形态工作和管理。

高等院校思想政治教育专业是建设和传播思想政治教育理论的“重镇”，思想政治教育教师是建设和传播思想政治教育理论的基本队伍。思想政治教育与教学类职业由于其培养对象的的广泛性和连续性，培养形式的规范性，培养内容的系统性，社会意义重大，因而专门作为本章研究的对象。

思想政治教育教师专业素质是决定思想政治教育效果的关键因素。思想政治教育教师专业素质的提高是指思想政治教育教师在整个教育生涯中，通过终身的专业训练，树立专业信念，遵守专业伦理，习得专业知识、掌握专业技能，提升专业素养，实施专业自主，成为一名优秀思想政治教育教师的专业成长过程。

思想政治教育教师的专业化发展不是一个一成不变的、静态的理论概念，而是一个不断演变的、动态的发展过程，这个发展过程既包括学科专业性的发展，又包括教育专业性的发展。因此，思想政治教育教师专业化发展是一个动态的系统，其内涵的发展必将随着社会的发展而不断地丰富。当前应提倡思想政治教育教师队伍建设的“两家”模式——“马克思主义理论家”和“思想政治理论教育教学专家”。从事思想政治教育的教师必须精通马克思主义理论、中国传统文化、西方文化，成为精通“马中西”理论的专家。那种只通一门学科知识或一门学科知识中某一方向知识的专家，难当此重任。

1. 坚定的专业信念

思想政治教育教师的专业信念表现为教师对马克思主义理论学科的广泛认可及对共产主

义事业的执着追求。作为思想政治教育教师，首先要坚定马克思主义信仰，树立共产主义理想，并以此作为自己的精神支柱，以光荣的责任感和使命感自觉、理性地投入教育事业，自主自为地追求专业素质的发展，使马克思主义科学理论真正走入大学生的头脑。因此，本专业价值的认可与赞同不仅是思想政治教育教师专业化发展的内在动力，而且是思想政治教育教师形成专业发展意识、获得专业成长的重要保证。

2. 良好的职业道德

思想政治教育教师的职业道德是思想政治教育教师专业态度、专业情感、专业道德、专业形象等外在素质的集中体现。思想政治教育教师职业道德集中体现为：

(1)良好的职业态度——敬业、乐业、勤业。热爱马克思主义理论教师职业，忠诚马克思主义理论研究和教育事业，愿为马克思主义理论教学做贡献，把传社会主义的“道”、授马克思主义的“业”视为天职。

(2)高雅的生活情趣——求真、求善、求美。加强道德修养，陶冶道德情感、锤炼道德意志、确立道德信念，以高尚的人格力量、良好的师德风范，对学生产生积极的、健康的感召力、带动力和影响力。

(3)高尚的道德情操——率先垂范、言传身教、为人师表。以高尚的情操、坦荡的胸怀、正直的为人、端庄的仪表去感染、熏陶学生，让学生在教师的言行中感受马克思主义理论的真谛，从对教师的敬佩和信赖中自觉地理解并接受马克思主义理论，在耳濡目染中形成良好的品德。

3. 广博精深的专业知识

思想政治教育教师的专业知识是其职业特殊要求的理论体系与经验系统，它是构成教育教学的核心要素，主要解决专业服务的本领问题。思想政治教育教师专业知识主要有四个方面：

一是深化学科知识，即解决“教什么”问题的本体性知识。首先，要追本溯源，注重教材和原著的有机统一。这是由于教材是完成了的理论的教学逻辑体系，而原著则是历史和理论的忠实记录。让大学生阅读和了解原著，这是由原著本身的特点决定的：一是原著的根源性，阅读原著可以直接接触思想的原生态，从而为深入思考提供了真实和准确的素材；二是原著的具体性，原著不是一个抽象的结论，它总是有的放矢，并且它包含了一个从提出问题、分析问题到解决问题的思想的具体过程，因此，阅读原著不仅可以具体地了解思想，而且可以从中领会思考和分析问题的方法，提升理论思维的张力；三是原著的人格性，原著的思想既具有普遍性的品格，又具有特殊的品格，因此，阅读原著不仅能掌握原著的思想，而且可以更直接感悟思想家本人的精神气质、风格和理论思维的独特魅力。为加强教师的马克思主义理论素养和完善人文社会科学知识结构，不仅要读马克思主义经典著作，精通马克思主义专业知识，而且要读马克思主义学者和资产阶级学者的著作，在比较和辨析中加深对马克思主义理论的理解。其次，在思想政治理论课的教学中必须融合学生的需求，不能仅仅停留于久远的马克思列宁原著诞生的时代，而是着力于将马克思列宁主义的基本内容与当代社会发展有机结合和贯通，注入新鲜的时代内容和加强教学的针对性，有的放矢地讲解，用与时俱进的理论成果和富有穿透力的理论阐释现实问题。这也就意味着思想政治理论课的教学内容要着力于现实的生活世界，把宏观目标教学与大学生的实际生活和自身成长、成才需要更好地结合起来赋予思想政治教育以人为本的人文关怀和价值定位。

二是精通教育知识，主要是教育学与心理学方面的知识，即解决“如何教”问题的条件性知识，使教育对象易于接受、乐于接受。

思想政治教育建设必须坚持“科学研究”与“教学研究”的统一。一方面，思想政治教育教学和研究机构及思想政治教育教师必须搞好马克思主义基本理论的科学研究，才能保持对马克思主义基本理论的科学掌握和高水平的认知。另一方面，思想政治教育教学和研究机构及思想政治教育教师必须搞好思想政治教育的教学研究，探索思想政治教育课程体系转化为教学内容的规律和思想政治教育课程教学内容内化为学生思想道德素质的规律。马克思主义理论应该多关注教育研究、多依托教育技能、多借助教育沟通，才能保证马克思主义基本理论在学生中传播与接受渠道的畅通和思想政治教育教学质量的良好。

马克思主义基本理论的“科学研究”与思想政治教育的“教学研究”之间的脱节与失衡，是妨碍思想政治教育教学水平提高的重要因素之一，也是目前思想政治教育教学效果不够理想的重要因素之一。正因为许多教师对马克思主义基本理论的“科学研究”不够，缺少应有的基本理论功底，所以在讲课中只是重复教材内容，照本宣科，对当前社会生活中的现实问题也无法作出理论联系实际的有说服力的回答；正因为许多教师对思想政治教育的“教学研究”不够，缺少应有的教育教学艺术，所以其课堂讲授语言贫乏、表述呆板，没有吸引力、感染力，形成不了情感共鸣。

三是拓展相关知识。改革开放以来，大学生成长的环境发生了重大变化。当代大学生的思想更加成熟，他们不仅渴求知识的欲望增强，而且显现出强烈的交往需要、尊重需要、爱的需要、创造和发展的需要。同时，当代大学生的心理矛盾也日益突出，如依赖性与独立性的矛盾、较低的识别力与强烈的求知欲的矛盾、情绪与理智的矛盾、理想与现实的矛盾等。为了适应青年学生思维活跃、视野开阔、兴趣广泛的特点，思想政治教育教师必须寻求学科支撑，拓展与思想政治理论课教育教学相关的知识，如历史、哲学、文学、自然科学等相关的前沿学科知识和交叉学科知识，不断调整和完善知识结构，扩充思想政治教育的背景材料。思想政治教育教师应有的理论知识必须具有宽域性，才能够适应迅速变化的社会，适应复杂多样的工作对象，满足时代发展的需要。

四是总结实践知识。学科知识、教育知识和相关知识这三种专业知识的简单叠加并不能形成思想政治教育教师的专业化素质，它们还必须由实践性知识来加以整合，即要通过教育教学的实践，最终内化为思想政治教育教师自身的专业知识体系。有些思想政治教育教师注重理论的系统性、忽视理论的价值性，仅从教材的理论体系和概念出发进行教学，对学生在现实生活中遇到的很多实际问题和困惑无法进行系统的回答，不能把理论转化为分析问题、解决问题的方法，形成一种新的教条主义和形式主义，使思想政治教育丧失了应有的理论魅力。

4.与时俱进的专业技能

在以往的研究和教学中，一般注重了对于思想政治教育教师知识的系统教育和思想品德的努力提升，但对于思想政治教育学科的职业技能的要求却缺乏现代技术学的规范。思想政治教育教师只是大致地了解了思想政治教育的一般方法和技巧，然而缺乏必要的技术传授和系统的技能训练，未能掌握思想政治教育的特殊技能，影响了思想政治教育的实效性。思想政治教育教师的专业技能的掌握主要体现在以下三个方面：一是运用信息技术的能力。思想政治教育教师必须具备运用信息技术的相关能力，充分利用网络平台来更新思想政治教育的观念，丰富思想政治教育的内容，改进思想政治教育的方法，进而提高思想政治教育的针对性和时效性。二是开发课程资源的能力。有效地开发、利用课程资源是思想政治教育教师创造性的重要标志，课程资源的丰富性、生动性、形象性有利于激发学生的学习兴趣和热情，从而切实增强思想政治教育的实效性。三是开展教育科学研究的能力。思想政治教育教师应改变长期以来的“教书匠”形象，使自己从“经验型”教师向“研究型”教师发展。一方面，要求教师必须探索面向现代化、信息化、市场化、全球化的许多重大的理论与实践问题，必须从“教书匠”的角色中摆脱出来，成为科研型的教师，必须具备高水平的教育科研能力；另一方面，也要求教师能充分体现时代精神和创造精神，用世界的眼光、现实的眼光进行术语的创新，使马克思主义理论真正融入生活和实践，使马克思主义理论的教育教学具有中国特色、中国风格、中国气派，用最新的研究成果努力去解答当今社会提出的热点、焦点和难点问题，从而进一步增强思想政治理论课的吸引力、感染力和说服力。

实践中应正确对待理论与技能的关系：理论离开了教育技能，无法更好地走向生动的实践和广大的民众；教育技能离开了理论，不可避免地会沦落为纯粹的教育技术学，成为无所负载而驰的“空车”。黑格尔曾经指出，方法不是外部形式，而是内容的灵魂和概念。这一论断，揭示了方法的重要性，但是，它更为重要之处，却在于揭示方法的重要性的同时，也揭示了内容的确立与发展对于方法确立与发展的前提性、条件性。思想政治教育教师应是兼具理论与教育技能的人才，但理论素养的形成与发展更具有基础性和首要性，它是教育技能够发挥作用的根据所在。

5.充分的专业自主

思想政治教育教师的专业自主是指在其专业领域里依靠专业智慧，根据专业判断，执行专业任务，不受非专业的外界干预，自主确定其行为范式及实施策略。专业自主的实现是提高思想政治教育教师专业地位的关键所在，同时也是衡量思想政治教育教师专业化水平的一项重要指标。因此，思想政治教育教师的专业自主权应得以充分彰显，不仅要在教育内容和教学方法的选择上让他们拥有相当的自主权，而且要在教育改革和科学研究中让他们也拥有一定的自主权。思想政治教育教师进行合理的科研规划是开展有效科研的前提。第一，科研要合目的性，即将“虚”事做“实”，不能为了科研而科研，更不是为了自我证明而科研，而是为了适应和满足社会发展的有关需求而科研。真切了解和把握社会发展的相关需求，恰当地承担必需的社会责任和解决社会问题。第二，必须提倡学术争鸣和学术论辩，以学者眼光探讨思想政治教育问题，自觉担当学术责任和社会责任。激发和张扬他们的创造个性，挖掘发展潜能。

第二节　思想政治教育效益的评价

思想政治教育的效益既是一个实践范畴，更是一个评价范畴。无论是实践的必然结果，还是实践追求的目标，抑或个人和社会发展的期待和要求，都需要有一个客观的评价。有了对效益的评价，才能有针对性地改进教育实践以优化效果。由于我们长期忽视了思想政治教育的效益，使思想政治教育蒙上了一层难以捉摸的面纱，于是出现了思想政治教育流于形式，走过场，与实际工作脱离的现象，引发了人们对思想政治教育的地位和价值的质疑，也挫伤了思想政治教育工作者本身的积极性和创造性。

思想政治教育评价就是评价主体按照一定的标准和原则，运用一定的科学方法，对思想政治教育的效益进行价值判断的活动。从而为思想政治教育领导部门和教育者提供科学决策的客观依据，保证对思想政治教育的效益进行有效管理和调控。思想政治教育效益的评价工作，既是思想政治教育工作者提高专业素质的依据和动力，也是思想政治教育实践和学科理论发展的必然要求。

一、思想政治教育评价的的原则

科学实施思想政治教育效益评价离不开正确原则的指导，思想政治教育效益评价原则就是思想政治教育效益评价所依据的法则或准则。

1. 阶级性与科学性相结合原则

思想政治教育鲜明的阶级性和政治性，决定了思想政治教育效益具有阶级性和政治性。每一个阶级都从本阶级的立场、世界观、利益出发对思想政治教育效益作出评价。以与本阶级意图相一致的效益为正效益，否则为零效益或负效益。评价思想政治教育效益不能离开阶级而谈，要运用阶级分析的方法，即把思想政治教育效益同一定的阶级、集团联系起来进行分析。同时，也必须坚持思想政治教育效益评价的科学性。思想政治教育效益评价的阶级性与科学性是相辅相成的，科学性必须以阶级性为指导，脱离了阶级性的科学性，就脱离了思想政治教育的根本性宗旨；阶级性必须以科学性做保证，脱离了科学性的阶级性只能陷入盲目、极端和片面，其结果只能与阶级性的目标相反。因此，在思想政治教育效益评价中，必须坚持阶级性与科学性相结合的原则。

2. 定性与定量相结合原则

思想政治教育活动是一种特殊的复杂的精神劳动，其效益的存在和表现形态也是特殊的，具有与一般的生产劳动效益、经营活动效益不同的特点。思想政治教育效益本身就有确定性部分与模糊性部分，确定性与模糊性处于一个统一体中，这就决定了并不是所有的思想政治教育效益都可以通过定量的方法来反映和评价。因此，在制定思想政治教育效益评价时，应坚持定性与定量相结合的原则。定量是定性的基础和依据，定性是定量的前提和结果，定性与定量不能相互代替。定性与定量的统一，符合人的认识规律。离开定性的定量评价，容易导致机械地追求量化数字的倾向，从而忽视了对内在质量的要求。反之，离开定量的定性评价，容易导致认识停留在模糊的阶段，过多地依赖以往的经验和印象，主观随意性较大。只有坚持定性与定量的有机统一，才能使思想政治教育效益评价更精确、更具体、更全面，从而更具有说服力。

3. 动态与静态相结合原则

思想政治教育效益的表现形式具有特殊性和复杂性。在通常情况下，思想政治教育活动的开展，可以在短时间内起到作用，表现为直接的现实的近期效益；同时又可能在一个长时间段内发生影响，表现为潜在的间接的远期效益。直接效益一般表现为精神方面，即教育对象的思想觉悟的提高，模糊认识的澄清等。间接效益一般表现在物质方面，即教育对象获得精神动力后转化为物质力量，创造出更多的物质和精神则富。可见，近期效益与远期效益，精神效益与物质效益都是统一在一起的，既有静态的呈现又有动态的转化。这就要求我们在进行思想政治教育效益评价时，必须立足于直接的现实的效益，着眼于潜在的间接的效益，充分运用普遍联系的观点、全面的观点和发展的观点，把动态评价与静态评价有机统一起来。另外，效益的评价一般都从纵向和横向两个维度进行，而这种对比本身就蕴含着静态与动态的结合。静态评价是动态评价的前提和基础，没有对现实状况的评价，就不会有合理的动态评价。任何事物的静态都是相对的，而运动则是绝对的；动态评价是静态评价的落脚点和必然结果。把静态评价与动态评价结合起来，有效避免了思想政治教育效益评价的随意性与人为性，实事求是地反映了思想政治教育的效益。

4. 主观与客观相结合原则

思想政治教育是一个客观的历史过程，思想政治教育效益评价是对这一客观历史过程的反映。在思想政治教育效益评价过程中，要坚持客观原则，从实际出发，实事求是，不能主观臆断或掺杂个人感情。思想政治教育的效益是客观的，但受评价主体的局限，我们对效益的评价只能是最大限度的真实反映。这就必然要求评价主体充分发挥主观能动性和创造性，要广泛搜集信息，充分占有材料，综合运用多种评价方法，优化评价技术手段，坚持群众路线，在兼听中求真实、求客观，不断提高评价能力和水平。当然，评价主体发挥主观能动性一定要遵循思想政治教育效益的本质属性，遵循评价的规律性，而不是主观随意的。可见，坚持主观与客观相结合的评价原则，有利于思想政治教育效益评价的准确性和有效性，提高评价的真实度和可信度。

二、思想政治教育效益评价方法

遵循思想政治教育效益评价的原则，应建立健全思想政治教育效益评价的方法体系。

(1)从随意性走向制度化。克服短期行为,建立系统、科学、稳定的评价长效机制,使评价成为一种制度化的活动,促成思想政治理论课建设单位经常性地自我检查、自我调节、自我约束。

(2)从重选拔性或奖惩性走向重发展性。自觉地把促进学生的全面发展作为教学目的,通过评价促进学生思想政治道德素质的发展。坚持以科学发展观为指导,并且应该逐步以发展性评价引领思想政治理论课教学评价,力争在评价实践中尊重各评价主体和客体,对学生的评价逐步由选拔性评价为主转变为发展性评价为主,对教师的评价逐步由奖惩性评价为主转变为发展性评价为主,通过评价促进学生的全面发展、教师的未来发展以及学校的长远发展。

(3)从单一性走向多元性。既坚持理论知识系统学习成绩的考核,又坚持结合学生的思想行为表现和实践运用能力的综合考核。既要严格执行考试制度,又要和学生的实际政治思想情况和日常表现结合起来,着重考察学生对所学内容的理解、接受程度和实际运用能力。努力做到全面考评与重点考评相结合,单项评价与综合评价相结合,阶段性考评与总结性考评相结合,形成性评价与终结性评价相结合,教师考评与学生考评相结合。

(4)从传统化走向现代化。传统评价方法受到时空的限制,只能在固定的时间、固定的地点,由特定的人员开展固定模式的评价,评价效率较低,且受人为的影响较大。思想政治教育网络评价方法,是指运用现代网络手段对思想政治教育进行检评价估的方法。它是以计算机网络为平台,以思想政治教育信息的获取、交流、反馈、评价为手段,对思想政治教育的现状、效果及其发展趋势进行检测和判断。既可用其进行思想政治教育风险的预评价估,也可用其进行教育运行状况及其教育效果的绩效评价,还可用其进行思想政治素质优劣状况的检评价估。该方法具有区别于传统评价方法的六大显著特点:评价主体多元化、评价平台虚拟化、评价方式自由化、评价过程信息化、评价技术智能化、评价活动社会化;其具体操作可按六个程序进行,即建构网络评价系统、搜集与整理评价数据、制定网络评价指标体系、确定网络评价权重系数、讨论与评价、进行归一处理并作出评价结论。网络评价方法借助现代信息技术,很大程度上弥补了传统评价方法的不足,使其评价手段、方式、方法更加灵活多样,网络的快速信息传输功能、高效的信息检索功能以及资源共享功能,使其评价工作的每一环节都变得更省时、更省力、更民主、更准确。

第三节　思想政治教育学名师

在思想政治学科教学和研究中,涌现出一批成绩卓著的名师,他们立足各自工作岗位,或在思想政治教育学科的形成中起着奠基性作用,或推动了思想政治教育学科水平的提升,或引领思想政治教育教学改革的发展潮流。他们的教学实践和科学研究,代表着一定时期思想政治教育学科的发展水平和趋势。他们的专业素养、治学方法和学术风范堪为思想政治教育工作者的表率。

(1)张耀灿。华中师范大学教授,博士生导师。1937年生,广东南海人。享受国务院政府特殊津贴。原二级学科马克思主义理论与思想政治教育学科(现为马克思主义理论一级学科)创始人之一。现任全国博士后管理委员会专家组成员、全国高校思想政治教育研究会学术委员会副主任、教育部社会科学研究基地清华大学高校德育研究中心学术委员会委员、湖北省重点学科学术带头人。1993年获曾宪梓教育基金会高等师范院校教师奖三等奖。张耀灿教授长期致力于思想政治教育学的教学和研究工作,有较深学术造诣和丰富的教学经验。他主持的科研和教改项目达12项,其中由他主持的教育部重点教改项目“面向21世纪高等师范思想政治教育专业培养规格、教学内容和教学法总体改革研究”,于2001年被评为湖北省教学成果一等奖和国家级教学成果二等奖;主编教材10余部,其中4部教材为“面向21世纪课程教材”,两部教材分别获得教育部高校优秀教材二等奖;发表学术论文和教研论文60余篇,其中多篇论文在思想政治教育基本理论方面具有原创性贡献,在思想政治教育学界产生广泛影响。

(2)郑永廷。中山大学教授,博士生导师。1944年生,湖北省仙桃人。原二级学科马克思主义理论与思想政治教育学科(现为马克思主义理论一级学科)创始人之一。现任全国博士后管理委员会专家组成员、教育部思想政治理论课教指委副主任;全国高校思政研究会副会长、学术委员会主任;广东高校思想政治理论课教指委主任等职。专长于社会主义意识形态发展、人的全面发展理论与实践、中国化马克思主义理论等方面的研究。主持国家社科重点项目“开放条件下社会主义意识形态主导地位研究”“社会主义意识形态与宗教影响研究”“社会主义意识形态发展研究”等5项,主持教育部重大项目“人的哲学与人的现代化”、教育部重大项目“高校思想政治工作热点问题研究”等多项。在《马克思主义研究》《新华文摘》等权威刊物发表学术论文60多篇,出版专著《社会主义意识形态发展研究》《中国化马克思主义丛书》等8部。近年来,获得中国高校人文社会科学二等奖2项,广东省哲学社会科学一等奖1项,全国教育科学二等奖2项。

(3)顾海良。武汉大学教授,博士生导师。1951年生,上海人。现任武汉大学党委书记,兼任国务院学位委员会学科评议组成员、全国马克思主义经济学说史学会会长、中国《资本论》研究会副会长、全国科学社会主义学会副会长、湖北省社科联主席、北京市社科联副主席。曾获北京市优秀教师奖、宝钢优秀教师奖和国家教委“国家级教学成果奖”。主要著作有《马克思“不惑之年”的思考》《邓小平的经济思想》《马克思主义的历史命运》《世界市场全书》(主编,获1996年中国图书奖)、《画说〈资本论〉》(获1996年“五个一工程”奖)、《在马克思经济学道路上》《从马克思到社会主义市场经济》《马克思劳动价值论的历史与现实》等。先后发表有关马克思主义历史与现实、经济思想史、社会主义经济理论、思想政治教育等方面论文200余篇。

(4)梅荣政。武汉大学教授,博士生导师。1941年生,湖北秭归人。享受国务院政府特殊津贴。现任武汉大学邓小平理论与“三个代表”重要思想研究中心副主任,教育部高校“两课”教学指导委员会委员,教育部邓小平理论研究中心兼职研究员,中国社科院马克思主义研究院特聘研究员等。任中国科学社会主义学会理事、湖北省科学社会主义学会副会长、民族法学学会副会长。长期从事马克思主义基本原理和中国特色社会主义的研究。承担过多项国家、省部级哲学社会科学规划项目及中欧合作项目的研究工作。出版《中国特色社会主义基本问题研究》《马克思〈资本论〉中的科学抽象法研究》《科学共产主义基础教程》《有中国特色社会主义的政治和经济》《马克思主义中国化的第二座丰碑》等专著、译著(含合著)18 部。在重要学术刊物上发表学术论文百余篇。获 2000 年第十二届中国图书奖、中国高校第二届和第四届人文社科成果三等奖、湖北省人文社会科学优秀成果一等奖等。

(5)骆郁廷:武汉大学教授,博士生导师。1956 年生,湖北武汉人。现任武汉大学党委副书记,全国高校思想政治教育研究会学科专业委员会委员,中国青年政治学院马克思主义理论与思想政治教育教学指导委员会委员,中央教育科学研究所德育中心兼职研究员。长期从事思想政治教育专业的教学与研究工作。先后主持教育部哲学社会科学重大招标课题以及省、部级科研课题多项。担任正、副主编或参著并出版学术专著 11 部,参加撰写 3 本全国思想政治教育专业统编教材,并已在高等教育出版社、武汉大学出版社出版。在《科学社会主义》《中国高等教育研究》《思想理论教育导刊》等全国重要核心期刊上发表学术论文 50 余篇,其中被《新华文摘》《人大复印资料》等转载 10 多篇。其中,《知识分子思想政治工作的特点和规律初探》获全国高校思想政治教育优秀科研成果一等奖,《精神动力论》获湖北省政府优秀科研成果一等奖。

(6)沈壮海。武汉大学教授,博士生导师。1971 年生,河南博爱人。现任武汉大学社会科学部部长,中央马克思主义理论研究和建设工程主要成员,入选教育部"新世纪优秀人才支持计划"。主要从事马克思主义理论与思想政治教育等方面的研究,在《求是》《马克思主义研究》《教育研究》《光明日报》等报刊发表学术论文近百篇,出版著作有《思想政治教育有效性研究》《先进文化论》《思想政治教育的文化视野》《新时期未成年人思想道德建设概论》(主编)《我的和谐家园》(主编)等。其中,《思想政治教育有效性研究》荣获中国高校第四届人文社科优秀成果三等奖;《我的和谐家园》荣获湖北省十大精品图书奖。主持课题有教育部哲学社会科学重大攻关招标项目《哲学社会科学创新能力及其评价研究》、国家哲学社会科学基金特别委托项目《全国未成年人思想道德建设测评体系研究》等。

(7)佘双好。武汉大学教授,博士生导师。1964 年生,湖北天门人。现任武汉大学政治与公共管理学院院长,武汉大学发展与教育心理研究所所长,武汉大学中外德育研究中心常务副主任,武汉大学心理咨询师培训中心副主任等职务。主要从事道德发展与教育、心理咨询与心理健康教育方面的研究。主持国家社会科学基金项目、全国教育科学规划项目等多项课题的研究。出版《现代德育课程论》《心理咨询与心理健康教育》《思想道德修养与法律基础探索》《基于思想政治教育的心理咨询模式》等学术著作多部。在《马克思主义研究》《光明日报》等学术刊物发表学术论文多篇。

(8)陈秉公。吉林大学教授,博士生导师。1941 年生,吉林长春人。国家核心价值研究中心主任,中央马克思主义理论研究与建设工程项目首席专家,全国思想政治工作科学专业委员会副主任，中国高等学校思想政治教育研究会学术委员会顾问。曾获得全国百名“两课”优秀教师、吉林省省管优秀专家等称号。主要著作有《中国人格大趋势》《大学生人格学》《21 世纪思想政治教育创新理论体系》等，发表论文百余篇。其中，《思想政治教育学》获“全国普通高校首届人文社会科学研究优秀成果一等奖”，并被审定为全国推荐教材(本科生)；面向 21 世纪教材《思想政治教育学原理》被审定为研究生教材。

(9)邱柏生。复旦大学教授，博士生导师。全国高校思想政治教育研究会第一届学术委员会委员。20 世纪 80 年代中期最早参与思想政治教育学原理教学、科研和编写专业课教材的人员之一。主要从事思想政治教育学原理、政治文化、政治心理的教学和研究工作。多年来在思想政治教育学原理研究方面积极探究新问题、注意变换新研究视角，如最先提出思想教育接受研究、思想政治教育的生态环境研究和生态方法运用等。主编《高校思想政治教育的生态分析》《思想教育接受学》《大学生人生道德引论》等，参编《思想政治教育学原理》《马克思主义政治学》等。发表专业论文 60 余篇。曾被评为“上海市高校政治理论课十佳教师”。

(10)庄福龄。中国人民大学教授，博士生导师。1929 年生，江苏镇江人。中国马克思主义哲学史学会会长，教育部高校哲学教学指导委员会委员，北京大学、复旦大学有关人文社会科学研究基地学术委员、顾问等。主编与参加撰写的著作获国家级奖的有《马克思主义哲学史》(八卷本)、《马克思主义史》(四卷本)；获省部级奖的有《毛泽东哲学思想史》(三卷本)、《中国马克思主义哲学传播史》《毛泽东思想概论》等。曾获吴玉章科研奖、北京市优秀教师称号。

(11)秦宣。中国人民大学教授，博士生导师。1963 年生，湖北荆门人。现任中国人民大学马克思主义学院院长、教育部跨世纪优秀人才培养计划人选，北京市新世纪百人工程人选，中国科学社会主义学会副会长，教育部邓小平理论和“三个代表”重要思想研究中心、北京市邓小平理论和“三个代表”重要思想研究中心兼职研究员。主要研究领域为政治学理论、科学社会主义和中国特色社会主义。著有《走向新世纪》《世界主要国家公务员制度》等著作，主编有《邓小平理论研究述评》《邓小平理论精论集》等著作，与他人合作著有《当代中国与邓小平理论》《邓小平与中国现代化》《邓小平政治文明思想研究》《马克思主义史》等学术专著，在国家级或省部级刊物上发表学术论文近百篇。其中，《马克思主义史》获得 1997 年度中宣部精神文明“五个一”入选作品奖；《马克思主义的历史命运》获得 1997 年度长白山图书奖、北京市科研成果二等奖；学术论文《面向新世纪，开创高校思想政治教育新局面》于 2002 年获得中宣部“五个一”工程奖。1999 至 2000 年期间，参与教育部制作的《新时期的旗帜——邓小平理论教学片》(第二总撰稿)，获得首届国家音像制品奖。

(12)张雷声。中国人民大学教授，博士生导师。女，1954 年生，安徽省芜湖人。享受国务院政府特殊津贴。现任中国人民大学马克思主义学院党委书记，第一行政副院长(兼职)；中央马克思主义理论研究和建设工程首席专家、国务院学位委员会第六届学科评议组成员；教育部社会科学委员会马克思主义理论学部委员、教育部教学指导委员会委员、全国马克思主义理论学科研究会副会长、全国马列经济学说史学会常务理事、中国人民大学校学术委员会委员；首都经济学家论坛副主席;《思想理论教育导刊》等刊物的编委。曾入选国家教育部“跨世纪人才培养计划”(马克思主义理论与思想政治教育专业),入选全国文化宣传系统“四个一批人才”。

(13)刘建军。中国人民大学教授,博士生导师。1963年生,山东博兴人。享受国务院政府特殊津贴。中国人民大学思想政治教育国家重点学科学术带头人,中央实施马克思主义理论研究和建设工程首席专家、全国宣传文化系统“四个一批”人才入选者、教育部新世纪优秀人才支持计划入选者、教育部思想政治理论课教学指导委员会《马克思主义基本原理概论》分委员会委员、全国高校思想政治教育研究会学术委员会委员等。主要从事马克思主义理论与思想政治教育的教学与研究。

(14)吴倬。清华大学教授,博士生导师。1948年生,福建连江人。现任清华大学马克思主义理论与思想品德课教学部主任、校学术委员会委员、中国人学学会常务理事、教育部马克思主义理论课教学指导委员会委员等。主要著作有《马克思主义哲学导论》《时代精神的思考》等;合作编撰《现代西方人学名著选评》等。发表论文80余篇。曾获“北京市高校第三届哲学社会科学中青年优秀成果奖”“普通高校‘两课’‘精彩一课’教学示范片优秀奖”、清华大学教学工作优秀成果一等奖等。

(15)祖嘉合。北京大学教授,博士生导师。女,1950年生,北京人。现任北京大学思想政治教育教研室主任、北京大学素质教育委员会委员、北京大学心理健康教育工作领导小组成员,北京大学邓小平理论研究中心特约研究员、北京大学中外妇女研究中心学科建设委员会委员、研究员;北京大学马克思主义学院第六、七届学位评定委员会委员,全国高等教育思想政治教育研究会第六届常务理事。主要研究领域是大学生健康人格培养、思想教育管理方法、女性学。出版的著作12本,主要有《思想政治教育方法论教程》《变革、矛盾、进步》(合著)、《工业文明》(合著)等。发表论文40余篇。

(16)张澍军。东北师范大学教授,博士生导师。1950年生,吉林扶余人。享受国务院政府特殊津贴。现任东北师范大学思想理论教育研究所所长,马克思主义研究院教授委员会主任。东北师范大学马克思主义理论一级学科博士点及博士后流动站、国家重点学科思想政治教育专业、原马克思主义理论与思想政治教育专业博士点的主要创始人、负责人。现兼任教育部政治学学科教学指导委员会委员、全国高等学校思想政治教育研究会常务理事、中国历史唯物主义学会常务理事、《思想理论教育导刊》《思想教育研究》编委等。获全国普通高校党的建设和思想政治教育先进工作者、宝钢教育奖、全国优秀教师、省高级优秀专家等奖项或称号。

(17)徐建军。中南大学教授、博士生导师。1954年生,湖南益阳人。享受国务院政府特殊津贴。现任中南大学党委副书记,兼任中国高校辅导员工作研究会副会长、教育部高校心理健康教育专家指导委员会委员、中国高校思想政治教育研究会学术委员会委员等职。出版《高校思想政治教育前沿》等学术著作10部、《思想道德修养》等教材3部,发表学术论文百余篇。获国家教学成果二等奖2项,省哲学社会科学应用成果一等奖1项,其他部省级成果奖6项。被遴选为湖南省首届大学生思想政治教育十佳优秀领导者、湖南省首批十佳高校思想政治工作者。

(18)黄蓉生。西南大学教授,博士生导师。女,1955年生,四川成都人。享受国务院政府特殊津贴。现任西南大学党委书记。教育部《高校理论战线》编委,重庆市高校教师高级职务评审委员会成员,重庆市首批“马克思主义理论与思想政治教育”专业学术带头人、重庆市党建研究会副会长、重庆市邓小平理论和“三个代表”重要思想研究会副会长、重庆市思想政治工作研究会常务理事、重庆市人民代表大会制度研究会副会长。主要从事青年思想政治教育、政治学理论、邓小平理论等研究与教学。在《求是》《光明日报》《高等教育研究》《高校理论战线》《思想教育研究》等报刊杂志上发表论文数十篇,在人民出版社、高等教育出版社等出版著作多部,其中个人专著4部。

(19)苏振芳。福建师范大学教授,博士生导师。1948年生,福建泉州人。现任福建师范大学思想政治教育研究室主任,思想政治教育博士点学科带头人,福建省马克思主义理论重点学科带头人,兼任全国高校思想政治教育学术指导委员会委员。主要研究方向为思想政治教育理论与方法、思想政治教育社会学。主要著作有《思想政治教育学》《道德教育论》等9部。在《光明日报》《马克思主义研究》等报刊发表学术论文80余篇,其中两篇被《新华文摘》全文转载。先后承担国家和省部级课题10余项,其中12项科研成果获得福建省人民政府社会科学优秀成果奖。

(20)胡海波。东北师范大学教授,博士生导师。1956年生,吉林扶余人。现任东北师范大学马克思主义学院院长,教育部哲学专业教学指导委员会委员,中国哲学学会理事,吉林省哲学学会副理事长,吉林省哲学社会科学规划评审委员会哲学组评审委员。从事马克思主义理论的教学与研究工作,主要研究领域为马克思主义基本原理、马克思主义哲学基础理论。近年来先后主持“弘扬中华文化、建设中华民族共有精神家园的生命精神”等国家社科基金及省部级项目10余项,出版《哲学与人性的观念》等5部学术著作,发表了《反思中西哲学比较研究的前提性问题》等30余篇学术论文,其中多篇被《新华文摘》等转载,6项学术成果获得奖励。

(21)员智凯。西北工业大学教授,博士生导师。1953年生,陕西西安人。现任陕西省自然辩证法学会副理事长、陕西省应用哲学学会副理事长、陕西省科技史学会理事、西安航空产业法学会理事等。致力于思想政治理论教育创新和科技哲学教学和研究工作。出版个人学术专著4部,发表学术论文50余篇,完成多项课题研究。先后获得国务院学位与研究生教育中心、中国航空工业总公司、陕西省教育工委等多项奖励,多次获得西北工业大学教学优秀成果奖,被评为西北工业大学研究生最满意教师。

(22)王宏波。西安交通大学教授,博士生导师。1952年生,陕西西安人。现任西安交通大学人文社会科学学院党委书记,兼任陕西省高校马克思主义哲学教学研究会会长、西安市社会科学界联合会副主席。现为西安交通大学马克思主义理论与思想政治教育学科学术带头人之一。先后主持国家社科基金课题4项,国务院发展研究中心委托课题1项,教育部课题2项,陕西省教育厅社科基金课题1项。在《中国社会科学》《哲学研究》《自然辩证法研究》《人民日报》《光明日报》等重要报刊发表论文60余篇。主编和撰写的教材及著作共4部,参编的《马克思主义哲学原理》获教育部2001年优秀教材奖,专著《社会协调分析新论》获1996年陕西省教委人文社会科学优秀成果一等奖和1999年陕西省政府社会科学优秀成果三等奖。

思考题

1.思想政治教育教师专业素质的内涵是什么?
2.评价思想政治教育效益的原则和方法是什么?
3.思想政治教育学教学科研名师对你职业规划有何启示?

第八章 当代思想政治教育

改革开放以来，我国思想政治教育学科迎来了前所未有的发展机遇，思想政治教育学科从无到有，由半独立走向独立，由非重点学科走向重点学科，由低层次走向高层次，经历了一个迅速发展的过程。但与思想政治教育学科所承担的时代责任相比还有很多不适应之处，与党和人民的期望相比还有不少差距。深刻分析和正确把握思想政治教育学科发展的新趋势和关注的新领域是当代思想政治教育的重点任务。

第一节 当代思想政治教育发展新趋势

为更好地适应思想政治教育实践任务和学科自身发展规律的需要，在党和政府的指导和推动下，经过全体思想政治教育工作者的努力，思想政治教育学科呈现出的新的发展趋势。深刻分析和正确把握思想政治教育学科发展的新趋势，有利于大力推进思想政治教育学科的建设与发展，增强应对全局性、战略性、前瞻性的重大社会问题的能力。

1.从传统化向现代化转变

思想政治教育现代化，是一个全面、深刻的变革过程，也是一个系统整合运行过程，其发展趋向主要体现在以下几个方面：

第一，思想政治教育观念现代化。思想政治教育观念现代化是思想政治教育现代化的前提条件，是影响其他环节现代化的决定性因素。思想政治教育作为一种有目的、有指向的、社会的、文化的活动，更加突出地受思想观念的支配。因此，思想政治教育现代化，首先必须更新教育观念，实现教育观念的现代化。

第二，思想政治教育体制现代化。思想政治教育体制，包括思想政治教育决策与管理体制、运行与结构体系。思想政治教育体制现代化，是实现思想政治教育现代化的重要保证。

第三，思想政治教育方法现代化。思想政治教育方法现代化，就是要在分析当前思想政治教育面临的新情况、新问题的基础上，实现思想政治教育方法由传统向现代的转变。

第四，思想政治教育载体现代化。思想政治教育需要一定的载体。传统的载体主要有文件载体、会议载体、群众运动载体等。在新的历史条件下，思想政治工作要讲载体创新。经过这些年的探索，人们主要是关注了五种新的载体：一是管理载体，强调把思想政治工作融入管理的制度和过程中；二是文化载体，强调把思想政治工作融入企业文化和文化建设中；三是活动载体，强调把思想政治工作融入各项群众活动特别是文明创建活动中；四是传媒载体，强调把思想政治工作融入现代传媒中，发挥现代大众传媒，包括网络以及手机等新媒体的积极作用；五是环境载体，要求把思想政治工作融入到生产生活的环境中，通过环境潜移默化的影响，改善人们的思想行为和社会风气。

2. 从外力推动向依托学术组织自主发展转变

思想政治教育学科的发展，一方面需要学科建设共同体的所有成员共同努力谋求发展；另一方面，也需要通过变行政干预为宏观指导的方式，降低对行政路径的依赖性，让学科建设的自主意识真正能够得以发育和发挥作用。

专业学术团体作为动力源的沟通、协调主体，是思想政治教育学科发展的重要动力。随着马克思主义理论学科建设的推进，建立这一学科自己的学术组织是一个必然趋势。“全国高校马克思主义理论学科研究会”于2008年6月正式成立。马克思主义理论学科研究会的成立，标志着这一学科有了自己的学术组织，为学科建设拓宽了发展空间和提供了更好的条件。

(1)学术组织是拓展和深化学科建设的平台。学术的发展需要在学术交流、探讨和合作的过程中来实现，学术组织就是推进学术交流、探讨和合作的一个有效平台。学术组织的发育程度是反映该学科发展的基本条件是否成熟的标志之一。马克思主义理论学科的建设正处于它的初创时期，迫切需要整合各学科点的力量，形成共同努力的格局，并有自己的学术组织作为发展的平台。有了学术组织这一学术交流和探讨的平台，就为学科建设在更大范围内的发展创造了良好条件。

一是能够使每个学科点以更宽广的视野来看待学科建设。学术组织的成立就是学科建设开放性的体现。以学术组织为载体召开的学术研讨会，反映了学科建设的深化和发展，同时也是学术组织具有的功能和作用的体现。在这一交流平台上，各学科点交流自己在学科建设上的做法和经验，从别人的思路与做法中得到的启示，将有效地推动自身的建设，进而推动学科建设的整体发展。

二是能够使每个学科点在交流与合作中对学科建设达成更多的共识。对学科建设的一些重要问题取得共识是学术组织有效发挥作用的又一反映。例如，处于初创阶段的思想政治教育学科建设迫切需要解决什么问题，对学科建设的总体思路和具体做法是什么，如何加强学科建设的规范性，等等，都需要通过学术组织这一平台，在交流和研究的基础上取得共识，基于共识谋求合作，并最终实现共同发展。

(2)学术组织是汇聚学科建设队伍的重要载体。思想政治教育学科建设需要有一支包括专兼职、教育与管理等涉及全社会范围的宏大的队伍，学术组织对于汇聚学科建设队伍发挥着重要作用。

一是为学科建设队伍的集合创造条件。学科建设队伍在社会范围内的集合需要有一个载体，学术组织作为这一载体具有它独特的优势。首先，通过学术组织来集合建设队伍具有很强的专业性。因为在同一个学科中，大家都面临着共同的学科建设任务，有着共同关注的问题和共同研究的课题，具有很高的聚焦性。其次，通过学术组织来集合建设队伍具有广泛性。不同类型学校的学科点在学术组织中汇集，在相互合作的基础上实现优势互补，能够放大和强化学科建设的力量，高效率研究和解决单个学科点力不能及的重大理论和现实问题。

二是为学科建设队伍发展创造条件。学术组织具有开放性，需要不断补充新的力量。学术组织自身的发展过程，同时也是学科建设队伍的壮大过程，这是同一过程的两个不同表现。其一，学术组织为学科发展提出一些宏观性的建设思路，在推进和落实的实践过程中，实际上也就锻炼和提高了队伍。其二，学术组织可以通过学术刊物的形式，发挥理论研究导向功能，引导学科建设队伍集中研究学科建设中迫切需要解决的理论和现实问题，集中展示理论研究成果。

(3)学术组织能够起到规范学科建设的重要作用。学术组织能够起到某些政府主管部门起不到的作用。学科建设中的许多问题是属于学术层面的问题，教学行政主管部门没有必要，也难以包揽下来。学术组织可以在这方面发挥独有的优势。例如，对学科建设和专业建设中一些共同关心的问题进行研究、各专业核心课程的设置以及教材的建设、学科建设经验的交流、理论问题的研究和探讨，等等。学术组织可以发挥其组织、协调的功能，集中各个学科点的力量，研究共性问题，出台规范性的措施，为学科建设提供一些遵循的原则。

学术组织的另一个功能是在教学行政主管部门与各个学校的学科点之间起一个中介作用，为教学行政主管部门与各学科点之间搭建沟通的桥梁。教学行政主管部门可以把关于学科建设的一些精神、相关的政策以及学科建设中要注重解决的问题等信息传递给各学科点，另一方面，各学科点也可以把学科建设中遇到的问题，以及需要解决的政策和体制问题等反馈给教学行政主管部门，从而使教学行政主管部门和各学科点之间保持信息的畅通。

3.从学科分支发展向学科整合发展转变

按照学科建设的一般规律，一个学科产生以后，首先是对该学科进行总体研究，然后逐步深入、分化，进入到学科内部分门别类地研究。形成独立的研究成果后，逐渐分化产生新的分支学科，再在此基础上推进学科间的交叉研究和综合研究，形成新的综合研究成果，促进学科的整体发展。这一过程既是一个由合到分再到合的过程，也是一个由低级到高级发展的过程。思想政治教育学科发展在分化与整合的关系上，当前尤其要注重思想政治教育学科独立自主的发展。思想政治教育学科的分化与整合，既涉及到思想政治教育学科与马克思主义理论一级学科的关系，也涉及到思想政治教育学科与新的分支学科的关系。思想政治教育学科以前是马克思主义理论与思想政治教育二级学科的一个重要组成部分，具有半独立的学科地位。马克思主义理论与思想政治教育上升为马克思主义理论一级学科后，思想政治教育成为马克思主义理论一级学科中的一个二级学科，马克思主义理论一级学科与思想政治教育二级学科之间的关系是整体与部分之间的关系，思想政治教育二级学科的发展必须依托马克思主义理论一级学科，以马克思主义理论一级学科为平台；马克思主义理论一级学科的整体发展也必须在思想政治教育及马克思主义理论其他二级学科发展的基础上进行成果综合和学科整合。没有思想政治教育及其他二级学科的发展,没有对思想政治教育及其他二级学科研究成果的概括和综合,没有包括思想政治教育在内的马克思主义理论各二级学科之间的交叉与融合,马克思主义理论学科不可能获得整体发展。从这个意义上来说,要更加注重马克思主义理论一级学科内思想政治教育学科的自主发展。思想政治教育学科只有获得了独立自主的发展,才能为马克思主义理论其他二级学科的发展,乃至马克思主义理论一级学科的整体发展作出特有的贡献。

思想政治教育学科在分化与整合的关系上,还要注重处理好思想政治教育学科与其新的分支学科的关系。学科建设不仅是指一级学科的整体建设,更多的是指二级学科的独立建设。思想政治教育学科作为独立的二级学科,如果把它看成一个整体,它也包含若干分支学科,如思想政治教育原理、思想政治教育方法论、思想政治教育发展史、比较思想政治教育等。思想政治教育学科也要在加强自身分支学科建设上下大功夫,力争在每一个分支学科上有所发展和完善,并在此基础上加强各分支学科之间的交叉、渗透与融合,努力促进思想政治教育的学科整合和整体发展。

4.从扩张外延发展向完善内涵发展转变

改革开放以来,由于实践发展的迫切需要,由于党和政府高度重视和大力支持,也由于思想政治教育专业专家学者长期辛勤努力、共同奋斗,思想政治教育的学科规模急剧扩大,呈现出空前繁荣发展的态势。但是,在繁荣发展的背后,还存在着不少隐忧。思想政治教育学科硕士点、博士点中专门从事思想政治教育教学和研究的人员还十分欠缺,不够稳定,有的教师学科定位还不明确,研究方向不清晰,缺乏有深度、有影响、有建树的学术成果。思想政治教育学科专业从本科、硕士到博士层次的人才培养质量还有待提高。思想政治教育专业教师集体攻关的团队精神和科研能力还有待增强。凡此种种,充分说明思想政治教育学科的繁荣发展目前主要还停留在规模扩张的外延发展阶段,它虽然为我们今后的发展奠定了重要的基础,但要真正使思想政治教育学科发展成为成熟的学科,还必须更加注重思想政治教育学科的内涵发展。

思想政治教育学科坚持内涵发展,就是要不断提高思想政治教育学科建设的质量和水平。要把思想政治教育学科建设的重点由扩大学科规模转向重点提高学科建设质量上来。一要注重凝练学科方向。能否立足思想政治教育的实践需要和学科发展,瞄准思想政治教育的理论和实践前沿,凝练出具有自身特色和优势的长期稳定的思想政治教育学科的学术研究方向,直接关系到思想政治教育学科建设的质量和生命,关系到思想政治教育学科的地位与前景。思想政治教育学科建设要把凝练学科方向作为思想政治教育内涵发展的重点。一旦凝练和确定了学科先进的学术研究方向,就要持之以恒地围绕这一方向进行学术探索,拓展学术研究的新领域,努力形成具有自身特色和优势的学术研究成果。在思想政治教育学科中,思想政治教育的基础理论研究、思想政治教育的方法论研究、思想政治教育的比较研究、思想政治教育的历史发展研究、当代思想政治教育研究等,都是需要深入拓展和深化的研究方向。各学科可根据自身的基础和优势，凝练、选择一定的研究方向重点加以建设和突破。二要组建学术梯队。要改变临时搭架子、凑班子、上摊子的现象，思想政治教育学科建设的梯队未得到有效的组建，严重影响了思想政治教育学科的建设与发展。现在，思想政治教育已经建立了独立的博士点学科，甚至已经批准设立了国家重点学科。在这种情况下，要按照思想政治教育学科独立建设和发展的需要，进行科学的整合与定位，培养学科带头人、学术带头人和中青年学术骨干，组建合理的学术梯队，把人才建设作为学科建设的头等大事，努力培养和造就一大批思想政治教育学科的高层次专门人才，为思想政治教育学科的可持续发展提供重要的人才保障。三要明确学科任务。思想政治教育学科担负着科学研究、人才培养和社会服务的重要任务，在思想政治教育学科建设中，要明确本学科承担的重要任务，全面履行思想政治教育学科建设的重要职能，更好地履行思想政治教育学科承担的重大任务、责任和使命。在科学研究中，思想政治教育学科还存在着大量的低水平重复现象，甚至存在着非专业、非学术性的研究成果。在人才培养中，还存在着思想政治教育专业的课程设置不够科学、教材建设不够规范、教学内容比较陈旧、教学方法比较落后等现象，影响了人才培养质量与效果。在社会服务方面，思想政治教育作为一门应用性很强的新兴学科，担负着咨政育人、服务社会的重要职能，理应在服务社会中发挥更大的作用，但实际情况却差强人意，回应和解决现实理论和实际问题的能力不强。思想政治教育要适应改革开放和社会主义市场经济发展的需要，切实履行教育引导人们解放思想、转变观念，推动人们积极投身改革开放和社会主义现代化建设的伟大实践。思想政治教育学科要通过加强科学研究、加强教材建设和人才培养、加强社会服务等，来更好地实现自己的学科价值。四要加强集体攻关。思想政治教育学科要瞄准思想政治教育理论与实践的前沿，把思想政治教育理论与实践面临的突出问题作为思想政治教育科学研究的重大课题，组织思想政治教育的专家学者和实际工作者开展集体攻关，努力形成一批有影响、有深度的高质量学术研究成果。

5.从注重学科传承向追求学科创新转变

思想政治教育学科发展离不开传承，否则，就不可能有思想政治教育学科发展的基础。注重学科的传承是思想政治教育学科在建立初期的明显特征。这种传承，首先体现为对党的思想政治教育的优良传统和实践经验的总结与传承。通过总结、概括党的思想政治教育的优良传统和实践经验，揭示党的思想政治教育的特点和规律，把经验上升为科学，创立和发展思想政治教育学科。其次体现为对成熟学科以及马克思主义理论与思想政治教育学科建设经验的凝练与升华。思想政治教育学科在发展过程中，十分注重参照借鉴哲学社会科学中相对成熟学科的学科建设经验，建立了马克思主义理论与思想政治教育学科，坚持把马克思主义理论与思想政治教育结合起来，既注重以马克思主义理论作为思想政治教育的指导思想、科学依据和核心内容，又注重探索思想政治教育的特点与规律，为马克思主义理论的科学传播提供重要的依循，从而积累了丰富的学科建设经验，为思想政治教育学科的孕育和发展创造了良好的条件。再次体现为对国内外相关学科理论知识与方法的借鉴。思想政治教育学科在创立发展过程中，十分注重借鉴教育学、心理学、伦理学、社会学等相关学科的理论成果和研究方法。经过加工、改造和转化，逐步形成了思想政治教育学科的基本概念和理论体系，这种学科借鉴与吸收有效地促进了思想政治教育学科的建设与发展，但也给思想政治教育学科带来了特色不够鲜明的缺憾。

思想政治教育学科在马克思主义理论与思想政治教育二级学科上升为马克思主义理论一级学科后，已经发展成为一个独立的二级学科。在这种情况下，思想政治教育学科发展依然要注重学科传承，但更要注重学科创新。思想政治教育学科固然要注重总结思想政治教育的科学经验，但不能停留在思想政治教育的经验总结上；固然要继承马克思主义理论与思想政治教育学科建设的经验，但更要注重思想政治教育学科独立的探索、建设与发展；固然要继续借鉴其他相关学科的理论与方法，但更要注重形成思想政治教育具有自身特色的理论体系和方法。只有这样，思想政治教育学科才能在探索创新中获得真正的发展。

思想政治教育学科的创新发展，是思想政治教育学科建设获得质变和飞跃的必然选择。思想政治教育学科的创新发展，主要体现为三种形式的创新：一是体现为完善性创新，就是在思想政治教育学科建设中，对思想政治教育已有的理论成果加以充实和完善，对原有的理论和方法从新的视角加以解释和论证，赋予思想政治教育现有理论以新的科学涵义，促进思想政治教育学科理论的内容更新；二是体现为集成性创新，就是把思想政治教育已经取得的各个方面的研究成果和相关学科的有关理论研究成果加以集中、综合和整合，通过系统集成，把分散的、零散的思想政治教育学科及相关学科的研究成果凝练融合成系统的整体的思想政治教育研究成果，形成整体大于部分之和的理论效应，在整合中促进思想政治教育学科理论研究成果的发展与创新；三是体现为原创性创新，就是立足于思想政治教育的理论前沿与实践前沿，从理论与实践的结合上，探索思想政治教育学科建设的规律，探索思想政治教育的规律，探索人的思想品德形成发展的规律，深入推进思想政治教育的基础理论研究、思想政治教育的方法论研究、思想政治教育的历史发展研究、思想政治教育的比较研究、当代思想政治教育的发展研究，努力在思想政治教育理论与实践的重点、难点问题研究上，有所创新和突破，获得一批原创性的思想政治教育理论成果。只有适应思想政治教育学科创新发展的趋势，不断推进思想政治教育的理论创新和实践发展，才能逐步建构富有特色的思想政治教育科学体系，不断发展思想政治教育的学科优势。

6. 从泛政治化到以政治为核心的综合文化转变

思想政治工作很大程度上是宣传教育，其教育内容应该是非常广泛的。但其中最核心的内容是党的基本理论、纲领、路线、方针政策的宣传教育。这些内容无疑具有明确的政治属性，是政治性内容。除了这些内容之外，应该还有很多其他方面包括世界观、人生观的内容，关于道德修养、法律意识、心理健康以及许多日常生活中各种情绪和思想上的问题。

有政治内容并不奇怪，但如果极端化，就易于造成对思想政治工作形象和效果的损伤和危害。在计划经济时期，我们用政治教育代替全面的思想政治教育，用对政治的狭隘理解代替政治的丰富内涵，造成思想政治教育的泛政治化。

在新的历史条件下，对思想政治教育的内容要准确把握。首先，要认识到政治内容并不是思想政治教育的唯一重要内容，更不是唯一的内容。思想政治教育的目的并不是培养政治家，因而不能搞纯而又纯的政治化。思想政治教育的内容非常丰富，而且根据不同时代条件和单位的具体情况而有所不同。政治内容是其中的一个方面，当然是其中很核心的内容。要把政治内容和其他内容结合起来，展现出丰富的内容和宽广的视野，逐步改变人们对思想政治工作的偏见。其次，不断探索适合时代特点的新方法，跳出惯有思维和固有框架，研究新情况、新问题和新变化，探索新形势下思想政治教育的内容、形式、方法、手段、机制，学习和掌握新形势下做好思想政治教育工作的本领和方法，增强思想政治教育工作的主动性、针对性和实效性。对于群众的非政治性内容，不要简单化政治处理。要就事说事，不要像以前那样动辄上纲上线，把简单问题复杂化，尖锐化。要注意倾听群众的不同声音，包容异质思维，善于化解矛盾，引导其向积极的方向转化，并从中吸取可资借鉴的经验教训，反思和改进思想政治教育方法。再次，对政治的理解也不能脱离当前的时代和我们面临的重大使命。在当前建设时期，就个人而言，立足本职，爱岗敬业就是最大的政治；就国家而言，推进中国特色社会主义事业，发展我国的经济和社会事业，建设社会主义和谐社会，提高人民生活水平和全面素质，实现民族复兴，就是这个时代最大的政治。最后，要改变政治性内容简单直白的表述方式，避免政治语言的枯燥和生硬，把政治体现在文化中，渗透在文化中，增强政治性内容的生动性、丰富性。

7.从强调社会化向凸显主体性转变

社会发展与人的主体性的提升是互动的、互为因果的同一过程。社会每一次重大的发展都唤起主体意识的觉醒与强化。同样，每一次主体意识的觉醒与强化，也都反过来推动社会发展，促进社会进步。同理，在思想政治教育过程中，社会化的教育和影响，引导着个性的形成和发展，而个性也一定会对社会性的思想观念、道德风貌注入自己的因子，发生相应的影响。思想政治教育过程也是社会化和主体化双重作用和双向互动的过程。因此，社会化与主体化是思想政治教育不可偏废的两个方面，社会化保证了人类社会的延续和文化的传承，主体化使得个人具有超越现实、改善现实的独特性与创造性。

弘扬和培育人的主体性，是现代思想政治教育的发展趋势之一。“主体教育”是教育思想和观念变革日益深化的体现，它旨在充分尊重受教育者的能动性、自主性和自觉性，使教育过程成为受教育者自我认识、自我选择、自我完善的过程。因此，思想政治教育的主体化，是指受教育者本身，在目前不断扩大和深化的全新的经济与人文环境的熏陶下，已经或正在形成鲜明的自主、自立、自我负责的独立意识和能动、创造的精神。思想政治教育的主体化，就是要弘扬和培育人的主体性。相对于依赖性、被动性、模仿性、简单适应性，主体性作为人的一种特性，它集中体现为人的自主性、主动性和独创性。时代呼唤着人的主体性，人们也殷切期望思想政治教育能发展和培育人的主体性，以适应现代社会发展的需要。可见，思想政治教育主体化的现实要求，已经成为思想政治教育改革的强大动力，推动着现代思想政治教育的理论和实践朝着符合时代发展要求的方向探索前进。因此，思想政治教育的主体化不仅是对传统思想政治教育的挑战，同时也是促进思想政治教育朝着科学化和人性化方向蓬勃发展的新的契机。

8.从前沿拓展向兼顾基础建设转变

所谓的基础建设，重点指的是理论基础的研究、基本教材的建设、基础数据库的研发。

其一，关注理论基础研究。改革开放以来，思想政治教育理论基础的研究虽有所获，但仍然是比较薄弱的研究方向。与时俱进的马克思主义理论为思想政治教育提供了丰富而科学的的理论基础，这是思想政治教育学科学术发展应当始终关注的理论基点。准确揭示马克思主义理论的科学原理与科学精神、深刻把握马克思主义中国化的历史进程与客观规律、全面探讨中国特色社会主义理论体系的丰硕成果，将思想政治教育的学术发展奠定在更加坚实科学的理论基础之上，是我们加强思想政治教育理论基础研究的重要任务。

其二，关注基本教材建设。从一定意义上讲，改革开放以来的思想政治教育学术发展，是以思想政治教育本科专业的教材建设为基点而生发开来的。学科初创时的教材建设工作，对于多年来思想政治教育学术发展的基本布局可谓影响甚大。1984 午 4 月 13 日教育部颁布的《关于在 12 所院校设置思想政治教育专业的意见》中确定："思想政治教育原理、思想政治教育方法论、高等学校思想政治工作史、党的建设、团的工作、共产主义思想品德教育等专业课教材，分别委托复旦大学、武汉大学、华东师范大学、南开大学、清华大学，上海交通大学主持编写。"作为学术研究共识性成果的综合体现，作为该领域研究范式的基本载体，作为该领域学术人才训练的基本依据，对于任何一个领域的学术发展而言，都具有重要意义。把握中国特色社会主义建设事业发展的新要求、植根思想政治教育的新实践、借鉴当代科学发展的新成果，以新的话语体系、新的学术视野，推进新的思想政治教育基本教材的建设，对于新的发展起点上的思想政治教育学术发展，具有重要意义。

其三，关注建设基础数据库。基于思想政治教育学术共同体，形成通力合作的机制，建立起直接服务于思想政治教育研究的数据共享平台，推动思想政治教育教学研究方式与研究资源开发利用方式的转变。

第二节　当代思想政治教育实践的新领域

当代思想政治教育学科的发展呈现出主体性、交融性、开放性的态势，从理论构建和实践探索的双重维度深化学科研究，不仅是思想政治教育学科发展的时代诉求，也是思想政治教育工作者肩负的责任与使命。

一、生命教育

随着改革开放的深入发展，社会竞争压力不断增大。由于我国教育体系中生命教育的缺失，很容易导致包括大学生在内的各种社会群体对生命的漠视和轻视，并频繁引发自杀和伤害他人生命的现象。因此，思想政治教育必须重视生命教育。生命教育是在生命活动中进行教育，是通过生命活动进行的。

1. 生命教育的内涵

生命教育是以生命为核心，以教育手段，倡导认识生命、珍惜生命、尊重生命、爱护生命、享受生命、超越生命的一种提升生命质量、获得生命价值的教育活动。生命教育有广义与狭义两种：狭义的生命教育指的是对生命本身的关注，包括个人与他人的生命，进而扩展到一切自然生命。广义的生命教育是一种全人的教育，它不仅包括对生命的关注，而且包括对生存能力的培养和生命价值的提升。具体内容有生命知识教育、生命关系教育、生命价值教育、挫折意识教育、健康情感培养、创新精神教育。

2. 中外生命教育的研究与启示

我国生命教育研究开展的时间较短，与早已开展生命教育的西方国家相比，还有较大的差距。但国内生命教育研究已经成为中国教育研究的重点，研究成果越来越多。我国香港、台湾地区生命教育的研究和实践开展较早也较系统。我国开展生命教育需要遵循马克思主义人学思想的科学导向，深入发掘继承我国传统文化中有关生命意识的合理养分，借鉴国外生命教育理论，始终坚持生命教育理论的时代性和创新性。

首先，马克思关于人的存在形态理论为我国形成和完善生命教育理论提供科学指导。马克思主义关于人的全面发展学说是我国制定教育方针的理论依据，也构成生命教育的理论基础。马克思主义极其重视未来新社会中人的因素，肯定人的价值，承认人的个性与主体地位，以及人的尊严和人的全面发展，而人的生命的存在与发展则是人的各种因素的前提和基础。因而要实现人的自由全面发展，就必须实现生命的充分、全面与和谐发展。这就在客观上要求对人进行生命教育，突出生命教育就是充分尊重人的生命成长、发展人的主体性这一本质，从而促进人的自由全面发展。因此，马克思主义关于人的全面发展学说既是生命教育的理论依据，同时也为我国生命教育的顺利开展指明了正确方向。

其次，儒家生命哲学为我国现代生命教育理论研究提供哲学基础。儒家文化是中华民族的优秀文化遗产，当代中国的生命教育应该在优秀文化遗产中寻找理论源泉。中国古代哲学是一种典型的生命哲学，它对生命的反思体现于整个儒家哲学，是在天人关系、群己关系和生死关系三个层面上展开的。其中，天人关系是中国古代哲学的基本问题，天人合一是中国古代哲学的基本精神。它最深刻的涵义之一就是承认人和自然界具有同样的生命意义，即自然界是人类生命和一切生命之源。因此，所谓“究天人之际”的问题就成为中国古代哲学不断追寻的根本问题。群己关系问题是中国古代哲学的基本内容。儒家关怀群体生存，儒家生命哲学认为个体生命的价值是通过群体社会的“大同”价值来体现的。为了实现个体的生命价值，儒家主张和谐、仁爱和合礼。它的社会理想境界是“大同”，并认为这是群体生存的最佳状态。中国古代哲学的生死问题，究其实质也就是生命的存在与超越问题。儒家追求生命的超越，是诉诸群体的超越。此外，儒家还讲“杀身成仁”“舍生取义”，这其实都是将个体有限的生命融入无限的群体生命之中，因为仁义的本质正是保障群体生存的条件，因而也就成为儒家追求的最高心灵境界。总之，儒家生命哲学突显敬畏生命，强调人的中心地位和情感性，重道德与群体的特点，对于生命教育有重要意义。它启悟周围的人认识自己生活的目的、意义和价值，成就人格，注重通过修养提升人们的生命境界。儒家生命哲学的这些思想在今天仍然具有现实的意义和价值。

再次，西方生命教育思想为我国生命教育发展提供有益的思想补充。生命教育运动兴起后，很多国家纷纷开展不同形式和主题的生命教育，像美国的品格教育、迎向生命挑战的教育、情绪教育，日本和韩国的寒冷教育，北欧国家的孤独教育等，现在生命教育在国外已经成为世界性的思潮。国外生命教育的指导思想和理论对我国生命教育研究有启示作用，如现代人本主义教育思想的核心是以人为本位，强调尊重、关心、理解与信任每一个人，发展人的潜能和树立人的自我实现观念，主张教育是为了培养心理健康、具有创造性的人，并使每个人达到具有满足感与成就感的最佳状态。现代人本主义教育思想体现了人的情感、尊严和价值对人的自我发展的重要性，彰显了人的价值追求和生存意义，因而也是生命教育的理论依据——终极关怀理论。终极关怀理论源于生命存在的有限性，同时人们又追求对有限生命的无限超越，以达到永恒的一种精神渴望。终极关怀理论要求我们在教育中确立以人的发展作为教育目的，打破整齐划一的传统教育观，树立具有人文关怀的"生命"教育观，使受教育者热爱、珍惜和欣赏生命，并承受生命之苦难，达到自身与他人、社会、自然和谐相处的境界。这也是生命教育的宗旨和价值追求，即生命教育既要关怀生命、尊重生命，同时也要关注死亡及其意义和价值。由此可见，终极关怀理论体现了人性以及人文关怀，它关注人的生命及个人的全面发展。这些理论及思想为我们进一步开展生命教育研究奠定了坚实的理论基础。

另外，西方国家在实施生命教育的实践中已经取得的成功经验为我国生命教育实践提供了借鉴。如在教育机构设置上，澳洲成立的"生命教育中心"，该中心现已发展为一个国际性机构，致力于药物滥用、暴力与艾滋病的防治。英国政府实施了对人进行全面培养与关怀的生命教育，并形成了公民教育和个人、社会与健康教育的生命教育课程体系。英国政府把生命教育课程规定为跨领域课程，它的开设意味着生命教育开始受到英国政府的重视。生命教育被英国政府纳入国家和学校的正规教育课程，在国家正式课程中占有重要的一席之地，成为英国重要的教育改革政策。同时为了配合生命教育课程的开展，英国政府又成功地对教师进行了在职训练，使教师在教育过程中焕发出个性的光彩并展现出人格的魅力。美国不但成立了"生命教育中心"，而且还成立了各种专业协会，出版了许多专业及普及性的书籍和杂志。如成立了"美国死亡教育学会""死亡教育与咨商学会"，出版了各种书籍、影片、视听教材。美国生命教育的实施因地而异，如印第安纳州就通过互联网及电子传媒推动生命教育。日本修改实施的新的"教学大纲"中，针对学生的自杀、杀人、破坏环境、浪费等现象日益严重的现实，明确表示以尊重人的精神和对生命的敬畏的观念来定位道德教育的目标。各国政府在生命教育实施过程中发挥了主导作用，取得了积极的教育效果。我国生命教育的顺利开展，也需要国家及教育主管部门借鉴国外成功的经验,组织成立全国性的生命教育与服务机构,并在教育政策、法规等方面进行逐步完善,为生命教育的开展提供必要的科学指导和监管。

3. 加强生命教育的实践对策

生命教育是一个系统工程,它需要整合各种资源,构建一个科学、规范、适合我国国情的生命教育网络体系。

国家及教育主管部门在完善生命教育的社会环境,以及整合各种社会教育资源的过程中理应发挥更积极的主导作用。第一,我国政府及教育主管部门应通过制定法规的方式,将生命教育纳入国家和学校的正规教育课程,并且政府部门要在教育经费投入、师资力量培训等方面做出更多努力;第二,在政府及教育主管部门的引导下成立"生命教育中心"及各种生命教育专业协会等教育机构,使其致力于生命教育研究和各种专业与普及性的书刊、杂志、视听教材的出版,为学校及家庭生命教育提供科学的指导。生命教育机构的设立和完善可以使人们通过它加强与国外生命教育机构的联系和交流,在吸收国外生命教育先进理论与实践的基础上提高国内生命教育的理论与实践水平,并且通过这种交流促进国内外生命教育机构在许多共同关心的问题上进行卓有成效的合作;第三,大力开展人文主义教育,促进人文精神与科学教育的融合,培育生命教育的社会氛围。在实践中应充分重视以社区为单位,开展生命教育的重要性。大力开展社区中的生命教育就是要构建学校、家庭、社会共同实施教育的机制,充分发挥社会教育资源,指导和推进家庭实施生命与健康教育,帮助家长树立正确的亲子观和人才观,普及道德修养、营养健康、体能训练、心理指导等方面的知识,提高学生家长实施生命教育的意识和能力。充分发挥社区在生命与健康教育中的优势,引导社区参与生命与健康教育,化解学生成长过程中出现的生命困惑或危机,为青少年生命成长与健康发展营造良好的环境。

学校是生命教育的主渠道。学校教育的终极目的在于使个体生命得到全面而充分的发展,而培育学生的生命意识更是其不可推卸的责任。但现实中却由于种种原因,遮蔽了生命教育。在中小学,为了追求考试成绩与升学率,我们的教育失去了其价值追求和人文精神的蕴涵,忽略了对学生健全人格的培养和对生命的呵护与引导。尤其是对于高校教育而言,在激烈的竞争环境中,当代教育部分异化了自己的教育使命,注重功利性与实用性较强的训练和操作,放弃了生命价值的教育,荒废了他在意义世界中导行的职责,不能让人们从人生的意义、生存的价值等根本问题上去认识和改变自己;也必然前提性地要抛弃塑造人自由心灵的那把神圣的尺度;把一切教育的无限目的都化解为谋取生存适应的有限目的,教育也就失去了它本真的意蕴。"①虽然我国在高校目前所开设的思想品德课程、心理教育课程中都涉及生命价值方面的内容,但毕竟不深入、不全面和不系统,很难使大学生准确地把握生命教育的内涵。

学校要树立"以人为本"的教育理念,回归人性,认知生命,关注人的成长、关注人的生活、关注人的需要、关注人的发展,保护人的自由和尊严,尊重人的个性与差异,珍视人的多样性与

① 鲁洁.教育的返本归真——德育之根基所在[J].华东师范大学学报,2001(4).

自主性。培养教师具有强烈的生命教育意识和有效实施生命教育的能力，开设专门的生命教育课程，这是学校实施生命教育的最基本的途径。第一，在生命教育课程内容的选择上，要贴近学生的真实生活，关注学生生命的整体性，注重提升学生的生命意识，为此要对学生进行全面的了解，包括学生的健康状况、已有的知识经验、生活状况以及日后可能的发展方向，以便调动所有的积极因素，参与到教学活动中来，这也是使得每一个人都获得学习主动性的必然要求。而在课堂教学的实践操作过程中，要注重设计多元的课堂教学目标，确立突出课堂教学目标的多元化、整体、发展的特点，同时要营建民主宽松的教学氛围，引导学生感悟教学内容的人文意蕴，展现动态生成的教学过程，通过各种各样的活动来丰富他们的生活，启迪他们的思想，使他们认识社会、表达自我，彰显自我生命价值；第二，在课堂外做好有针对性的心理咨询和辅导工作。现代的心理咨询是学校心理教育的重要组成部分，其职能不仅仅是用于防止学生由发展问题转化成发展障碍，更重要的作用是在处理发展问题中发挥提升学生整体素质的作用。因此，学校除了要对广大学生开展相关的关爱生命的教育之外，还应该针对每个学生不同的实际问题，做深入细致的心理引导工作，做到共性的课堂心理教育和个性的案例问题解决相结合，以期通过心理辅导，及时化解学生的心结，加强学生的心理素质。通过定期开展心理讲座，让学生更加了解心理健康知识，促进学生的心理健康；第三，在实践活动中使学生体验生命的真实性。“生存感受是指个体对自身存在及其价值的自我体验和感性认识。拥有丰富而又深刻的生存感受的人能真正体会与直面生活的悲欢离合，领悟生活的真谛与意义，体验自己生命的存在意义。”①开展实践活动对于丰富学生生存感受，培养其生命情感具有更加直观的作用。如组织学生观看一段完全真实的剖腹产全过程录像，并允许其到医院太平间与遗体接触，前者在于教育孩子什么是生命，为什么生命来之不易，从而使学生认识到生命之可贵，后者在于使学生认识到一个人的死亡对自己、对亲人意味着什么，轻视生命将会带来什么后果；第四，构建关爱生命的生命教育环境。学校各部门配合营造良好的人文气息，组织丰富多彩的校园文化活动，孕育学生愉快、积极的情感，欣赏绚丽的生命世界。另外，在学校课程安排中设置毒品教育，安全教育等教育活动，以此使学生学会敬畏生命，爱惜生命，这些都具有十分重要的意义。

生命教育是一项社会、学校、家庭积极互动的系统工程。因此，生命教育除了系统的学校教育之外，还需要国家、社会和家庭的密切配合，形成教育的合力，使各种教育形式在教育内容上保持适当的平衡和一致，通过全方位的良性教育空间，促使人们正确对待生命。

二、公民教育

随着政治民主化程度的提高，公民教育引起我国思想政治教育管理者、理论研究者和实践工作者的重视并开始探讨。尤其在党的十七大报告中首次提出“公民意识教育”一词后，公民教育更加引起了人们的关注。

---

① 刘济良. 生命教育论[M]. 北京：中国社会科学出版社，2004：45.

1. 公民教育的内涵

公民教育是对每一个公民进行如何做合格公民的教育。广义的公民教育与学校教育概念一致,即现代国家的基础教育;狭义的公民教育是指一种协调个人与政府、与社会关系的教育,以实现个体的政治社会化、法律社会化、道德社会化。凡是涉及公民问题的,都属于公民教育的范畴,旨在形成公民意识,培养公民行为,提升公民能力。

2. 公民教育与思想政治教育的关系

思想政治教育从严格意义上讲应该属于公民教育这个大范畴。公民教育与思想政治教育是统一而密不可分的,具有质的同一性。公民教育与思想政治教育从实质到宗旨是一致的。社会主义公民教育是对思想政治教育内容的丰富和充实,也是我国新时期思想政治教育改革的出发点和落脚点,同时还是思想政治教育向经常化、制度化、规范化发展的进一步要求。社会主义公民教育体系的构建,既包括了思想政治教育的基本内容,又适应了新时期的历史要求;既符合思想政治教育的基本原则,又联系现实状况展开工作。实施公民教育是我国思想政治教育与时俱进,顺应时代发展的现实选择,是新时期思想政治教育改革与创新的重要途径,有助于克服思想政治教育政治化、理想化、绝对化等倾向,实现思想政治教育真正由传统向现代的转型。

公民教育与思想政治教育在内涵、广度和层次上又是有差异的。思想政治教育主要指那些公民思想领域中的政治问题和政治领域的思想问题,公民教育基本线索是个人与国家、社会的权利义务关系;思想政治教育强调个人对国家、社会的服从和责任,公民教育以公民的权利与义务的统一为基础,去理解个体与国家、社会的关系和责任;思想政治教育包括了执政党的政治倾向、主张和价值取向,公民教育则以公民的基本要求为基本取向;思想道德教育是以应然的道德性为本的教育,公民教育则是以实然的合理性为本的教育。传统思想政治教育是站在执政党、国家政权以及其相应的政治原则的立场上,以灌输的方式为主强化受教育者的思想政治觉悟。公民教育则是站在法制国家权威、社会公共利益和现代化法制秩序合理性的基础上,通过施教者与受教者的积极互动,以多种形式和主动参与的具体操作方式来充实和完善受教者的法制意识、道德自律及政治人格。因此,思想政治教育比公民教育追求的境界更高,而公民教育比思想政治教育更具普适性。

3. 公民教育的内容

公民教育应当是基于公民的本质特征建立起来的教育目标体系,它必须满足三个基本条件:以公民的独立人格为前提,以权利义务的统一为基础,以合法性为底线。公民教育的内容因国家、时代不同而各有偏重和特色,但其中存在一些基本和共同的东西,从国家和社会对公民的要求以及各国公民教育的实际情况来看,公民教育的内容主要包括爱国教育、道德教育、法制教育和品格教育四个方面。从层次角度来看,公民教育的内容涉及知识、态度(情感、意识)、行为和技能四个方面。

在我国全面建设小康社会的过程中,根据当前的实际情况,公民教育的内容应该包括以下几个方面："爱国主义教育""政治教育""民主法制教育""权利和义务教育""社会公德教育"。

学术界对公民教育内容的看法并不统一。有学者指出，公民教育的内容应该包括"国家意识即爱国教育，权责意识即主体教育，规则意识即自律教育"。另有学者指出，大学生公民教育的内容应该包括"爱国主义教育、集体观教育、政治教育、主体性教育、民主法制教育、社会公德教育、个性心理教育、社会素质教育、公共生态教育、全球意识教育"。也有学者指出，"非智力素质教育，即公民在日常生活中所必须具备的基本生活素质、健康向上的心理素质，孜孜不倦的进取精神、乐观向上的情感、强烈的创新精神、坚忍不拔和百折不挠的意志力等非智力的综合素质也是公民教育的重要内容"。

三、幸福教育

思想政治教育不仅是为了灌输统治阶级的意识形态，维护稳定的社会秩序，而更应关注个体的生命成长，引导他们正确理解和追求幸福，促进人的全面自由发展。

1. 幸福教育的内涵

幸福教育旨在培养能够发现幸福、创造幸福、感受幸福的人。幸福的本质是心理体验和伦理规定的统一。幸福有三种形式，一种是正面对人性肯定，即我们常说的快乐；一种是反面对人性肯定，虽然在这个过程中产生的是不安、愤怒等情感，但仍是幸福的一种形式，是道德良心的表现；三是因人性的复杂形式而产生的复合幸福体验，如交织着爱与后悔、抱怨的幸福感。

2. 幸福教育与思想政治教育的一致性

"幸福"是思想政治教育的终极追求。幸福是人生的主题。苏霍姆林斯基曾指出，教育的目的是培养幸福的人。思想政治教育隶属于教育这个大范畴，它不仅以"培养幸福的人"为追求，也是提高国民幸福指数的重要途径。首先，以培养人为目标的思想政治教育必须坚持以人为本。在思想政治教育过程中，只有首先关注受教育者的幸福问题，尊重人的生命，尊重人的生存权和发展权，才能真正做到尊重人、理解人、关心人、帮助人，才能充分显示思想政治教育的人性光辉。其次，思想政治教育的指向于未来，具有引导性、超越性，直接作用于人的精神世界，致力于培养人的真善美和谐统一的理想人格，不仅使个体获得成长发展的源泉和寄托，而且使社会获得一种稳定秩序和可靠基础。没有幸福为思想政治教育作出价值定位，可能难以指向于人的未来发展且达到道德的至高境界。再次，只有把思想政治教育的目的置于对人的幸福的关照中，它才有意义，才能使人乐于接受并把它与探求内心的信仰联系在一起，自觉地提升自身的思想政治素养。思想政治教育必须回归生活，深切关注人的生存现状、人的需求，在肯定并帮助人们对正当物质利益合理追求的同时，又充分关注人的成就感、对社会的贡献、人际关系和谐等的感受，使人过上有尊严的生活，而这样的人才是真正幸福的人。

3. 幸福教育与思想政治教育相辅相成

幸福教育和思想政治教育同属于社会意识形态范畴，两者在理论上有同构性。思想政治教育和幸福教育最终追求都是为了促进个体的成长，使个体的生命更加有意义。思想政治教育侧重于人的思想政治品德的发展，使个体的行为更符合社会的期待，而行为后面是复杂的心理和丰富的内心世界。所以思想政治教育的本质还是要健全个体的人格，构建人的精神支柱，使对善的追求成为内在的一种品质和信念。幸福教育很重要的一个方面就是完善个体的人格，因为只有善良、高尚、乐观、向上的人才能理解他人，才会懂得付出也是一种收获，方能积极主动自觉地接收思想政治教育，在不断地寻求从小我之私向大我之私的超越过程中获得和体验幸福。

幸福教育使思想政治教育落实到一个更具体的层面，真正进入教育对象的心灵，成为他们的内在需要。因此，思想政治教育和幸福教育不是相互排斥和矛盾的，而是相互统一和促进的。离开幸福的思想政治教育将脱离实际生活，违背人类发展的需要，实效性将大大降低。思想政治教育以科学的人生观、价值观引导正确的幸福观的树立，不断提升人们的精神境界，帮助人们建构精神家园。离开了思想政治教育的幸福教育将偏离前进的方向，可能会陷入对欲望的追求而无法自拔。

四、国际突发事件教育

我国正处在和平发展的重要战略机遇期，同时也面临着国际利益碰撞和矛盾冲突的多发期。近年来侵犯和破坏中国主权和利益的国际突发事件增多。大学生充满爱国激情，此类事件易引起其强烈的反应。绝大多数大学生能够理性表达爱国情感，自觉维护校园和社会稳定。但是也有些大学生抱怨中国外交斗争软弱无力，措施不够强硬。还有一些大学生情绪激动，言词激烈，主张并进行校园集会和校外游行抗议。如何通过思想政治教育有效引导大学生在国际突发事件后保持克制和冷静，坚信我国政府采取的外交政策和措施，与党同心同德应对国际突发事件，是高校思想政治教育面临的新挑战。

1.建立完善的教育机制

国际突发事件虽然具有复杂性和不确定性，但依托完善的教育机制，可将其扩散性控制在最小范围，最大程度降低负面影响。高校应成立综合协调机构，统筹发挥党委各部门、思想政治课教师、学校国际合作处或外事办公室、各院系等诸方面的优势和作用，形成应对突发事件的合力；基于校园危机处理的一般原则和程序，结合本校学生的思想实际，制定一般性应对国际突发事件的教育预案；同时，根据业已发生的突发事件的性质、走向和程度，科学评估大学生的承受力，预先研判可能产生的反应。各相关教育力量据此提前介入教育，争取处置的主动权，防患于未然，降低国际突发事件后校园危机发生的概率，提高应对的效率，并建立区域高校国际突发事件应急处理联盟，高校间和社会有关部门应互相沟通信息，交流经验，协调联动应对，形成常态化教育与应急性教育相结合、内外教育相结合的教育机制。

2.丰富和优化教育的内容

国际突发事件纷繁多样，层出不穷，牵一发而动全身。高校不能被动应付，应当透过其生成和演变，抓住其发展规律，找准思想政治教育的着力点和突破口，丰富和优化教育内容，赢得思想政治教育的先机，以取得预期的教育实效。

(1)理想信念教育。理想信念教育是中国革命和建设事业取得胜利的精神支柱和动力支持，是当前社会转型时期应对外部环境变化、增强民族凝聚力、调动人的积极性的重要途径，也是树立正确的世界观、人生观和价值观的前提基础。高校要深入进行“四信”教育(马克思主义信仰教育、共产主义信念教育、社会主义信心教育、中国共产党信任教育)，并广泛开展大学生社会实践活动，发挥思想政治教育理论的逻辑力量和社会实践的佐证力量，以主导性引领和整合多样性，强化大学生的政治认同，塑造昂扬奋发的精神状态，既坚持德才兼备、全面发展，又鼓励保持个性、彰显本色，实现个人成长与祖国发展的高度统一和有机融合。

(2)中国特色社会主义人权观教育。人的全面自由发展和人类自身解放是马克思主义人学的最高价值取向，也是中国共产党人奋斗不懈的目标追求，同时也成为西方干涉中国内政的常用借口。科学发展观是中国共产党对马克思主义人学思想的时代创新，它秉承发展为了人民、发展依靠人民、发展成果由人民共享的理念，改善民生、致力公平、维护正义，科学发展观倡导的以人为本思想克服了中国古代以民为本的局限，也比西方人权思想更为先进和深刻。我国有三所高校已经设立了国家级人权教育与培训基地，应推而广之，充分整合与利用高校资源，以马克思主义人学思想和中国特色社会主义人权观为指导，开展人权教育研究，针对某些西方国家对中国人权状况的歪曲和攻击，揭露其在人权问题上实行的双重标准和挑拨民族关系的罪恶图谋，宣传我国政府重视保障少数民族人权，各族人民日益享有广泛自由和权利的事实。

(3)中国和平外交原则教育。当今世界正在发生广泛而深刻的变化，交融合作的广度和深度不断加强。中国始终坚持奉行独立自主的和平外交政策，内求和谐发展，外求和平合作，坚决反对霸权主义和强权政治，积极倡导构建互利共赢的国际关系新格局。中国的发展是推动世界和平的坚实力量。我国在构建和谐社会的同时，致力将和谐的理念扩展至国际事务中，提出了“和谐世界”的战略构想，是当代马克思主义全球性的最高成就。中国的外交和平发展战略，既是改革创新的时代精神，也是新时期爱国主义教育新内容。我国当前正处于改革发展的关键阶段，经历着空前深刻的社会变革，也面临着异常复杂的国际关系，迫切需要以极大的政治勇气和高超的智慧应对国际格局嬗变。加强我国和平外交政策的经验总结和理论创新成果的宣传和阐释，可以助推大学生对我国外交方略和实践的理解和认同。

(4)中国爱国主义传统教育。爱国主义是民族精神的核心，也是社会主义核心价值体系的基础。中华民族精神薪火相传、绵延不绝，具有高度的向心力、凝聚力和创造力，这是中华民族虽饱经忧患但历久弥坚、愈挫愈奋、团结统一的内生动力。中国传统文化理性平和、自强不息、包容大度的精神内核，深刻地影响了中华民族的思维方式和行为特征。中国没有扩张称霸的政治文化传统，相反近代以来屡遭外强侵略和欺凌。中国倡导建设和谐世界，体现了中华民族广阔的胸襟和恢宏的气度。要教育大学生既做爱国主义者，又做国际主义者，具备全球视野和战略思维，兼容并蓄，跳出极端的民族主义和狭隘的爱国主义窠臼，以开放包容的心态积极参与国际交流合作。既传承和弘扬中华民族的优秀文化，又以平等的态度学习和吸纳人类文明成果。

（5）中国核心利益神圣不可侵犯教育。国家核心利益包括一个国家政治体制、发展道路、领土主权完整等重大原则问题，是国际交往和谈判中的前提而不是议题。中国一贯奉行双边和多边外交政策，不当头，不扛旗，不扩张，不称霸，团结一切平等待我之国家。主张求同存异，以战略对话和磋商机制和平解决大部分国际矛盾和冲突。对于暂时解决不了的问题允许搁置争议，等待条件和时机成熟再行解决。但在严重干涉或破坏中国核心利益的问题上，中国共产党和中国政府绝不会示弱、妥协让步。要教育大学生放眼长远，洞悉全局，充分认识国际突发事件所具有的复杂性和关联性，理解和支持我国在外交斗争中体现出的原则的坚定性和策略的灵活性的辩证统一。

（6）中国成功应对各种危机教育。中国秉持公道，伸张正义，致力于和平解决国际争端和热点问题。坚决反对武力干涉和威胁，坚决反对一切形式的恐怖主义、霸权主义和强权政治。坚持独立自主的外交原则和务实灵活的外交策略，有效地维护了中国的主权和利益，及时挫败了西方反华势力“西化”和“分化”中国的各种图谋，并取得了改革开放和现代化建设举世瞩目的成就。苏联解体、香港回归、非典爆发、中国加入 WTO、四川汶川地震、国际金融危机等重大政治经济和自然灾害事件后，都曾经是西方反华势力预测“中国要天下大乱”的时间节点，中国非但没有内乱和解体，反而风景独好，形成了世界刮目相看的“中国模式”。西方反华势力的图谋屡遭失败，昭示了中国共产党人的卓越领导智慧和中国特色社会主义的强大生命力。

（7）中国海外经济风险和国际灾害警示教育。随着我国在海外投资的日益增多，海外经济利益所面临的各种风险亦相应增加。政治风险主要包括与投资东道国有关的战争、内乱、政变以及东道国间接性征用等，还有极端分子制造的暴力事件；金融风险包括金融危机、汇率变动、币制改革以及金融衍生品市场陷阱等；市场风险包括原材料、劳动力、产品等市场价格向不利于自己方向发展，导致收益减少或负债增加；交通风险主要是在货物运输中商船遭遇海盗袭击或恶劣天气造成的损失。自然灾害风险主要有地震、台风、海啸、洪水、瘟疫等。影响海外经济利益的突发事件警示我们要完善海外投资风险评估，加强灾害的积极防范，严格高技术负效应的控制，如从美国金融危机吸取教训全面加强我国海外证券投资管理，从利比亚战乱吸取教训全面建立海外石油投资风险评估，从日本核泄漏事故吸取教训全面加强我国核电站安全建设、核技术安全应用和放射性技术安全管理。

（8）抢抓重要战略机遇期教育。国际金融危机后世界进入了大发展、大调整、大变革的新时期。但和平发展仍是时代的主流，我国面临的机遇总体上大于挑战，仍处在大有可为的重要战略机遇期，完全具备推动经济社会发展和综合国力提升的条件。历史上内乱外患多次打断中国现代化的进程，中国痛失工业革命和科技革命的世界机遇，贻误宝贵的发展时机。中国当务之急必须韬光养晦，集中精力，排除干扰，趋利避害，抢抓机遇，谋求跨越发展。要教育大学生以高度的责任感，既认清和应对挑战，增强忧患意识，又珍惜和用好机遇，树立大局意识。

3. 创新教育的方式和载体

互联网已经成为思想文化信息的集散地和社会舆论的放大器。西方国家借助互联网技术优势，经常在国际突发事件时期利用互联网对我国进行歪曲报道和政治煽动。高校要注重培养大学生的网络素养，提升其对意识形态渗透的敏锐性和鉴别力，自觉抵御各种错误思潮的侵蚀；要建立思想政治教育红色网站，主动介入网络信息获取及传播平台，及时深度地报道国际形势动态和我国对外政策走向，既探讨国际突发事件成因，又分析应对策略，形成良好的网络舆论氛围，还原真相，以正视听，杜绝各种流言、谣言传播的可能；要在校园网络设立防火墙和信息净化器，监控和查封境外敌对势力的渗透；思想政治理论课教师还要密切关注网络语境下的传播动态，积极主动地撰写正面教育引导的网络文章，或以博客、微博形式与大学生快捷交流，及时反驳网上消极反动的言论，拓展大学生思想政治教育的覆盖面，提高大学生思想政治教育的实效性。

4. 突出教育的针对性和实效性

(1)围绕社会热点难点进行教育。在全球化背景下，每次国际突发事件都与我国直接或间接地发生联系，与之相关的方面随之凸显为社会高度关注的热点和难点问题。高校的思想政治教育必须及时跟进，坦诚直面，不回避矛盾，不淡化问题，不掩盖困难，围绕政策解读、理论阐释和成功实践来解疑释惑，划清是非界限，澄清模糊认识，科学引导大学生全面理性地看待我国社会转型中存在的问题和暂时的困难、面临的机遇和发展的前景，所采取的外交策略的必要性与合理性，从而增强抵制各种错误和腐朽思想影响的免疫力，有效凝聚思想共识。

(2)针对重点人群进行教育。大学生是知识和思想新锐群体，高校要抱有客观公正的态度和立场，以包容的心态对待大学生中的异质思维。不能将大学生的的爱国情绪表达与校园稳定简单对立，并无限上纲，粗暴压制，以追求表面化、短期化的校园稳定。要构建大学生爱国情绪表达和宣泄的制度化空间，畅通多样化、合理化的情感诉求渠道。同时又对其错误的思想和行为不能消极放任，姑息迁就，要把握教育的主动权。对那些政治观点偏激、回避思想政治教育的大学生，不歧视、不责难，不边缘化，根据其在国际突发事件后的认识、反应和表现，发现问题，查漏补缺，进一步加强思想政治教育、心理疏导与人文关怀，给予真诚的关心和帮助，并在今后面临国际突发事件时，对其有针对性地提前教育和积极引导。从而把大学生思想的独立性、选择性、多变性、差异性有效转化、整合为和谐校园建设的活力和动力。

5. 形成有效的教育合力

在目前高校大学生思想政治教育中，有关国际关系的教学内容比较薄弱。“形势与政策”这门课理应结合国际突发事件，及时向大学生讲授新时期我国外交战略、外交政策和外交新理念，但是这门课程的教学提纲往往滞后。“当代世界经济与政治”课最有利于引导大学生正确认识世界多极化和经济全球化，但是这门课只是作为选修课，而且相当多的高校没有开设。高校中具有系统的国际关系专业知识和外交实践经验的师资缺乏，导致大学生的世界地理、国际关系和外交知识普遍贫乏。

思想政治理论课教师要在国际突发事件后的教育中发挥中坚和先锋作用。以往在思想政治理论课教学中,教师总是刻意回避敏感的国际突发事件。面对日益频发的国际突发事件,思想政治理论课教师要勇于直面,既要有一以贯之的政治坚定性和敏锐性,又要具备与时俱进的专业素养。要注重世界政治经济知识和新时期我国外交战略和外交政策的学习,拓宽自己的视野,优化知识结构,结合国际突发事件和学生诉求,进行有深度、有说服力的讲授。

国际突发事件具有复杂性和关联性,涉及到很多哲学社会科学专业知识和现代高技术问题,要发挥民族学、宗教学、地理学、边疆学、中外关系学、国际贸易学、理工科等专业教师的作用,以举行专题讲座、座谈等形式,从各自的专业角度和研究领域对大学生加强新的国家安全观教育。高校国际交流与合作处或外事办公室可介绍国际惯例及有关国际合作知识,也可以邀请国际问题专家和驻外人员为大学生做国际突发事件专题报告,讲解双边关系、就大学生关注的问题双向交流,解疑释惑。

国际突发事件发生期是对大学生进行以爱国主义为核心的思想政治教育的关键期和重要契机。不能以简单粗暴、被动应付、又捂又堵的方式敷衍回应大学生的爱国诉求,应直面现实,以实事求是、开诚布公的态度、唯物辩证的方法,全面深度地解读和宣传党的外交政策,科学分析理论和实践中存在的问题,澄清思想和认识中的误区,引导大学生以全面、辩证、发展的眼光把握国内和国际趋势。引导他们培养全球视野和战略思维,增强民族自尊心、自信心和自豪感,与党同心同德应对国际突发事件。

思考题

1. 当代思想政治教育发展的新趋势是什么?
2. 概述当代思想政治教育实践新领域。

第九章 思想政治教育专业大学生课外阅读

课外阅读是思想政治教育专业大学生学习的重要途径。本章主要介绍了课外阅读的方法和技巧，推荐了阅读的书目和期刊，以提高思想政治教育专业大学生读书的效率和质量，以实现开阔视野、完善知识结构、提高理论水平、提升精神境界的目的。

第一节 如何进行课外阅读

根据思想政治教育专业的培养目标和课外阅读书目的特点，思想政治教育专业的大学生在课外阅读中应当注意以下几个方面。

一、要读好书

“吾生也有涯，而知也无涯”。读书多多益善，但人的精力有限，我们不可能把浩如烟海的书全读完，应当选择那些与自己专业关系密切、自己爱好和有兴趣的书来读，力争在有限的时间内取得最佳的读书效果。

第一，当代中国马克思主义理论著作。马克思主义是我们认识世界和改造世界的强大思想武器，学习马克思主义理论，首先要认真研读马克思主义中国化最新成果，深入学习领会邓小平理论、“三个代表”重要思想以及科学发展观等重大战略思想，系统掌握中国特色社会主义理论体系，做到真学、真懂、真信、真用。

第二，读马克思列宁经典著作。马克思列宁经典是中国特色社会主义理论的来源，只有从源头上去学，才能弄清楚中国特色社会主义理论的来龙去脉，从而加深理解，自觉运用。读马克思列宁经典，有利于增强马克思主义理论素养，系统的马克思主义理论素养是思想政治教育专业大学生的看家本领。读马克思列宁经典，有利于培养科学的思维方式。马克思列宁经典都是经典作家们科学思维方式的产物。马克思列宁经典之所以成为经典，就在于它们充满了科学分析、科学判断、科学论证、科学结论，贯穿着科学的思维逻辑和科学思维方式。读马克思列宁经典，有利于提高理论鉴别力。有些错误观点、错误理论，为了取得人们信任，往往引经据典，貌似马克思主义，但实际上他们或断章取义，或移花接本，或照搬照套、生吞活剥，或任意曲解。如果没有读过马克思列宁经典，极易轻信，上当受骗。读一点马克思列宁经典，我们就有了理论鉴别能力，不会被一些简述读物或二手资料引入迷途，从而保持理论上乃至政治上的清醒和坚定。

读马克思列宁经典，毛泽东的体会是：读马克思主义理论在于应用，要应用就要经常读、重点读；邓小平精辟地提出过读马克思列宁经典的原则：读“马列”要精，要管用的。“精”，说的是要读经典；管用，说的是要结合实际，要有针对性，学以致用。比如，从总体上把握马克思主义，要读《马克思主义的三个来源和三个组成部分》；了解马克思主义哲学世界观，要读《费尔巴哈和德国古典哲学的终结》《反杜林论》《唯物主义和经验批判主义》《哲学笔记》等。学习唯物史观，要读《政治经济学批判序言》；坚定共产主义理想信念，要读《共产党宣言》；建立和完善社会主义市场经济体制，要读《资本论》《政治经济学批判导言》；研究收入分配制度改革，要读《哥达纲领批判》；领会科学发展观的核心“以人为本”，要读马克思《1844 年经济学哲学手稿》；做妇女工作的，要读《家庭私有制和国家的起源》；做青年工作的，要读《青年团的任务》；等等。

第三，古今中外优秀传统文化书籍。优秀传统文化书籍作为古今中外文化精华的传世之作，思考和表达了人类生存与发展的根本问题，其智慧光芒穿透历史，思想价值跨越时空，历久弥新，成为人类共有的精神财富。经常接受优秀传统文化熏陶，可以提高人文素养，增强对人与人、人与社会、人与自然关系的认识和把握能力，正确处理义与利、己与他、物质享乐与精神享受等重要关系。优秀传统文化书籍包括历史经典、文学经典、哲学经典、伦理经典等多个方面。要通过研读历史经典，看成败、鉴是非、知兴替；通过研读文学经典，陶冶情操、增加才情；通过研读哲学经典，改进思维、把握规律，增强哲学思考和思辨能力；通过研读伦理经典，知廉耻、明是非、懂荣辱、辨善恶，培养健全的道德品格。

二、要善读书

要讲求读书方法和技巧，努力提高读书效率和质量。

第一，要坚持阅读与思考的统一。读书学习的过程，实际上是一个不断思考认知的过程。思考是阅读的深化，是认知的必然，是把书读活的关键。如果只是机械地阅读、被动地接受、简单地浏览，没有思考，人云亦云，再好的知识也难以吸收和消化。要带着问题读书，养成边读书边思考的习惯，在广泛阅读的基础上，联系实际，开动脑筋，对现实中的疑惑进行深入思考，力求把零散的东西变为系统的、孤立的东西变为相互联系的、粗浅的东西变为精深的、感性的东西变为理性的。要敢于拿起批判的武器，在思考中发现新的问题，在继承前人的基础上努力形成新的认识。只有通过阅读获得新知识、了解新思想、树立新观念，才能提高思维的准确性、逻辑性、深刻性、敏捷性、创造性。

第二，要坚持读书与运用相结合。读书学习必须联系实际，知行合一。古人讲，“纸上得来终觉浅，绝知此事要躬行”；毛泽东同志说，读书是学习，使用也是学习，而且是更重要的学习，讲的也是同样的道理。坚持读书与运用相结合，就要在读书的过程中增强运用能力，在运用的过程中提高读书水平。加强知识的运用，在以下三个方面努力很重要。一是要勇于实践，把知识转化为能力。知识向能力的转化，媒介就是实践。要勇于实践，要敢于面对实践中的热点、难点问题，敢于探索新的实践领域，努力使自己主导的实践成为正确的而不是盲目的实践，成为系统的而不是零碎的实践，成为有科学根据的而不是想当然的实践。二是要运用理论和知识着力改造客观世界。马克思说："哲学家们只是用不同的方式解释世界，而问题在于改变世界。"要深刻认识当今世界的发展趋势和变化特征，准确把握中国特色社会主义的发展规律，认真研究改革开放和社会主义现代化建设进程中出现的新情况新问题。三是要运用理论和知识自觉改造主观世界。要通过加强读书学习，牢固树立马克思主义世界观、人生观、价值观，切实解决好理想信念、思想作风、道德情操等问题。

第二节 课外阅读书目

一、大学生通识性课外阅读书目

教育部高等教育司指定的"大学生必读书目 100 本"，入选图书均为反映古今中外不同时期的学术风尚的代表性著作，具有很强的经典性和学术性，是适用于不同专业的所有本科生的通识性书籍。

1. 文学作品(30 部)

(1)《诗经直解》，陈子展，复旦大学出版社 1983 年版。

(2)《史记注译》，王利器，三秦出版社 1988 年版。

(3)《唐宋词选》，夏承焘，中国青年出版社 1959 年版。

(4)《古文观止》，[清]吴楚材、吴调侯选编；安秋平点校，中华书局 1987 年版。

(5)《儒林外史》，[清]吴敬梓著，张慧剑校注，人民文学出版社 1958 年版。

(6)《雷雨》，曹禺，人民文学出版社 1994 年版。

(7)《边城》，沈从文，《沈从文文集第六集》，花城出版社 1984 年版。

(8)《平凡的世界》，路遥，华夏出版社 1998 年版。

(9)《尘埃落定》，阿来，人民文学出版社 2000 年版。

(10)《余秋雨简要读本》，余秋雨，文汇出版社 2003 年版。

(11)《奥德赛》，(古希腊)荷马著，王焕生译，人民文学出版社 1997 年版。

(12)《神曲》，(意)但丁著，王维克译，人民文学出版社 1997 年版。

(13)《傲慢与偏见》，(英)简·奥斯丁著，王科一译，上海译文出版社 1996 年版。

(14)《悲惨世界》，(法)雨果著，李丹、方于译，人民文学出版社 1992 年版。

(15)《包法利夫人》，(法)福楼拜著，许渊冲译，译林出版社 1992 年版。

(16)《约翰·克利斯朵夫》，(法)罗曼·罗兰著，傅雷译，人民文学出版社 1957 年版。

(17)《追忆似水年华》，(法)马塞尔·普鲁斯特著，李恒基、徐继曾译，译林出版社 1995 年版。

(18)《忏悔录》,(法)卢梭著,周士良译,商务印书馆1963年版。

(19)《蒙田散文集》,(法)蒙田著,黄建华、黄迅译,浙江文艺出版社2000年版。

(20)《德伯家的苔丝》,(美)托马斯·哈代著,张谷若译,人民文学出版社1984年版。

(21)《草叶集》,(美)惠特曼著,楚图南译,人民文学出版社1987年版。

(22)《白鲸》,(美)麦尔维尔著,曹庸译,上海译文出版社1990年版。

(23)《飘》,(美)玛格丽特·米切尔著,戴侃译,外国文学出版社1990年版。

(24)《喧哗与骚动》,(美)福克纳著,李文俊译,上海译文出版社1984年版。

(25)《第二十二条军规》,(美)约瑟夫·海勒著,杨恝等译,译林出版社1997年版。

(26)《雪国》,(日)川端康成著,叶渭渠、唐月梅译,译林出版社2001年版。

(27)《安娜·卡列尼娜》,(俄)列夫·托尔斯泰著,高惠群、石国生译,上海译文出版社1998年版。

(28)《罪与罚》,(俄)陀思妥耶夫斯基著,岳麟译,上海译文出版社1996年版。

(29)《百年孤独》,(哥伦比亚)加西亚·马尔克斯著,高长荣译,中国文联出版公司1994年版。

(30)《不能承受的生命之轻》,(捷)米兰·昆德拉著,许钧译,上海译文出版社2003年版。

2.社科作品(50部)

(31)《中国哲学简史》,冯友兰著,北京大学出版社2010年版。

(32)《周易译注》,周振甫译注,中华书局1991年版。

(33)《老子新译》(修订本),任继愈,上海古籍出版社1985年版。

(34)《庄子今注今译》,陈鼓应,中华书局1983年版。

(35)《孟子选译》,杨伯峻译注,人民文学出版社1988年版。

(36)《荀子选》,[战国]荀况著,张觉撰、方孝博选注,人民文学出版社1957年版。

(37)《韩非子选注》,沈玉成,郭咏志选译,上海古籍出版社1991年版。

(38)《西方文明史》,(美)罗伯特·E·勒纳著,商务印书馆1986年版。

(39)《理想国》,(希腊)柏拉图著,郭斌和、张竹明译,商务印书馆1985年版。

(40)《形而上学》,(希腊)亚里士多德著,吴寿彭译,商务印书馆1997年版。

(41)《国富论》,(英)亚当·斯密著,郭大力、王亚南译,三联书店2009年版。

(42)《实践理性批判》,(德)康德著,蓝公武译,商务印书馆1960年版。

(43)《存在与时间》,(德)海德格尔著,陈嘉映、王庆节合译,三联书店1999年版。

(44)《查拉斯图拉如是说》,(德)尼采著,周国平译,青海人民出版社1995年版。

(45)《存在与虚无》,(法)让保尔·特著,陈宣良译,三联书店1987年版。

(46)《精神分析引论》,(奥)弗洛伊德著,高觉敷译,商务印书馆1984年版。

(47)《小逻辑》,(德)黑格尔著,贺麟译,商务印书馆2003年版。

(48)《伦理学》,(荷)斯宾诺莎,贺麟译,商务印书馆1983年版。

(49)《人性论》,(英)休谟著,郑之骧、关文运译,商务印书馆 1980 年版。

(50)《社会契约论》,(法)卢梭著,何兆武译,商务印书馆 1980 年版。

(51)《战争论》,(德)克劳塞维茨著,中国人民解放军军事科学院小组译,商务印书馆 1982 年版。

(52)《情爱论》,(保)瓦西列夫著,赵永穆等译,当代世界出版社 2003 版。

(53)《经济学原理》,(美)曼昆著,梁小民译,三联书店 1999 年版。

(54)《科学与人类行为》,(美)斯金纳著,谭力海等译,华夏出版社 1989 年版。

(55)《后工业社会的来临》,(美)丹尼尔·贝尔著,高銛、王宏周、魏章玲译,新华出版社 1997 年版。

(56)《在市场里交谈》,汪丁丁,上海人民出版社 2003 年版。

(57)《文明消失的现代启悟》,盖山林、盖志毅,内蒙古大学出版社 2003 年版。

(58)《第二性》,(法)西蒙娜·德·波伏娃著,陶铁柱译,中国书籍出版社 1998 年版。

(59)《新教伦理与资本主义精神》,(德)马克斯·韦伯著,彭强、黄晓京译,陕西师范大学出版社 2002 年版。

(60)《论法的精神》,(法)孟德斯鸠著,张雁深等译,商务印书馆 1978 年版。

(61)《历史研究》,(英)汤因比著,刘北成,郭小凌译,上海人民出版社 2000 年。

(62)《人生五大问题》,(法)莫罗阿著,傅雷译,三联书店 1986 年版。

(63)《人性的弱点》,(美)卡耐基著,中国文联出版公司。

(64)《西方美学史》,朱光潜,人民文学出版社 2002 年版。

(65)《美的历程》,李泽厚著,天津社会科学院出版社 2001 年版。

(66)《权力的转移》,(美)阿尔温·托夫勒著,刘红等译,中共中央党校出版社 1991 年版。

(67)《文明的冲突与世界秩序的重建》,(美)亨廷顿著,周琪等译,新华出版社 2002 年版。

(68)《马克思主义经典著作选读》,(德)马克思,恩格斯著,人民出版社 1999 年版。

(69)《毛泽东选集》,毛泽东著,人民出版社 1991 年版。

(70)《邓小平文选》(第三卷),邓小平著,人民出版社 1993 年版。

(71)《守望的距离》,周国平,北岳文艺出版社 2003 年版。

(72)《完全成长手册》,(美)爱德华·赖利著,上海人民出版社。

(73)《乡土中国》,费孝通,三联书店 1985 年版。

(74)《中国人》,林语堂,学林出版社 2007 年版。

(75)《曾国藩家书》,曾国藩,岳麓书社 1986 年版。

(76)《与鲁迅相遇》,钱理群,三联书店 2003 年版。

(77)《六大师》,(奥)斯蒂芬·茨威格著,黄明嘉译,漓江出版社 1998 年版。

(78)《未来之路》,(美)比尔·盖茨,北京大学出版社 1996 年版。

(79)《大学人文读本》(三卷),夏中义,广西师大出版社 2002 年版。

(80)《大学生与现代社会》,朱永新,高等教育出版社2003年版。

3.科技作品(20部)

(81)《科学史及其与哲学和宗教的关系》,(英)丹皮尔著,李衍译,商务印书馆1989年版。

(82)《世界史上的科学技术》,(美)詹姆斯·E·麦克莱伦第三,哈罗德·多恩著,王鸣阳译,上海科技教育出版社2003年版。

(83)《21世纪100个科学难题》,编写组,吉林人民出版社1998年版。

(84)《技术发展简史》,(美)乔治·巴萨拉著,复旦大学出版社2000年版。

(85)《科学革命的结构》,(美)库恩著,李宝恒,纪树立译,上海科学技术出版社1980年版。

(86)《科学的社会功能》,(英)J·D·贝尔纳著,商务印书馆1982年版。

(87)《院士思维》,卢嘉锡,安徽教育出版社2001年版。

(88)《再创未来——世界杰出科学家访谈录》,(美)托马斯·A·巴斯著,李尧、张志峰译,三联书店1997年版。

(89)《科学是美丽的》,沈致远,上海科教出版社2002版。

(90)《科学研究的艺术》,(英)贝弗里奇著,陈捷译,科学出版社1979年版。

(91)《现代科学技术基础知识》,宋健,科学出版社1994年版。

(92)《高科技高思维》,(美)约翰·奈斯比特等著,尹萍译,科学出版社1979年版。

(93)《卡文迪什实验室:现代科学革命的圣地》,阎康年,河北大学出版社1999年版。

(94)《生机勃勃的尘埃:地球生命的起源和进化》,(比)克里斯蒂安·德迪夫著,王玉山等译,上海科技教育出版社1999年版,。

(95)《生命的线索》,(英)约翰·苏尔斯顿,乔治娜·费著,杨焕明等译,中信出版社2003年版。

(96)《中国创造学概论》,刘仲林,天津人民出版社2001年版。

(97)《激情澎湃——科学家的内心世界》,(美)刘易斯·沃尔珀特,(英)艾利森·理查兹著,柯欣瑞译,上海科技教育出版社2000年版。

(98)《世界的终极镜像:反物质》,(英)戈登·弗雷著,江向东等译,上海科技教育出版社2002年版。

(99)《野兽之美》,(美)纳塔莉·安吉尔著,李斯,胡冬霞译,时事出版社1997年版。

(100)《宇宙波澜——科学与人类前途的自省》,(美)F·J·戴森著,邱显正译,三联书店1998年版。

二、思想政治教育专业大学生课外阅读书目

根据思想政治教育学科的特性和培养目标,参考国内其他高校思想政治教育专业经验,特推荐此读书目录。

1. 经典著作类

(1)《马克思恩格斯选集》(1～4 卷),人民出版社 1995 年版。

(2)《资本论》,人民出版社 2004 年版。

重点阅读:《共产党宣言》,马克思,恩格斯;《哥达纲领批判》,马克思;《法兰西内战》,马克思;《家庭、私有制和国家的起源》,恩格斯;《劳动在从猿到人转变过程中的作用》,恩格斯;《论权威》,恩格斯;《反杜林论》,恩格斯;《费尔巴哈与德国古典哲学的终结》,恩格斯;《自然辩证法》,恩格斯;《社会主义从空想到科学的发展》,恩格斯;《在马克思墓前的讲话》,恩格斯。

(3)《列宁选集》(1～4 卷),人民出版社 1995 年版。

重点阅读:《唯物主义和经验批判主义》,列宁;《论战斗唯物主义的意义》,列宁;《帝国主义是资本主义的最高阶段》,列宁。

(4)《毛泽东选集》(1～4 卷),人民出版社 1991 年版。

(5)《毛泽东文集》(1～8 卷),人民出版社 1999 年版。

重点阅读:《实践论》《矛盾论》《改造我们的学习》《为人民服务》。

(6)《邓小平文选》(1～3 卷),人民出版社 1994 年版。

(7)《江泽民文选》(1～3 卷),人民出版社 2006 年版。

(8)《马克思主义经典著作选读》,中央编译局、教育部社政司选编,人民出版社 1999 年版。

2. 哲学类

(9)《辩证唯物主义和历史唯物主义原理》,李秀林,中国人民大学出版社 2004 年版。

(10)《马克思主义哲学原理》,肖前,中国人民大学出版社 1997 年版。

(11)《哲学通论》,孙正聿,辽宁人民出版社 1998 年版。

(12)《马克思主义哲学史》,黄楠森,高等教育出版社 2000 年版。

(13)《当代哲学前沿问题专题研究》,陶德麟,武汉大出版社 1998 年版。

(14)《中国哲学简史》,冯友,北京大学出版社 1985 年版。

(15)《中国哲学大纲》,张岱年,中国社会科学出版社 1982 年版。

(16)《西方哲学史》,张志伟,中国人民大学出版社 2002 年版。

(17)《辩证法的生存论基础——马克思辩证法的当代阐释》,贺来,中国人民大学出版社 2004 年版。

(18)《马克思主义哲学的当代论域》,陶德麟,人民出版社 2005 年版。

(19)《马克思主义哲学的历史和现状》(上、下),侯惠勤,南京大学出版社 2004 年版。

(20)《西方哲学原著选读》,北京大学哲学系编,商务印书馆 1981 年版。

(21)《新编现代西方哲学》,刘放桐,人民出版社 2000 年版。

(22)《西方哲学原著选读》,北京大学外国哲学教研室译,商务印书馆 1982 年版。

(23)《形而上学》,亚里士多德著,李真译,上海人民出版社 2005 年版。

(24)《任何一种能够作为科学出现的未来形而上学导论》,康德著,庞景仁译,商务印书馆

2006 年版。

(25)《尼采论善恶》,尼采著,朱泱译,团结出版社 2006 年版。

(26)《存在主义是一种人道主义》,萨特著,周煦良,汤永宽译,上海译文出版社 2005 年版。

(27)《正义论》,罗尔斯著,中国社会科学出版社 2009 年版。

3.政治经济学类

(28)《国富论》(上下册)(英)亚当·斯密著,郭大力,王亚南译,三联书店 2009 年版。

(29)《就业、利息和货币通伦》,凯恩斯著,商务印书馆 1999 年版。

(30)《政治经济学》(第 4 版),逄锦聚,洪银兴,高等教育出版社 2009 年版。

(31)《现代政治经济学新编》,程恩富,冯金华,马艳,上海财经大学出版社 2008 年版。

(32)《经济学说史教程》(第 2 版),陈孟熙,中国人民大学出版社 2003 年版。

(33)《西方经济学》(第 5 版),高鸿业,中国人民大学出版社 2011 年版。

(34)《经济学原理》(第 5 版),曼昆著,北京大学出版社 2009 年版。

(35)《社会主义经济论稿》,孙冶方,中国大百科全书出版社 2009 年版。

(36)《经济理论的回顾》(第 5 版),布劳格著,中国人民大学出版社 2009 年版。

(37)《当代中国经济改革教程》,吴敬琏,上海远东出版社 2005 年版。

(38)《国家竞争优势》,波特著,中信出版社 2007 版。

4.思想政治教育类

(39)《中国共产党思想政治教育史论》,张耀灿,高等教育出版社 2006 年版。

(40)《思想政治教育学前沿》,张耀灿,人民出版社 2006 年版。

(41)《思想政治教育学前沿》,张耀灿,郑永廷,人民出版社 2001 年版。

(42)《现代思想政治教育学科论》,张耀灿,湖北人民出版社 2003 年版。

(43)《思想教育政治教育道德教育比较研究》,王玄武,骆郁廷,武汉大学出版社 2002 年版。

(44)《思想政治教育学原理》,陈秉公,高等教育出版社 2006 年版。

(45)《思想政治教育统计研究方法论》,戴钢书,人民出版社 2005 年版。

(46)《马克思主义思想政治教育著作导读》,刘德华,高等教育出版社 2001 年版。

(47)《比较思想政治教育学》,王瑞荪,高等教育出版社 2001 年版。

(48)《思想教育方法论》,郑永廷,高等教育出版社 2005 年版。

(49)《现代思想政治教育方法论》,刘新庚,人民出版社 2006 年版。

(50)《道德教育原理》,杜威,浙江教育出版社 2003 年版。

(51)《德育新论》,鲁洁,江苏教育出版社 2002 年版。

(52)《现代道德教育专题研究》,戚万学,教育科学出版社 2005 年版。

(53)《道德教育的当代论域》,鲁洁,人民出版社 2005 年版。

(54)《生活道德教育论》,唐汉卫,教育科学出版社 2005 年版。

(55)《德育原理》，檀传宝，北京师范大学出版社 2006 年版。
(56)《青少年价值观教育研究》，刘济良，广东教育出版社 2003 年版。
(57)《思想政治教育评价论》，王茂胜，中国社会科学出版社 2006 年版。
(58)《思想政治教育价值论》，项久雨，中国社会科学出版社 2003 年版。
(59)《当代国外思想政治教育比较》，苏振芳，社会科学文献出版社 2009 年版。
(60)《全球化视野中的思想政治教育》，毕红梅，中国社会科学出版社 2006 年版。
(61)《思想政治教育的文化视野》，沈壮海，人民出版社 2005 年版。
(62)《思想政治教育有效性研究》，沈壮海，武汉大学出版社 2008 年版。
(63)《思想政治教育中介论》，邵献平，中国社会科学出版社 2007 年版。
(64)《思想政治教育资源论》，陈华洲，中国社会科学出版社 2007 年版。
(65)《思想政治教育的人学基础》，万光侠，人民出版社 2006 年版。
(66)《知性德育及其超越》，高德胜，教育科学出版社 2003 年版。
(67)《现代思想政治教育前沿问题研究》，王学俭，人民出版社 2008 年版。
(68)《心理咨询与心理健康教育》，佘双好，武汉大学出版社 2007 年版。
5. 伦理学类
(69)《伦理学教程》，罗国杰，中国人民大学出版社 1986 年版。
(70)《公民道德论》，焦国成，人民出版社 2004 年版。
(71)《伦理学与现实生活》，诺兰，华夏出版社 1988 年版。
(72)《伦理学导论》，倪素襄，武汉大学出版社 2002 年版。
(73)《美德论》，王华，山东人民出版社 2002 年版。
(74)《当代中国公益伦理》，彭柏林，人民出版社 2010 年版。
(75)《现代伦理学》，龚群，中国人民大学出版社 2010 年版。
(76)《西方伦理学名著选辑》，周辅成，商务印书馆 1964 年版。
(77)《伦理学简史》，麦金泰尔著，商务印书馆 2001 年版。
(78)《法哲学原理》，黑格尔著，商务印书馆 1961 年版。
(79)《道德情操论》，亚当·斯密著，中国社会科学出版社 2003 年版。
(80)《伦理思想的突破》，韦政通，中国人民大学出版社 2005 年版。
(81)《论可能生活》，赵汀阳，中国人民大学出版社 2005 年版。
(82)《道德形而上学原理》，康德著，上海人民出版社 1986 年版。
(83)《人论》，卡西尔著，上海译文出版社 1985 年版。
6. 政治学类
(84)《政治的逻辑——马克思主义政治学原理》，王沪宁，上海人民出版社 1994 年版。
(85)《政治学原理》，王惠岩，高等教育出版社 2006 年版。
(86)《政治科学》，罗斯金，华夏出版社 2001 年版。

(87)《政治学的重大问题》,里普森,华夏出版社 2001 年版。

(88)《文明的冲突与世界秩序的重建》,亨廷顿,新华出版社 2002 版。

(89)《理想国》,柏拉图著,商务印书馆。

(90)《政治学》,亚里士多德著,商务印书馆 1965 年版。

(91)《政府论(下篇)》,洛克著,商务印书馆 1982 年版。

(92)《论法的精神》,孟德斯鸠著,北京商务印书馆 1961 年版。

(93)《社会契约论》,卢梭著,北京商务印书馆 1980 年版。

(94)《新教伦理与资本主义精神》,马克斯·韦伯著,四川人民出版社 1986 年版。

(95)《西方政治思想史》,徐大同,天津教育出版社 2002 年版。

(96)《中国政治思想史》,曹德本,高等教育出版社 1999 年版。

(97)《国际政治学概论》,李少军,上海人民出版社 2002 年版。

(98)《西方政治学名著提要》,俞可平,江西人民出版社 2000 年版。

(99)《国际政治理论探索在中国》,资中筠,上海人民出版社 2001 年版。

(100)《国际关系史》,王绳祖,世界知识出版社 1996 年版。

(101)《比较政治制度》,王惠岩,吉林大学出版社 1998 年版。

7. 社会学类

(102)《社会学》,戴维·波普诺,中国人民大学出版社 2000 年版。

(103)《社会学研究方法》,风笑天,中国人民大学出版社 2008 年版。

(104)《社会思潮与青年教育》,陈立思,北京大学出版社 2011 年版。

(105)《社会学方法的准则》,迪尔凯姆,商务出版社 1995 年版。

(106)《社会研究与社会政策》,默顿著,三联书店 2001 年版。

(107)《社会冲突功能》,科塞著,孙立平译,华夏出版社。

(108)《现代社会冲突》,达伦多夫,中国社会科学出版社 2000 年版。

(109)《中国人的精神》,辜鸿铭,海南出版社 2008 年版。

(110)《中国人的德性》,(美)切斯特·何尔康比著,陕西师范大学出版社 2007 年版。

(111)《马克思主义视域中的和谐社会建设》,俞可平,李慎明,王伟光,重庆出版社 2007 年版。

8. 教育类

(112)《什么是教育》(德)雅斯贝尔斯著,三联书店 1991 年版。

(113)《当代教育学》,袁振国,教育科学出版社 2004 年版。

(114)《学会生存》,联合国教科文组织国际教育发展委员会编著,华东师大比较教育研究所译,教育科学出版社 1996 年版。

(115)《给政治教师的 101 条建议》,刘岚,南京师范大学出版社 2007 年版。

(116)《新课程的理念与创新》,钟启泉,崔永漷,高等教育出版社 2003 年版。

(117)《基础教育课程改革纲要(试行)解读》,钟启泉,华东师范大学出版社 2001 年版。

(118)《教师角色与教师发展新探》,叶澜,教育科学出版社 2001 年版。

(119)《被压迫者教育学》,(巴西)佛来雷著,顾建荣译,华东师范大学出版社 2001 年版。

三、思想政治教育专业大学生阅读期刊

1. 哲学类

(1)《哲学研究》。

(2)《哲学动态》。

(3)《道德与文明》。

(4)《现代哲学》。

2. 国际政治类

(1)《世界经济与政治》。

(2)《当代世界与社会主义》。

(3)《国外理论动态》。

(4)《美国研究》。

3. 中国政治类

(1)《政治学研究》。

(2)《求是》。

(3)《中国行政管理》。

(4)《马克思主义与现实》。

(5)《瞭望》。

(6)《社会主义研究》。

(7)《学校党建与思想教育》。

(8)《毛泽东思想研究》。

(9)《马克思主义研究》。

(10)《青年研究》。

(11)《中国青年研究》。

(12)《党建研究(北京)》。

(13)《中共党史研究》。

(14)《中国党政干部论坛》。

(15)《理论前沿》。

(16)《中共中央党校学报》。

(17)《科学社会主义》。

(18)《毛泽东邓小平理论研究》。

(19)《中国特色社会主义研究》。
(20)《中国青年政治学院学报》。
(21)《妇女研究论丛》。
(22)《党政论坛》。
(23)《中央社会主义学院学报》。
(24)《半月谈》。
(25)《中国青年》。

4.综合性教育类

(1)《教育研究》。
(2)《中国教育学刊》。
(3)《比较教育研究》。
(4)《全球教育展望》。
(5)《教育评论》。
(6)《教育理论与实践》。
(7)《外国教育研究》。
(8)《人民教育》。
(9)《教学与管理》。
(10)《教育探索》。
(11)《教育科学》。
(12)《教育导刊》。

5.初等、中等教育类

(1)《思想政治课教学》。
(2)《课程、教材、教法》。
(3)《中学政治教学参考》。
(4)《中小学管理》。
(5)《学科教育》。
(6)《外国中小学教育》。
(7)《中小学教师培训》。

6.高等教育类

(1)《思想理论教育导刊》。
(2)《思想理论教育》。
(3)《思想政治教育研究》。
(4)《高等教育研究》。
(5)《教育发展研究》。

(6)《中国高等教育》。

(7)《中国高教研究》。

(8)《高校理论战线》。

(9)《教师教育研究》。

(10)《清华大学教育研究》。

(11)《江苏高教》。

(12)《现代大学教育》。

(13)《北京大学教育评论》。

(14)《高教探索》。

(15)《黑龙江高教研究》。

7. 管理学类

(1)《中国行政管理》。

(2)《管理世界》。

(3)《领导科学》。

(4)《中外管理》。

8. 综合性社会科学类

各省、直辖市社科院和党校学报

9. 高校综合性社科学报类

“211”和“985”高校学报(哲学社会科学版、教育版)。

10. 文摘类

(1)《新华文摘》。

(2)中国人民大学复印报刊资料(思想政治教育、中国共产党、当代中国政治、体制改革、中国特色社会主义理论、伦理学等类刊)。

四、电子期刊数据库

图书馆及其他文献信息机构收藏的文献资料有很多种类,随着互联网的流行,现在图书馆有很多电子期刊数据库可供选择。电子期刊数据库不但检索种类齐全,而且速度快,是当今研究人员资料查找的首选。下面简单介绍几种目前用得较多的电子期刊数据库:

(1)中国知识基础设施工程网(CNKI 数据库)。它是由清华同方光盘股份有限公司和清华大学中国学术期刊(光盘版)电子杂志负责牵头实施的。其建立 CNKI 系列数据库包括期刊、报纸、硕博士毕业论文等,收录了自 1994 年以来的国内公开出版的 8 400 多种期刊和报纸上发表的文章的全文。

网址为 http://www.cnki.net。

(2)万方数据资源系统。它是由中国科技信息研究所、万方数据集团公司开发的建立在因特网上的大型中文网络信息资源系统。它由面向企业界、经济界服务的商务信息系统、面向科技界的科技信息子系统及数字化期刊子系统组成。

网址为 http://www.wanfangdata.com.cn 或 http://www.chinainfo.gov.cn。

科技信息子系统是集中国科技期刊全文，中国科技论文与引文、中国科技机构与中国科技名人的论文和毕业论文等近 100 个数据库为一体的科技信息群。数字化期刊子系统使得用户可在网上直接获取万方新提供的部分电子期刊的全文。

(3)中国科技期刊数据库。它是由重庆维普咨询公司开发的一种综合性数据库，也是国内图书情报界的一大知名数据库。它收录了近千种中文期刊和报纸以及外文期刊。

网址为 http://cqvip.com。

思考题

1. 思想政治教育专业大学生如何进行有效的课外阅读？
2. 请根据阅读书目，制订一个你本科四年的课外阅读计划。

参考文献

[1] 侯勇,孙其昂,韩兴雨."思想政治教育"概念学科辨析与新认识[J].学术论坛,2010(5).

[2] 刘建军.关于思想政治教育的学科内涵及建设的思考[J].思想理论教育导刊,2007(3).

[3] 张雷声.马克思主义理论一级学科的内在逻辑体系及其建设[J].思想理论教育导刊,2007(3).

[4] 白显良.思想政治教育学科建设研究综述[J].思想理论教育导刊,2007(4).

[5] 靳辉明.关于马克思主义理论研究和建设工程与马克思主义理论学科体系和课程体系建设[J].思想理论教育导刊,2007(11).

[6] 邱柏生.试论思想政治教育二级学科建设的主要任务[J].思想教育研究,2010(4).

[7] 戴锐.思想政治教育研究范式的回顾与前瞻[J].思想政治教育研究,2009(3).

[8] 苏振芳.中国共产党在弘扬传统道德中的历史重任及其启示[J].思想政治教育研究,2010(3).

[9] 王树荫.论中国共产党 90 年思想政治教育的基本经验[J].思想理论教育导刊,2011(8).

[10] 王恒亮,孙其昂.中国共产党思想政治教育历史回顾[J].思想政治教育研究,2008(5).

[11] 张耀灿.改革开放 30 年与思想政治教育学科建设[J].思想政治教育研究,2008(5).

[12] 骆郁廷,张莉.思想教育、政治教育、道德教育的性质与特点辨析[J].武汉大学学报:社会科学版,2002(7).

[13] 高峰.思想政治教育研究的新视野——比较思想政治教育学学科建设与成展综述[J].思想理论教育导刊,2000(5).

[14] 陈立思.论"比较思想政治教育"的学科意识[J].教学与研究,2010(2).

[15] 唐英.思想政治教育比较研究的原则、结构及力量整合[J].社会科学家,2010(6).

[16] 吴广宇.中外思想政治教育目标比较及启示[J].中国青年研究,2009(11).

[17] 王颖.比较思想政治教育研究者学养提升的四个维度[J].思想政治教育研究,2011(1).

[18] 张雷声.马克思主义理论一级学科的内在逻辑体系及其建设[J].思想理论教育导刊,2007(3).

[19] 叶启绩,齐久恒.思想政治教育教师专业化发展新探[J].思想政治教育研究,2011(1).

[20] 宋进,王玲.提高思想政治理论课教学实效性的教学理念和建设路径[J].思想政治教育研究,2007(1).

[21] 张森林.科学研究与教学研究的统一:马克思主义理论学科建设的基本要求[J].思想政治教育研,2011(3).
[22] 张耀灿,曹清燕.建国以来思想政治教育教学测评的发展历程[J].思想政治教育研究,2009(6).
[23] 张万玉.思想政治教育效益的评价[J].求实,2010(2).
[24] 刘新庚等.思想政治教育网络评估方法论[J].思想政治教育研究,2010(4).
[25] 郭彩琴,邢玉兰,张瑞.从学位论文看思想政治教育学科内涵发展的紧迫性[J].学校党建与思想教育,2010(10).
[26] 李小林.对毕业论文写作通病的诊治[J].秘书之友,2006(7)
[27] 王国志.大学生毕业论文质量下滑的成因及对策[J].中国成人教育,2006(10).
[28] 萧世民,郑乃勇,刘志勇.高校文科学生毕业论文写作指导研究——关于选题[J].井冈山学院学报,2005(11).
[29] 萧世民,郑乃勇,刘志勇.高校文科学生毕业论文写作指导研究——关于结构[J].井冈山学院学报,2006(3).
[30] 刘志勇,萧世民,郑乃勇.高校文科学生毕业论文写作指导研究——材料的收集与使用[J].井冈山学院学报,2006(1).
[31] 万美容.论信息社会与思想政治教育方法的现代化[J].思想政治教育研究,2008(6).
[32] 崔向红.思想政治教育应与心理咨询相结合[J].黑龙江高教研究,2005(5).
[33] 王洪松.略论心理咨询与思想政治教育研究的关系[J].思想理论教育导刊,2004(4).
[34] 许丽萍.现代思想政治教育实践内涵的阐释[J].思想政治教育研究,2010(2).
[35] 姚红波.思想政治教育方法发展趋势研究述评[J].求实,2006(6).
[36] 祖嘉合.思想政治教育方法研究中的基本概念及理论体系刍议[J].思想政治教育研究2010(5).
[37] 高国希.关于思想政治教育方法的思考[J].思想政治教育研究,2011(3)
[38] 艾红梅,王平,任志锋.从思想政治教育方法实施看方法研究需要关注的几个问题[J].现代教育科学,2010(3).
[39] 刘社欣,郑永廷.思想政治教育合力理论与实践研究[J].思想理论教育导刊,2009(4).
[40] 熊晓梅.积极改进方式方法提高大学生思想政治教育的有效性[J].思想政治教育研究,2006(1).
[41] 段鹏飞.新时期思想政治教育中隐性教育的必要性及其实现途径[J].思想政治教育研究,2009(2).
[42] 闫艳,王秀阁.现代思想政治教育方法新探[J].思想政治教育研究,2008(1).
[43] 谢玉进,胡树祥.网络思想政治教育研究的现状与新走向[J].思想理论教育导刊,2010(1).
[44] 曾令超.高校思想政治理论课实践教学探究[J].思想理论教育导刊,2009(10).

[45] 罗洪铁.思想政治教育学理论体系的形成和发展[J].思想政治教育研究,2008(6).
[46] 常永军.思想政治教育学科基本范畴之我见[J].思想政治教育研究,2008(4).
[47] 何祥林,陈哲.思想政治教育过程基本矛盾的研究综述[J].思想政治教育研究,2008(3).
[48] 熊建生.论思想政治教育内容建构的依据[J].学校党建与思想教育,2009(3).
[49] 陈义平,思想政治教育学原理理论体系建构的若干问题探析[J].思想政治教育研究,2010(5).
[50] 陈秉公.论思想政治教育学科基本理论的再系统化[J].思想理论教育导刊,2006(8).
[51] 熊建生.思想政治教育内容的内在属性和本质要求[J].江汉论坛,2009(8).
[52] 熊建生.思想政治教育内容结构研究导论[J].思想理论教育,2007(7).
[53] 张耀灿.思想政治教育学科理论体系发展创新探析[J].思想教育研究,2007(4).
[54] 祖嘉合.思想政治教育学科发展中存在问题的思考[J].思想政治教育研究,2011(1).
[55] 秦在东.思想政治教育学科发展诸问题之我见[J].思想政治教育研究,2010(3)
[56] 戴锐.论思想政治教育学科建设的十大关系[J]思想政治教育研究,2010(6).
[57] 顾钰民.论马克思主义理论学科建设的三个关系[J].思想理论教育导刊,2009(4).
[58] 刘建军.论思想政治工作的十八个转变[J].思想政治教育研究,2010(4).
[59] 骆郁廷.思想政治教育学科发展的新趋势[J].思想理论教育导刊,2009(3).
[60] 卢岚.论现代思想政治教育的特点[J].思想政治教育研究,2008(4).
[61] 吴广宇.中外思想政治教育目标比较及启示[J].中国青年研究,2009(11).
[62] 张小健,胡继岳.浅谈中西德育文化的比较[J].学校党建与思想教育,2009(8).
[63] 谈建成.思想政治教育现代化理论探微[J].学校党建与思想教育,2010(7).
[64] 沈壮海,李岩.注重人文关怀和心理疏导:创新思想政治工作的新要求[J].思想政治工作研究,2006(2).
[65] 张再兴,杨增崇.社会主义核心价值体系与高校思想政治教育发展[J].思想政治教育研究,2008(2).
[66] 陈秉公.近现代中国核心价值“高势位”建设的历程与基本经验[J].思想政治教育研究,2011(2).
[67] 吴艳东.近十年来我国大学生公民教育研究综述[J].思想政治教育研究,2008(2).
[68] 于林平.中外思想政治教育比较及辩证和理性思考——以美国、日本、苏联为例[J].黑龙江高等教育,2007(4).
[69] 谢亚琴,李亚平,周可荣.国外高校思想道德教育特征及启示[J].道德与文明,2004(2).
[70] 张勖.幸福教育的价值探索[J].学校党建与思想教育,2010(4).
[71] 夏禹.我国生命教育的理论及实践探析——由大学生轻生引发的思考[J].思想政治教育研究,2010(2).
[72] 张耀灿.中国共产党思想政治教育史论[M].北京:高等教育出版社,2006.

[73] 张耀灿.思想政治教育学前沿[M].北京:人民出版社,2006.

[74] 张耀灿,郑永廷,等.思想政治教育学前沿[M].北京:人民出版社,2001.

[75] 张耀灿.现代思想政治教育学科论[M].武汉:湖北人民出版社,2003.

[76] 王玄武,骆郁廷.思想教育政治教育道德教育比较研究[M].武汉:武汉大学出版社,2002.

[77] 陈秉公.思想政治教育学原理[M].北京:高等教育出版社,2006.

[78] 戴钢书.思想政治教育统计研究方法论[M].北京:人民出版社,2005.

[79] 刘德华.马克思主义思想政治教育著作导读[M].北京:高等教育出版社,2001.

[80] 王瑞荪.比较思想政治教育学[M].北京:高等教育出版社,2001.

[81] 郑永廷.思想教育方法论[M].北京:高等教育出版社,2005.

[82] 刘新庚.现代思想政治教育方法论[M].北京:人民出版社,2006.

后　记

笔者长期从事思想政治教育学的教学研究，自身的实践经验和理论探索是本书的坚实基础。由于教材是学术研究共识性成果的综合体现，是研究范式的基本载体和学术人才训练的基本依据。因此，必然要广泛吸取思想政治教育领域权威学者最新的学术研究成果。本书编写中所借鉴的学术期刊和著作列于书后，特向作者表示崇高敬意。

本书中存在的缺点和不足，恳请读者批评指正。

编　者

2012 年 2 月